U0660856

高职高专智能交通类系列教材
专创融合型教材

智能交通概论

主　编	陈　岚	吴轩辕	刘虹秀	
副主编	赵　竹	潘　屹	胡　琰	蒋　超
参　编	涂晴晖	陈　媛	王倩倩	廖晓露
	王任映	王　庆	陈　瑜	黄　琳
主　审	谭任绩			

ROAD

西安电子科技大学出版社

内 容 简 介

本书以智能交通基础理论与技术为主线,以产业发展需求设计任务内容,以企业人才岗位标准设计操作内容,以前沿技术趋势设计专创融合任务。本书分为上、下两篇。上篇共 6 个任务,主要涵盖了智能交通系统、城市中的智能交通综合管控系统、辅助出行的出行者信息系统、智能化的公共交通系统、智慧高速公路、车路协同与自动驾驶等智能交通中的典型子系统;下篇共 5 个任务,主要介绍了智能交通中的物联网技术、无人机技术、地理信息系统、人工智能和大数据技术。各任务末附有常规任务练习和专创融合任务练习。

本书既可作为职业院校智能交通技术相关专业的教材,也可作为企业技术人员的培训教材,亦可作为广大智能交通从业人员的学习参考书。

图书在版编目(CIP)数据

智能交通概论 / 陈岚,吴轩辕,刘虹秀主编. --西安:西安电子科技大学出版社,2023.10
ISBN 978-7-5606-7040-9

Ⅰ.①智… Ⅱ.①陈… ②吴… ③刘… Ⅲ.①交通运输管理—智能系统 Ⅳ.①U495

中国国家版本馆 CIP 数据核字(2023)第 167559 号

策　　划　李惠萍
责任编辑　孟秋黎
出版发行　西安电子科技大学出版社(西安市太白南路 2 号)
电　　话　(029) 88202421　88201467　　邮　编　710071
网　　址　www.xduph.com　　　　　　　电子邮箱　xdupfxb001@163.com
经　　销　新华书店
印刷单位　陕西天意印务有限责任公司
版　　次　2023 年 10 月第 1 版　　2023 年 10 月第 1 次印刷
开　　本　787 毫米×1092 毫米　1/16　印张 16
字　　数　377 千字
印　　数　1～3000 册
定　　价　42.00 元
ISBN　978-7-5606-7040-9 / U

XDUP 7342001-1
如有印装问题可调换

前　言

创新引领科技进步，创新引领专业建设，创新引领人才培养。

我国智能交通战略的主要建设目标为：全面建成世界领先的智能交通系统，领跑世界智能交通的发展。《交通运输标准化"十四五"发展规划》及《"十四五"交通领域科技创新规划》明确指出，"十四五"期间初步构建适应加快建设交通强国需要的科技创新体系，创新驱动交通运输高质量发展取得明显成效。

近年来，人工智能、物联网、大数据、5G 等技术的迅速发展和广泛应用，促进了交通领域智能化、高效化、安全化和环保化，这些给职业院校办学带来了新的机遇，也带来了新的挑战，同时对科技创新型人才培养亦提出了更高的要求。职业教育要适应日新月异的产业升级，做好服务产业发展的人才培养工作，以培养高素质的创新型"数智工匠"为目标，促进专业教育的升级，全面推进专业教育与创新创业教育的融合发展。

本书编写遵循人才培养的基本规律，按照"不会—熟练—创新—工匠"的培养逻辑，在任务式专业教育基础上，通过过程创新及任务创新升级的方式，在培养现代职业院校学生的专业知识、专业技能以及职业素养的同时，注重引导学生进行创新思考，掌握创新方法、创业思维，着力于培育新一代创新型"数智工匠"。

为编写高水平专创融合型教材，我们优化了教材编写团队，组建了一支专业教育与创新创业教育师资相融合的团队，坚持"以终为始"，以产业发展需求设计任务内容，以企业人才岗位标准设计操作内容，以前沿技术趋势设计专创融合任务。本书分为上下两篇。上篇主要涵盖了智能交通系统、城市中的智能交通综合管控系统、辅助出行的出行者信息系统、智能化的公共交通系统、智慧高速公路、车路协同与自动驾驶等智能交通中的典型子系统；下篇主要介绍了智能交通中的物联网技术、无人机技术、地理信息系统、人工智能、大数据技术。同时，本书还探讨了智能交通领域的发展趋势、未来发展方向和存在的问题与挑战，以期对学生全面了解智能交通的功能和应用提供帮助。各任务末附有常规任务练习和专创融合任务练习。

本书任务一、二、七、九、十一由湖南交通职业技术学院陈岚编写；任务五、六由湖南交通职业技术学院刘虹秀编写；任务八由中国电子科技集团公司第四十八研究所蒋超编写；任务十由湖南交通职业技术学院赵竹编写；任务三由湖南交通职业技术学院潘屹、胡琰、涂晴晖、陈媛等共同编写；任务四由湖南交通职业技术学院王倩倩、廖晓露、王任映、王庆、陈瑜、黄琳等共同编写。湖南交通职业技术学院陈岚负责全书的统稿工作。湖南交通职业技术学院吴轩辕教授对本书专创融合思路、框架及任务设置提出了宝贵意见，湖南交通职业技术学院谭任绩教授主审了本书并提出了宝贵的修改意见，在此深表谢意。

本书参考借鉴了大量文献资料，在此对相关作者和单位表示衷心感谢。

"专创有机融合"是我国高等教育专业教育改革的重要方向，我们希望看到更多优秀的专创融合型教材出版，以推进高等职业教育的高质量发展。

由于作者水平有限，书中可能还有不足之处，恳请专家、同行不吝赐教，以便本书再版时修正完善。

作 者

2023 年 6 月

目　　录

上篇　了解智能交通系统

任务一　智能交通系统 2

1.1　智能交通系统的内涵 3

1.2　智能交通系统的发展历程及前景 5

  1.2.1　美国智能交通系统的发展历程 5

  1.2.2　日本智能交通系统的发展历程 6

  1.2.3　欧盟国家智能交通系统的发展历程

  6

  1.2.4　我国智能交通系统的发展历程 7

  1.2.5　我国智能交通发展未来趋势 8

1.3　智能交通系统的体系框架 9

1.4　智能交通系统评价 14

  1.4.1　智能交通系统评价的意义 14

  1.4.2　智能交通系统评价指标体系 14

  1.4.3　常见评价指标和评价案例 17

1.5　应用案例——广州 BRT 项目仿真评估

  19

拓展阅读　《交通强国建设纲要》解读 23

课后任务 24

任务二　城市中的智能交通综合管控系统 27

2.1　智能交通综合管理系统 28

  2.1.1　智能交通综合管理系统概要 28

  2.1.2　智能交通综合管理系统框架结构 ... 29

2.2　交通综合信息平台 30

  2.2.1　交通综合信息平台概要 30

  2.2.2　交通综合信息平台框架结构 32

2.3　智能交通指挥系统 35

  2.3.1　智能交通指挥系统概要 35

  2.3.2　智能交通指挥系统框架结构 35

2.4　应用案例——青岛智能交通管理系统

  38

拓展阅读　难于上青天——川藏公路的修建

  40

课后任务 42

任务三　辅助出行的出行者信息系统 44

3.1　出行者信息系统概述 45

  3.1.1　出行者信息系统的概念 45

  3.1.2　发展历程 46

  3.1.3　系统架构 48

3.2　出行者信息系统服务内容 49

  3.2.1　交通信息的分类 49

3.2.2　服务内容 52

3.3　出行者信息系统的子系统 54

　　3.3.1　车载导航系统 54

　　3.3.2　实时道路信息发布系统 57

　　3.3.3　城市停车引导系统 58

3.4　出行者信息系统的发展趋势 61

3.5　应用案例——成都市公众出行交通信息

　　服务系统 66

拓展阅读　超级工程——港珠澳大桥 68

课后任务 70

任务四　智能化的公共交通系统 73

4.1　智能公交系统概述 74

　　4.1.1　智能公交系统的功能 75

　　4.1.2　智能公交系统的结构 77

4.2　监控与调度子系统 80

4.3　信息服务子系统 83

4.4　营运信息管理子系统 84

4.5　快速公交系统 86

4.6　应用案例——海信科技智慧公交平台

　　 90

拓展阅读　最长的沙漠高速——京新高速 93

课后任务 95

任务五　智慧高速公路 98

5.1　智慧高速公路的发展背景 98

5.2　智慧高速公路的特征及技术体系 100

　　5.2.1　智慧高速公路的技术特点 100

　　5.2.2　智慧高速公路的技术体系 101

5.3　智慧高速公路应用场景及关键技术 102

　　5.3.1　智慧高速公路的应用场景 102

　　5.3.2　智慧高速公路的关键技术 105

5.4　我国智慧高速试点现状 106

5.5　应用案例——江苏省智慧高速建设

　　试点工程 109

拓展阅读　沪杭甬智慧高速 111

课后任务 114

任务六　车路协同与自动驾驶 116

6.1　车路协同与自动驾驶概况 117

　　6.1.1　车路协同概况 117

　　6.1.2　自动驾驶概况 118

　　6.1.3　车路协同自动驾驶发展背景 118

6.2　车路协同自动驾驶关键技术 123

　　6.2.1　车路协同自动驾驶组成 123

　　6.2.2　车路协同自动驾驶的技术优势 126

6.3　车路协同的应用场景 127

6.4　自动驾驶的发展现状 130

6.5　应用案例——湖南省智慧高速项目 134

拓展阅读　天空之桥——平塘特大桥 135

课后任务 137

下篇　认识智能交通中的重要技术

任务七　智能交通中的物联网技术 140

7.1　物联网概述 141

　　7.1.1　物联网的概念 141

7.1.2　物联网的发展历程 142

7.2　物联网的关键技术 143

　　7.2.1　感知技术 144

7.2.2 网联技术 151

7.3 物联网技术在 ITS 中的应用 154

7.4 应用案例——全息路口解决方案 155

拓展阅读 中国现代公路第一人

   ——赵祖康 158

课后任务 159

任务八 智能交通中的无人机技术 161

8.1 无人机的发展历程 162

 8.1.1 无人机的起源 162

 8.1.2 军用无人机的发展历程 162

 8.1.3 民用无人机的发展历程 163

8.2 无人机的分类 165

8.3 无人机的构造与技术特点 167

 8.3.1 固定翼无人机的构造 167

 8.3.2 多旋翼无人机的构造 180

8.4 无人机在智能交通中的应用 183

8.5 应用案例——无人机在交通事故责任

 认定中的应用 186

拓展阅读 中国现代桥梁之父——茅以升

   188

课后任务 189

任务九 智能交通中的地理信息系统 192

9.1 交通地理信息系统概述 193

 9.1.1 GIS 的产生与发展 194

 9.1.2 交通地理信息系统 197

9.2 GIS-T 的关键技术 199

 9.2.1 数据库管理系统 199

 9.2.2 数据协同 200

 9.2.3 实时 GIS 技术 200

 9.2.4 庞大的数据集 200

9.3 GIS-T 的应用 200

 9.3.1 交通规划方面 200

 9.3.2 交通设计方面 201

 9.3.3 工程施工方面 202

 9.3.4 运营管理方面 203

 9.3.5 后期维护管理方面 204

9.4 应用案例——新疆智能交通

 管理系统 205

拓展阅读 青藏公路之父——慕生忠将军

  208

课后任务 209

任务十 智能交通中的人工智能 211

10.1 人工智能的定义和发展历程 212

10.2 人工智能的研究领域及影响 214

 10.2.1 人工智能的研究领域 214

 10.2.2 人工智能的应用领域 214

 10.2.3 相关政策 218

10.3 人工智能技术在智能交通系统中的

 应用 219

 10.3.1 交通控制和道路监控 219

 10.3.2 车辆控制和路线优化 219

 10.3.3 智能化地图的应用 220

 10.3.4 自动驾驶技术 220

 10.3.5 道路安全和驾驶辅助系统 221

10.4 人工智能技术在城市智能交通

 系统中的应用 222

 10.4.1 城市智能交通管理的发展趋势

  222

 10.4.2 城市智能交通管理的发展目标

  222

10.4.3　人工智能技术在智能交通

　　　　管理中的应用趋势 222

10.5　应用案例——AI助力智慧停车,

　　　让出行更便捷 223

拓展阅读　公路工程专家——刘承先 224

课后任务 225

任务十一　智能交通中的大数据技术 227

11.1　大数据技术简介 228

11.1.1　发展背景 228

11.1.2　大数据技术的特点 230

11.2　大数据的有关技术 230

11.2.1　数据采集 230

11.2.2　数据预处理 231

11.2.3　数据融合 233

11.2.4　数据存储 234

11.2.5　数据挖掘 235

11.3　大数据与智能交通 236

11.3.1　整体应用 236

11.3.2　数字孪生技术 237

11.4　应用案例——广州智能交通大数据

　　　体系 241

拓展阅读　博风者——塔城玛依塔斯防风雪

　　　　抢险基地 245

课后任务 246

参考文献 248

上篇　了解智能交通系统

任务一　智能交通系统

任务二　城市中的智能交通综合管控系统

任务三　辅助出行的出行者信息系统

任务四　智能化的公共交通系统

任务五　智慧高速公路

任务六　车路协同与自动驾驶

任务一 智能交通系统

党的二十大报告中明确要求，要加快建设交通强国。根据《交通强国建设纲要》的部署，分两个阶段推进加快建设交通强国。第一阶段——从 2021 年到 2035 年，基本建成交通强国，到那时现代化综合交通运输体系基本形成，拥有发达的快速网、完善的干线网、广泛的基础网，基本形成"全国 123 出行交通圈"和"全球 123 快货物流圈"；第二阶段——到 21 世纪中叶，全面建成人民满意、保障有力、世界前列的交通强国，全面服务和保障社会主义现代化强国建设，人民享有美好交通服务。在这个过程中，如何加快交通基础设施和交通装备技术升级，加快推动智慧交通发展，并推动交通运输绿色低碳发展？智能交通系统在其中发挥了什么作用？我们可通过本任务对以上问题获得最基础的了解和认知。

本任务主要介绍智能交通系统的内涵、智能交通系统的体系框架、智能交通系统的发展历程和前景以及智能交通系统的标准化与评价体系。要求学习者通过本次任务的学习，了解智能交通的框架结构，对我国的智能交通发展情况及有关政策有一定了解，对如何实现交通强国有自己的思考和认识。

任务目标

1. 理解 ITS 的内涵；
2. 了解我国的 ITS 体系框架；
3. 熟悉我国关于 ITS 的发展规划和主要政策；
4. 思考并探索智能交通行业的未来发展。

主要知识点

1. 智能交通系统的内涵和功能；
2. 智能交通系统的标准化建设；
3. 智能交通系统的评价。

1.1　智能交通系统的内涵

20 世纪以来，随着世界各国社会经济的发展，城市化进程加快，社会对交通运输的需求持续增加，汽车保有量迅速增长，交通运输业得到迅猛发展。与此同时，交通管理难度增加，交通系统供需失衡，交通拥挤、交通事故、环境污染、能源短缺等问题已经成为世界各国面临的共同问题。

交通系统是一个复杂的系统，为了让人们能享受人畅其行、货畅其流的舒适生活和工作环境，世界各国都在积极尝试用各种方法和技术措施来缓解交通系统供需失衡的矛盾，其中最传统的手段就是增加道路基础设施建设。然而实践证明，单纯依靠扩大基础设施规模，并不能真正解决上述问题，还面临土地、环境等"硬约束"，如何提升既有的交通基础设施的服务能力，成为亟待解决的问题。另一方面，计算机、通信等信息与通信技术(Information and Communication Technology，ICT)快速发展，为交通系统智能优化提供了技术可能，智能交通应运而生。近年来，我国在公路基础设施建设上投资巨大，2020—2022 年全国公路里程由 528 万千米增长到 535 万千米，全国高速公路总里程由 16.9 万千米增长到 17.7 万千米。当然，我国要实现从交通大国到交通强国的质变，不是通过单一的交通基础设施建设就可以实现的。在加大交通基础设施建设的同时，更为关键的是对现有交通运输资源的有效整合与配置，借助新一代信息通信技术、大数据技术、传感器技术等进行交通管控的提升，加强车辆、道路、使用者三者之间的联系，从而形成一种保障安全、提高效率、改善环境、节约能源的综合运输系统，也就是搭建智能交通系统。

智能交通系统(Intelligent Traffic System，ITS)又称智能运输系统(Intelligent Transportation System)。目前国内外专家对智能交通系统的理解不尽相同，但不论从哪个角度出发，有一点是共同的：ITS 是用各种高新技术，特别是电子信息技术来提高交通效率，增加交通安全性和改善环境保护的技术经济系统。在中国智能交通系统体系框架研究报告中给出的智能交通系统的定义是：ITS 是在较完善的道路设施基础上，将先进的电子技术、信息技术、传感器技术和系统工程技术集成运用于地面交通管理所建立的一种实时、准确、高效、大范围、全方位发挥作用的交通运输管理系统。

智能交通系统的研究内容较为广泛，各个国家的标准不甚统一。传统的看法一般将智能交通系统分成 7 个部分，即先进的出行者信息系统、先进的交通管理系统、先进的公共交通系统、先进的车辆控制系统、商用车辆运营系统、电子收费系统和应急管理系统，如图 1-1 所示。

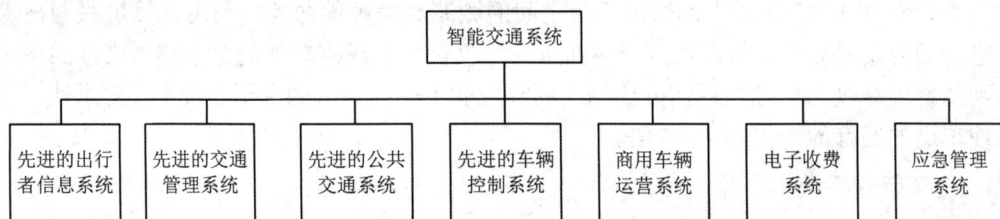

图 1-1　ITS 的研究内容

1. 先进的出行者信息系统

先进的出行者信息系统(Advanced Traveler Information System，ATIS)主要用于改善交通需求管理，提供用户所需要的出行信息。交通参与者通过装备在道路、车辆、站台、停车场等各处的传感器和传输设备，向交通信息中心提供各地的实时交通信息；系统得到这些信息并处理后，实时向交通参与者提供道路交通信息、公共交通信息、换乘信息、交通气象信息、停车场信息以及与出行相关的其他信息；出行者根据这些信息确定自己的出行方式、选择路线，可以避开交通拥堵路段，节省时间，提高交通运行效率。

2. 先进的交通管理系统

先进的交通管理系统(Advanced Traffic Management System，ATMS)用于对公路交通系统进行管理及监测控制，主要给交通管理者使用。它对道路系统中的交通状况、交通事故、气象状况和交通环境进行实时监测，依靠先进的车辆检测技术和计算机信息处理技术获得有关交通状况的信息，并根据收集到的信息采用相应的设备和措施(如控制信号灯，发布引导信息，实施道路管制、事故处理与救援等)对交通进行控制。

3. 先进的公共交通系统

先进的公共交通系统(Advanced Public Transportation System，APTS)的主要目的是采用各种智能技术促进公共运输业的发展，使公交系统实现安全、便捷、经济、运量大的目标。例如：通过各种终端向公众就出行方式和时间、路线及车次选择等提供咨询；在公交车站通过显示器向候车者提供车辆的实时运行信息；在公交车辆管理中心，根据车辆的实时状态合理安排发车、收车等计划，提高工作效率和服务质量。

4. 先进的车辆控制系统

先进的车辆控制系统(Advanced Vehicle Control System，AVCS)的目的是开发帮助驾驶人实行车辆控制的各种技术，从而使汽车行驶安全、高效。AVCS 包括对驾驶人的警告和帮助、障碍物避免等自动驾驶技术。

5. 商用车辆运营系统

商用车辆运营系统(Commercial Vehicle Operation System，CVOS)通过自动询问和接收各类交通信息，对商用车辆进行合理调度，提高其运营效率。系统可向驾驶人提供较为专业的道路信息，还可以对运送货物的车辆进行跟踪监测，遇到危险时自动报警，以确保车辆和驾驶人的安全，提高运输企业的效益。

6. 电子收费系统

电子收费(Electronic Toll Collection，ETC)系统是通过安装在车辆挡风玻璃上的车载电子标签与在收费站 ETC 车道上的微波天线之间的微波专用短程通信，利用计算机联网技术与银行进行后台结算处理，从而达到车辆通过路桥收费站不需停车就能缴纳路桥费的目的，且所缴纳的费用经过后台处理后清分给相关的收益业主。在现有的车道上安装电子收费系统，可以使车道的通行能力提高 3～5 倍。

7. 应急管理系统

应急管理系统(Emergency Management System，EMS)是一个特殊的系统，它通过 ATIS 和 ATMS 将交通监控中心与职业的救援机构联成有机的整体，为道路使用者提供车辆故障现场紧急处置、拖车、现场救护、排除事故车辆等服务。

从人、车、路、环境的角度来看，新一代智能交通系统的结构如图 1-2 所示。

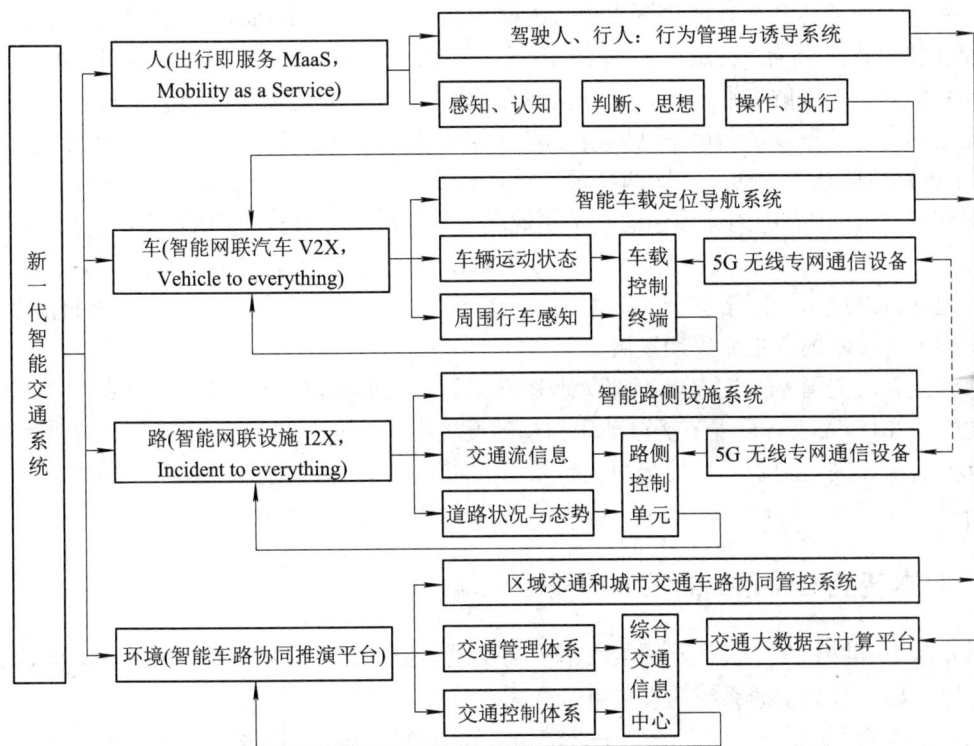

图 1-2　新一代智能交通系统的结构

1.2　智能交通系统的发展历程及前景

1.2.1　美国智能交通系统的发展历程

美国智能交通技术研究的发展历程大体可以分为两个阶段：第一阶段为 20 世纪 90 年代到 20 世纪末，其主要特点为研究的范围全而广，研究领域涉及交通监控、交通信号智能控制、不停车收费、车路协同及自动驾驶等，表现为研究内容宽泛，项目相对分散；第二阶段为 21 世纪，美国在战略上进行了调整，由第一阶段的"全面开展研究"转向"重大专项研究，重点关注车辆安全及车路协同技术"战略，并从综合交通运输体系的角度开展智能交通与安全技术的研究，研究内容包括综合运输协调技术、车辆安全技术等，特点是更加注重实效，推广相关技术产业化。

20 世纪 60 年代，美国开展了对电子路径引导系统的研究，随后实施了智能化车辆道路系统(Intelligent Vehicle and Highway System，IVHS)的研究。1995 年，美国运输部启动了 ITS 体系框架研究，之后于 1997 年、1998 年、1999 年、2002 年分别公布了美国 ITS 体系框架第 1 至第 4 版,并于 2002 年启动了国家 ITS 发展战略计划。2010 年,美国运输部发布了《ITS 战略研究计划:2010—2014》。2015 年发布了《ITS 战略研究计划:2015—2019》,明确了实现车辆网联化和加速汽车智能化两大核心战略,具体提出五大目标:① 通过发展更优的风险管理和驾驶监控系统,打造更加安全的车辆及道路交通设施;② 通过探索管理办法和战略提高系统效率,缓解交通压力,增强交通流动性;③ 交通运输与环境息息相关,通过对交通流量的优化管理以及运用车联网技术解决实际车辆、道路问题,达到保护环境的目的;④ 为了更好地迎合未来交通运输的需求,全面促进技术发展,推动创新;⑤ 通过建立起系统构架和标准,应用先进的无线通信技术实现汽车与各种基础设施、便携式设备的通信交互,促进信息共享。2020 年,美国发布了《ITS 战略研究计划:2020—2025》,提出了 6 项重点计划,包括新兴技术、网络安全、数据访问和交换、自动驾驶、完整出行、加速 ITS 部署,力求实现 ITS 技术的全生命周期发展。

总体上看,美国 ITS 以五年规划为蓝图布局智能交通发展战略。2010 版战略强调交通的连通性,2015 版战略重视车辆自动化和基础设施互联互通,2020 版战略从强调自动驾驶和智能网联单点突破到新兴科技全面创新布局,完善了基于技术生命周期的发展策略,着重推动新技术在研发—实施—评估全流程中的示范应用。

1.2.2　日本智能交通系统的发展历程

日本从 20 世纪 50 年代开始探索汽车控制及通信技术的智能化应用,开启了智能交通的发展之路。日本智能交通系统的发展可分为 3 个阶段。

第一阶段为 20 世纪 90 年代到 21 世纪初,其主要目标在于初步确定 ITS 战略导向,加强不同系统间的交互整合和研发。这个阶段最重要的成果是颁布了警察厅、通商产业省、运输省、邮政省、建设省联合制定的《ITS 总体构想》,为日本 ITS 建设奠定了基础。

第二阶段为 2004—2012 年,其主要目标为大力开展交通基础设施建设,推广 Smart-Way(智能道路)系统。2007 年,日本将 VICS、ASV、ETC、专用短程通信技术(Dedicated Short Range Communation,DSRC)和自动公路系统(Automated Highway System,AHS)与基础设施整合,推出了"Smart-Way"系统,并在全国范围内开展安全驾驶支持系统(Driving Safety Support System,DSSS)试验,同时大力开展路边基础设施建设,到 2011 年实现了路侧单元覆盖整体日本高速公路网。

第三阶段为 2013 年至今。这个阶段重点开展车联网、自动驾驶等新技术研发,实现道路交通高度信息化,旨在解决社会环境、道路安全和交通拥堵等社会问题。

当前,日本正在加紧车联网及自动化技术的研发。到 2025 年,日本政府和汽车制造商希望在全国普及自主驾驶技术,无人驾驶汽车上路运行;到 2030 年,推动新技术,促进当地就业,保持汽车制造商的海外竞争力。

1.2.3　欧盟国家智能交通系统的发展历程

欧洲的智能交通与安全的研究基本与美国和日本同期起步,其发展历程经历了两个阶段。第一阶段为 20 世纪 80 年代到 21 世纪初,研究领域涉及先进的信息系统(ATIS)、先进的车辆控制系统(AVCS)、商用车辆运营系统(CVOS)、电子收费系统(ETC)等方面,重点关注道路和车载通信设备、车辆智能化和公共运输,其特点是研究的范围比较广泛,项目相对分散;第二阶段从 21 世纪初开始,将研究重点转移到安全问题,更加重视体系框架和标准、交通通信标准化、综合运输协同等技术的研究,并推动智能交通与安全技术的实用化。

2016 年 11 月,欧盟委员会通过欧洲合作式智能交通系统(Cooperative-Intelligent Transportation System,C-ITS)战略,目标是到 2019 年在欧盟国家道路上大规模配置合作式智能交通系统,实现汽车与汽车之间、汽车与道路设施之间的智能沟通。合作式智能交通系统的特点是利用多项通信技术让汽车之间、汽车与道路设施之间能够沟通,使得道路使用者和交通管理人员能共享信息并有效协调。同时,欧盟推进在全欧洲建立专门的交通(以道路交通为主)无线数据通信网,部分欧洲国家也在发展交通信息高速公路(Traffic Information Highway,TIH)和视频信息高速公路(Video Information Highway,VIH)。目前,欧洲智能交通的发展主要包括自动车辆定位系统、可变信息系统、智能停车系统、旅行信息高速公路、视频信息高速公路、国家交通控制中心、城市交通管理和控制系统、电子收费系统、数字交通执法系统、射频识别技术、物联网等。

1.2.4　我国智能交通系统的发展历程

我国从 20 世纪 90 年代就开始重视智能交通。1995 年,交通部安排下属研究机构参加在日本横滨召开的第二届世界智能交通大会,为中国 ITS 的开展揭开了序幕。1996 年交通部公路科学研究所开展了交通部重点项目"智能运输系统发展战略研究"工作。1999 年由交通部公路科学研究所牵头,全国数百名专家学者参加的"九五"国家科技攻关重点项目"中国智能交通系统体系框架研究"工作全面展开,2001 年课题完成,通过国家科技部验收,2002 年出版《中国智能交通系统体系框架》一书。

2000 年,科技部会同国家计委、经贸委、公安部、交通部、铁道部、建设部、信息产业部等部委在充分协商和酝酿的基础上,建立了发展中国 ITS 的政府协调领导机构——全国智能交通系统(ITS)协调指导小组及办公室,并成立了 ITS 专家咨询委员会,我国 ITS 体系与战略框架被正式提出。2001 年,国家"十五"规划中提出了"智能交通系统的核心技术开发和示范工程"科技攻关重大项目,ITS 进入了发展阶段。

2002 年 4 月科技部正式批复"十五"国家科技攻关"智能交通系统关键技术开发和示范工程"重大项目正式实施,北京、上海、天津、重庆、广州、深圳、中山、济南、青岛、杭州十个城市作为首批智能交通应用示范工程的试点城市。

2012 年,交通运输部发布了《交通运输行业智能交通发展战略》,为我国智能交通发展指明了方向。"十二五"期间是我国交通运输发展最快的五年,交通运输行业把智能交通、绿色交通作为转变发展方式的主要方向,大数据、云计算、物联网、人工智能等现代信息技术在行业内得到广泛应用,线上线下结合的商业模式蓬勃发展,ITS 服务水平有了质的提升。

"十三五"期间,中共中央、国务院对加快建设交通强国作出了一系列重大战略规划。

2019 年 9 月、2021 年 2 月，中共中央、国务院先后印发《交通强国建设纲要》和《国家综合立体交通网规划纲要》，二者共同构成了指导加快建设交通强国的纲领性文件；2021 年 12 月，国务院印发《"十四五"现代综合交通运输体系发展规划》，为加快建设交通强国第一个五年提供了规划和指引。这标志着交通运输行业有了国家战略，标志着建设交通强国由行业愿景上升为全党全社会的意志。

为加大科技支撑，2022 年交通运输部、科学技术部联合印发了《交通领域科技创新中长期发展规划纲要(2021—2035 年)》《"十四五"交通领域科技创新规划》。《"十四五"交通领域科技创新规划》对接中长期任务重点，从关键技术研发、科技创新能力建设、创新环境优化等方面，提出初步构建适应加快建设交通强国需要的科技创新体系发展目标。

为加快建设交通强国，交通运输部还成立了加快建设交通强国领导小组，陆续出台交通强国行业篇章、地方篇章，制定印发了《交通强国建设评价指标体系》，组织开展交通强国建设试点工作。

总体来看，我国 ITS 发展历程可以概括为起步、研究与试点、集成与应用、新一代 ITS 发展 4 个阶段。这 4 个阶段的代表性成果如下：

(1) 起步阶段：提出了我国智能交通的发展战略及体系框架等。

(2) 研究与试点阶段：开展科技攻关等重大科研项目及示范工程。

(3) 集成与应用阶段：开展北京奥运会、上海世博会、亚太论坛等场合的智能交通应用，以及高速公路不停车收费、高速公路管理系统等的集成与应用。

(4) 新一代 ITS 发展阶段：自动驾驶、车路协同等新一代 ITS 技术研发有了长足的发展，智能交通产业结构进入新形态，载运工具智能化、网联化，基础设施数字化、网联化，以及基于全时空数据的精准服务与精准管控成了智能交通的新主题。

1.2.5 我国智能交通发展未来趋势

2020 年 4 月，中国工程院会同交通运输部开展的"交通强国战略研究"项目中指出，交通强国智能交通战略的主要建设目标为，全面建成世界领先的智能交通系统，领跑世界智能交通的发展；其主要工作任务是智能缓解交通拥堵、智能提升交通安全水平和提供高品质智能交通服务。针对上述目标，提出了未来我国智能交通的 6 项战略发展重点，下面逐一进行介绍。

1. 大数据共享平台及交通云技术应用

(1) 建立国家级、省级、市级三级大数据共享云平台，数据由下至上逐级汇聚，实现跨层级、跨地域、跨系统、跨部门、跨业务的数据共享协同管理和一体化服务。

(2) 建立大数据共享标准及安全管理机制。

(3) 建立大数据政企开放共享模式和机制。

(4) 建设模式为政府主导，企业建设运维。

(5) 分析交通需求，优化基础设施和运营管理，挖掘交通大数据的潜在价值，建立健全大数据辅助科学决策机制。

(6) 实现交通安全管理、拥堵管理、共享管理等智能化的组织管理。

2. 提高城市智能交通管理水平

(1) 以智能交通为手段，创新数据驱动的城市交通智能化精细管理。

(2) 建立基于大数据支撑的交通控制、管理、决策、服务一体化的部门联动、协同管控的智能交通管理系统。

(3) 利用大数据、"互联网+"、人工智能等技术，创新交通管理服务新模式。

(4) 推动基于大数据精准执法、互联网便民服务等智能交通部分领域，领跑世界智能交通。

3. 实现高效便捷的一站式智能客运服务和"门到门"一单制智能货运服务

(1) 利用互联网、大数据、电子支付等先进技术，通过行车、停车、枢纽换乘、末端出行以及应答式定制服务等各个环节的智能化，实现"门到门"的一站式高效便捷服务。

(2) 实施个性化服务、多样化服务、全程服务、预约式服务等多种智能服务方式。

(3) 建设信息共享、全程可视、智能可控的货运云平台，实现货运物流的全链条一体化信息服务与运输服务。

(4) 推动使用货运电子运单，建立货物多式联运及共同配送。

(5) 加强先进货运技术研发与应用，推动无人驾驶技术在货运车辆的研究和应用。

4. 智能提升交通主动安全水平

(1) 交通安全智能分析研判体系建设。

(2) 交通安全设施智能化提升。

(3) 智能安全大通道建设。

(4) 全社会智能交通安全防控体系。

(5) 提高车辆安全水平和智能水平，改善车辆技术状况。

(6) 使用智能化手段规范交通行为，促进交通安全文化的形成。

5. 车路协同一体化发展

(1) 提高通行效率、提升交通安全、促进节能环保。

(2) 优先在长途货运和公交车方面推进无人驾驶。

6. 实现综合运输智能化关键技术的突破

(1) 基于交通大数据共享平台，建立涵盖全交通方式的全国综合运输智能监测和智能决策平台，并实现与城市智能平台对接。

(2) 建设基于北斗导航系统的新一代智能交通系统。

(3) 围绕连续导航、位置服务、应急管理等领域展开北斗系统在交通领域的规模化应用，实施北斗基础设施一体化、应用示范一体化和运营服务一体化。

(4) 推进北斗导航系统在智能交通中的应用，建设基于北斗导航系统的交通监控、管理、公路收费、城市公交、停车以及交通事故应急管理系统。

1.3 智能交通系统的体系框架

ITS 体系框架是对复杂系统的整体描述，解释了 ITS 中所包含的各个功能域及其子功能域之间的逻辑、物理构成及相互关系。从开发流程的角度来说，ITS 体系框架开发主要包括用户服务、逻辑框架和物理框架 3 部分内容，从不同角度对 ITS 进行解释：用户服务是从用户的角度对 ITS 能提供的服务内容进行描述；逻辑框架是从系统如何实现 ITS 服务的角度进行分析，给出 ITS 应具有的功能及功能之间的数据流关系；物理框架则是把 ITS 逻辑功能落实到现实实体，如车载设备、道路设施、管理中心等设备或组织。ITS 体系框架各组成部分与用户服务的关系描述如表 1-1 所示。

表 1-1 ITS 体系框架主要组成与用户服务的关系描述

名　称	描　述
用户主体	被服务的对象，明确了服务中的一方
服务主体	提供服务方，明确了服务中的另一方
用户服务	明确用户需要系统提供什么样的服务
逻辑框架	对服务进行功能分解并对逻辑功能进行组织
物理框架	提出物理实体，落实逻辑功能，具体提供服务

美国运输部于 1992 年开始进行国家 ITS 体系框架的准备工作，在 1996 年 6 月建立国家级系统架构的最初版本，至今已更新推出了第 5 版。美国 ITS 体系框架提出了 8 个服务类型、33 个用户服务以及 9 个逻辑功能、57 项子功能。美国 ITS 体系框架用户服务列表如表 1-2 所示，逻辑框架及物理框架分别如图 1-3 和图 1-4 所示。

表 1-2 美国 ITS 体系框架用户服务列表

服务类型	服　务
1. 出行和交通管理	1.1 出行前信息；1.2 途中驾驶人信息；1.3 路径引导；1.4 合乘与预约；1.5 出行者服务信息；1.6 交通控制；1.7 事件管理；1.8 出行需求管理；1.9 尾气排放检测与减轻；1.10 交叉路口管理
2. 公共交通管理	2.1 公共交通管理；2.2 途中公交信息；2.3 个性化公共交通；2.4 公共出行安全
3. 电子付费	3.1 电子付费
4. 商用车运营	4.1 商用车辆电子通关；4.2 自动路侧安全检查；4.3 车辆行驶安全监视；4.4 商用车辆管理；4.5 危险物品事件响应；4.6 商用车队管理
5. 紧急事件管理	5.1 紧急事件通告和个人安全；5.2 紧急车辆管理；5.3 灾害响应和清理
6. 先进的车辆安全系统	6.1 纵向防撞；6.2 横向防撞；6.3 交叉路口防撞；6.4 视野扩展；6.5 安全准备；6.6 碰撞前措施实施；6.7 自动车辆控制
7. 信息管理	7.1 存档数据管理
8. 维护和建设管理	8.1 维护和建设运营管理

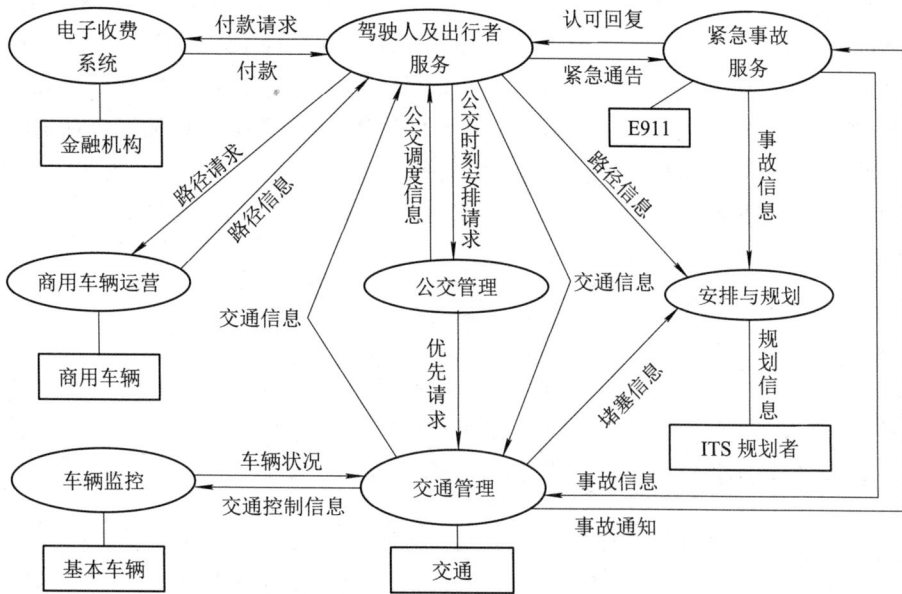

图 1-3　美国 ITS 逻辑框架

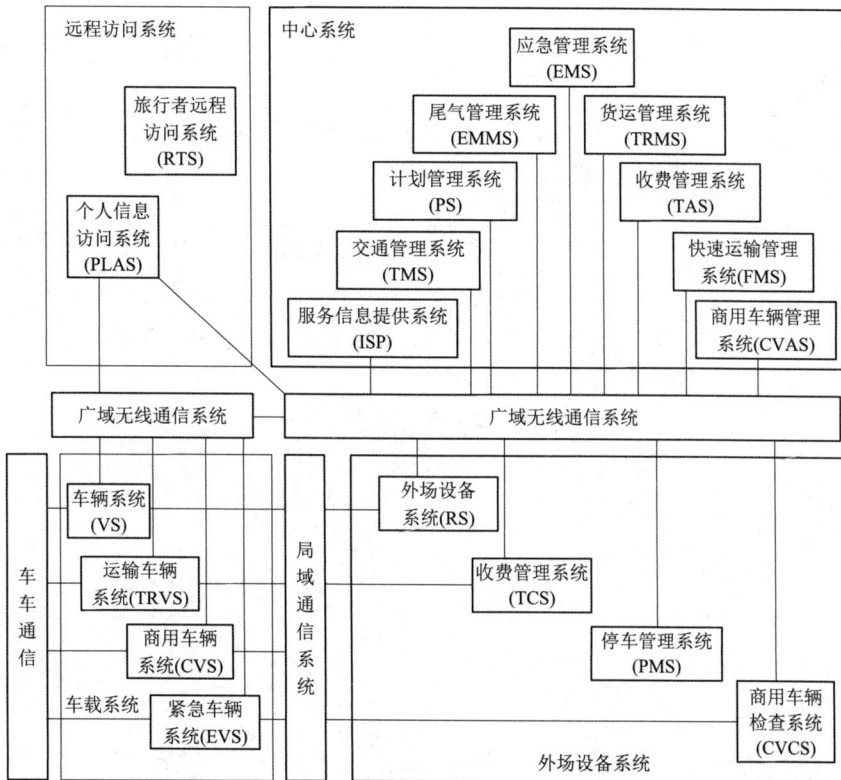

图 1-4　美国 ITS 物理框架

2000 年，我国科学技术部会同原国家计划委员会、原国家经济贸易委员会、公安部、原交通部、原铁道部等部门，成立了全国智能运输系统协调领导小组和办公室，开始组织实施我国智能运输系统体系框架的制定工作。我国在综合了美国、日本、欧盟等国家的经验，并结合我国国情开展深入研究后于 2003 年 1 月正式出版了《中国智能运输系统体系框架》(第一版)，2005 年完成了修订后的《中国智能运输系统体系框架》(第二版)。我国的 ITS 体系框架中用户服务包括 9 个服务领域、43 项用户服务、179 项子服务，逻辑框架包括 10 个功能领域、57 项功能、101 项子功能、406 个过程、161 张数据流图，物理框架包括 10 个系统、38 个子系统、150 个系统模块、51 张物理框架流图，应用系统包括 58 个应用系统。我国 ITS 体系框架用户服务列表如表 1-3 所示，我国 ITS 逻辑框架顶层结构及物理框架顶层分别如图 1-5、图 1-6 所示。

表 1-3　我国 ITS 体系框架用户服务列表

用户服务领域	用　户　服　务
1. 交通管理	1.1　交通动态信息监测；1.2　交通执法；1.3　交通控制；1.4　需求管理；1.5　交通事件管理；1.6　交通环境状况监测与控制；1.7　勤务管理；1.8　停车管理；1.9　非机动车、行人通行管理
2. 电子收费	2.1　电子收费
3. 交通信息服务	3.1　出行前信息服务；3.2　行驶中驾驶人信息服务；3.3　途中公共交通信息服务；3.4　途中出行者其他信息服务；3.5　路径引导及导航；3.6　个性化信息服务
4. 智能公路与安全辅助驾驶	4.1　智能公路与车辆信息收集；4.2　安全辅助驾驶；4.3　自动驾驶；4.4　车队自动运行
5. 交通运输安全	5.1　应急管理；5.2　运输安全管理；5.3　非机动车及行人安全管理；5.4　交叉口安全管理
6. 运营管理	6.1　运政管理；6.2　公交规划；6.3　公交运营管理；6.4　长途客运营管理；6.5　轨道交通运营管理；6.6　出租车运营管理；6.7　一般货物运输管理；6.8　特种运输管理
7. 综合运输	7.1　客货运联运管理；7.2　旅客联运服务；7.3　货物联运服务
8. 交通基础设施管理	8.1　交通基础设施维护；8.2　路政管理；8.3　施工区管理
9. ITS 数据管理	9.1　数据接入与存储；9.2　数据融合与处理；9.3　数据交换与共享；9.4　数据应用支持；9.5　数据安全

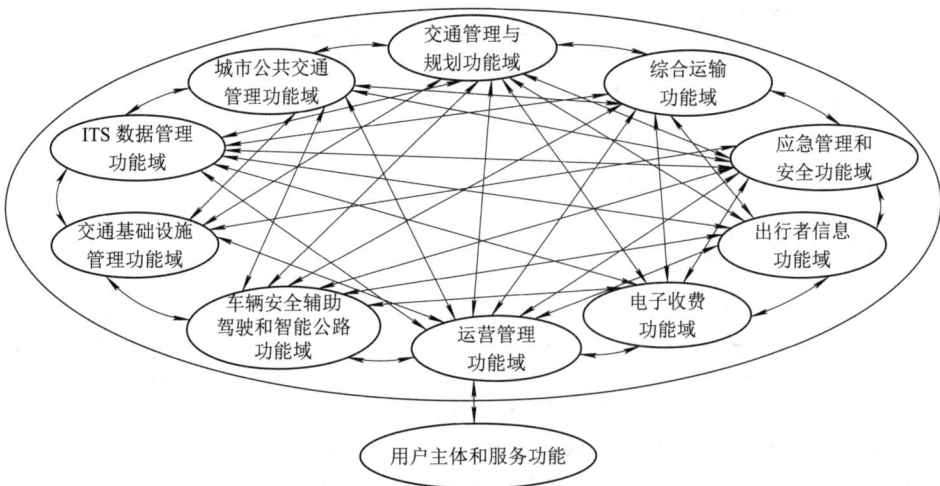

图 1-5　我国 ITS 逻辑框架顶层结构

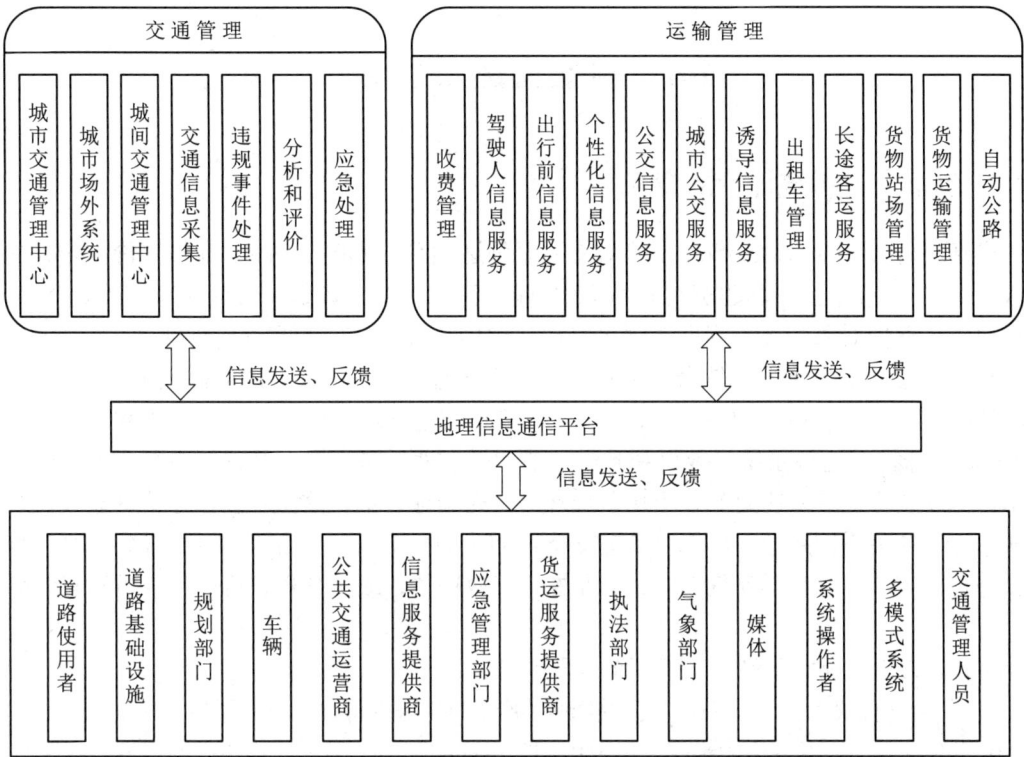

(a) 结构一

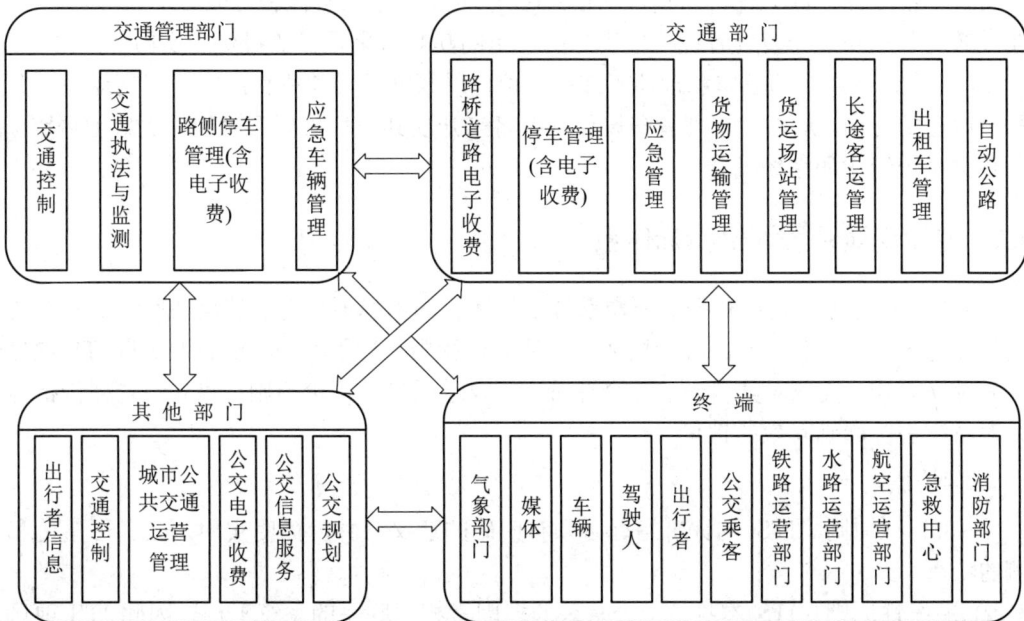

(b) 结构二

图 1-6 我国 ITS 物理框架顶层

1.4 智能交通系统评价

1.4.1 智能交通系统评价的意义

交通评价(Traffic Evaluation)是指对交通系统达到目标程度的估价,通过评价为未来的交通改进方向提供经验教训。世界道路协会(PIARC)列出了 ITS 评价一般应该考虑的 6 个问题:评价原因、评价对象、评价周期、评价方法、评价预算和如何提高评价性能。

智能交通系统的建设,是为了达到改善道路交通安全,提高道路基础设施的使用效率,减轻道路交通对环境污染的总体目标。例如,美国交通管理部门为 ITS 的建设和部署制订了6 个目标,即提高运输系统的效率和容量、增加机动性、提高安全性、减少能源消耗和环境成本、提高经济生产力和为 ITS 市场营造环境。为验证、量化这些收益,评价这些收益和投资成本之间的关系,并进一步使决策者支持对 ITS 的投资,开展合理的评价非常重要。理想的交通评价应该包含科学研究、审核、监控、绩效评估、政策分析、可行性分析和影响分析多个方面。

总之,ITS 评价主要包括以下 3 个方面的意义:

(1) 帮助管理决策者了解 ITS 产生的影响。通过 ITS 评价可以更好地了解 ITS 对整个道路交通运输系统及其使用者产生的影响,以及由 ITS 引起的社会、经济和环境等诸多方面的影响。

(2) 对 ITS 带来的效益进行量化,帮助投资者作出决策。政府或者社会投资者都需要对一个项目的投入成本以及所能带来的回报进行权衡,量化自己投资的效益,才能决定是否进行投资。不仅如此,ITS 评价所提供的信息(关于具体实施的条件和可能产生的影响等)还可以帮助政府部门和社会投资者优化投资方向,帮助其对将来项目的投资和实施作出决定。

(3) 优化已有系统的运作和设计。ITS 评价可以帮助已经建成使用的智能交通项目分析出需要改进的方向,从而使管理者和设计者在将来开展其他相关项目时能够更好地调整、改进、优化系统运作和系统设计。

1.4.2 智能交通系统评价指标体系

ITS 评价指标体系是反映智能交通系统整体状况的指标群体,能够反映所评价系统的总体目标和特征。在 ITS 方案评价指标体系的建立过程中,为了客观、全面地衡量 ITS 项目的社会和经济影响,实现对其科学的综合评价,需要遵循 ITS 评价原则,建立综合评价指标体系,对系统进行准确有效的评价。

1. 评价原则

(1) 可行性原则。ITS 的评价指标必须有明确的意义,并应简明实用,具有可量化和可检测的特点。

(2) 系统性原则。ITS 本身是一个复杂的多因素相互联系的系统工程,因此 ITS 项目的评价指标体系应考虑系统内因和外因的相关性、整体性和目标性。

(3) 科学性原则。确定的评价指标体系必须能够科学地、全面地反映 ITS 项目社会经济影响的本质特征。

(4) 先进性原则。效益评价指标体系要有突破、创新之处，要从环境、经济等角度考虑问题，以提升整个社会的和谐水平。由于 ITS 的复杂程度比较高，所以应当建立确实可行的操作方式，选用的指标含义明确、数量好量化。

定性与定量相结合原则。在 ITS 的效益评价中，经济效益的量化相对容易一些，而社会效益和环境效益的量化就非常困难，这种情况下，只能对这些部分进行定性分析。因此，定性与定量相结合的原则也是 ITS 效益评价的一个常用的方法和原则。

2. 国外 ITS 评价指标体系

美国和欧盟很早就意识到了 ITS 评价的重要性，并在这方面进行了仔细研究。美国在 2000 年发布的 "National ITS Architecture" 最新版中，列出的 ITS 评价内容和方法分为 5 个部分：① 评价设计；② 费用分析；③ 性能和效益研究；④ 风险分析；⑤ 评价结果。欧盟在 ITS 评价系统研究过程中成立了一个评估专家组(EEG)负责开发评估程序，收集其智能交通研究项目 "EasyWay2007—2020 计划" 建设过程中的评估结果，详细内容如表 1-4 所示。

表 1-4　EEG 提出的主要指标和摘要

目　的	指　标
路网和费用(经济)	① 基于车辆每千米的路网使用的变化；② 当需求超过承载额能力时，旅行时间的变化；③ 高峰时期平均速度的变化；④ 路网承载能力不足造成的事故数量；⑤ 路网承载能力不足浪费的时间
时间和预测	① 旅行时间(平均和标准偏差)；② 因意外造成的额外旅行时间；③ 每千米载有乘客数量；④ 交通流的稳定性(变速次数)；⑤ 交通流的感知流动性
信息服务的成功安全	① 事故数量；② 事故受伤人数；③ 致命事故数量；④ 车辆每千米覆盖率；⑤ 违反交通法规的车辆数量；⑥ 用户感知的安全性
噪声和能源的排放(环境)	① 受噪声影响的人数；② 暴露在废气中的人数；③ 每吨·千米货物运输量；④ 每吨·千米危险货物运输量；⑤ 交通设施对环境的影响
评估和舒适度	① 付费意愿(交通)；② 付费意愿(服务)；③ 服务使用者的数量

3. 我国的 ITS 评价指标体系

我国的 ITS 评价早期主要侧重于社会效益和经济效益分析。常用的 ITS 社会经济影响综合评价指标体系如表 1-5 所示。

2022 年 10 月，由全国信息技术标准化技术委员会牵头，国家信息中心、交通运输部科学研究院、中国电子技术标准化研究院、公安部道路交通安全研究中心、华为、腾讯、清华大学、北京航空航天大学等 26 家单位共同参与编写，颁布了国家标准 GB/T34680.5—2022《智慧城市评价模型及基础评价指标体系　第 5 部分：交通》，该国家标准于 2023 年 5 月 1 日正式实施。

表 1-5　ITS 社会经济影响综合评价指标体系

评价准则(1)	评价准则(2)	评 价 指 标
经济发展影响	建设经营方效益	① 建设费用节省效益；② 运用费用节省效益
	用户出行时间效益	① 旅客节约在途时间效益；② 货物节约在途时间效益
	提高经济外向度	① 产品与服务外向度；② 投资外向度；③ 资本机构外向度
社会发展影响	改善区域投资环境	① 交通基础设施适应度；② 用户满意度
	技术进步效益	① 推动物流行业发展；② 经营管理网络信息化；③ 提高行业服务水平
路网交通系统影响	交通性能	① 路网经济适用性；② 系统服务水平
	交通安全	行车危险系数
能源与环境	—	① 耗油量的节约；② 大气质量指数

《智慧城市评价模型及基础评价指标体系》旨在建立智慧城市整体的评价指标体系以及细分领域的评价指标体系，智慧城市交通评价指标体系框架如图 1-7 所示。

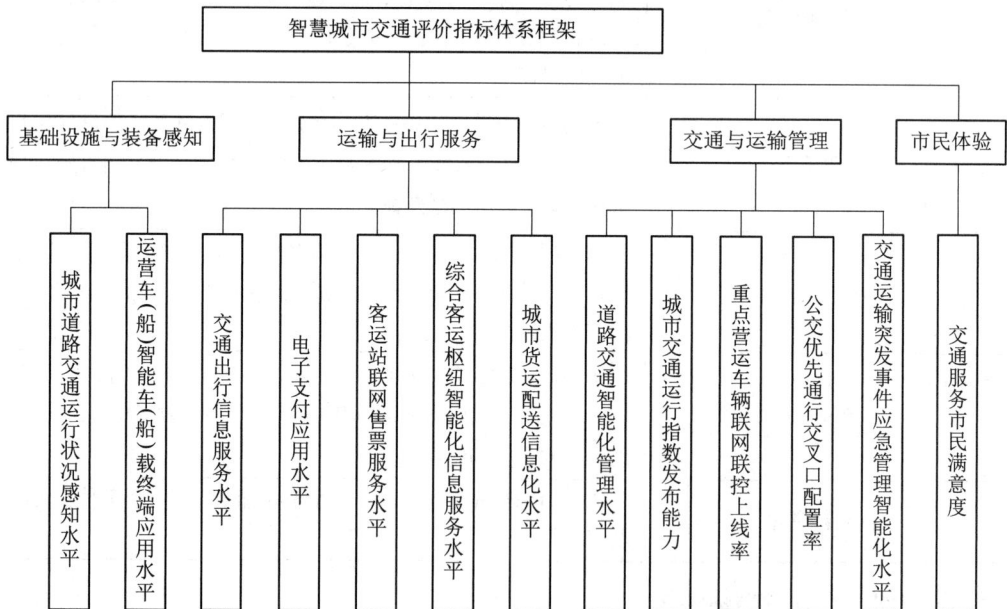

图 1-7　智慧城市交通评价指标体系框架

该标准规定了智慧城市交通评价指标体系框架，描述了评价指标说明和指标权重，适用于指导开展智慧城市交通建设发展和服务水平的评价。智慧交通评价指标面向智慧城市交通领域的基础设施与装备感知、运输与出行服务、交通与运输管理、市民体验等方面，共涉及 4 个一级指标评价要素，包括 13 个二级指标，详细指标及权重如表 1-6 所示。该标准对 21 个三级指标的内涵、量化方法等内容分别作出了说明，是评估城市智慧交通应用与服务水平的主要依据。

表 1-6　一级指标及二级指标权重表

一级指标及权重	二级指标及权重
基础设施与装备感知(26%)	城市道路交通运行状况感知水平(16%)
	运营车(船)智能车(船)载终端应用水平(10%)
运输与出行服务(27%)	交通出行信息服务水平(12%)
	电子支付应用水平(3%)
	客运站联网售票服务水平(4%)
	综合客运枢纽智能化信息服务水平(5%)
	城市货运配送信息化水平(3%)
交通与运输管理(22%)	道路交通智能化管理水平(8%)
	城市交通运行指数发布能力(3%)
	重点营运车辆联网联控上线率(2%)
	公交优先通行交叉口比率(5%)
	交通运输突发事件应急管理智能化水平(4%)
市民体验(25%)	交通服务市民满意度(25%)

1.4.3　常见评价指标和评价案例

目前关于一个智能交通项目的完整评价主要包括技术评价、经济评价、产业化评价、用户效益评价、风险分析和综合评价。

1. 技术评价

ITS 项目的技术评价首先需要确定 ITS 项目实施的技术方案；其次从系统的技术性能和运行性能两个方面出发，建立 ITS 项目的技术性能评价指标，对可以量化的评价指标进行量化，对不可进行量化的指标进行定性分析；最后运用多准则的评价方法进行分析评价，以确定 ITS 项目的各项评价指标是否达到实施的要求，并确定各个评价指标对 ITS 项目技术实施的影响程度。

技术性能评价是 ITS 项目技术评价的核心。ITS 项目技术性能评价就是以技术先进性、技术适用性和技术可靠性为前提，从系统结构性能和系统运行性能两个方面对技术的可行性进行评价。对系统结构性能进行评价主要是了解系统的科学性、合理性、兼容性、可扩展性，是否能包容现有的系统和设施并与其协调。对系统运行性能评价的主要目的是了解系统功能的实现程度。

2. 经济评价

ITS 项目的经济评价主要是从经济学角度分析计算 ITS 项目投入费用和获得收益，并讨论 ITS 系统发展对国民经济产生的影响。具体来说，经济评价包括财务评价和国民经济评价。

1) 财务评价

财务评价是根据国家现行财税制度和价格体系，分析、计算投资者或项目直接发生的财务效益和费用，编制财务报表，计算评价指标，考察项目的盈利能力、清偿能力及外汇平衡等财务状况，据以判别项目的财务与商业上的可行性。

经济效益评价指标主要包括：

(1) 静态指标：投资回收期、投资利润率、投资利税率、资本金利润率等。

(2) 动态指标：财务内部收益率、财务净现值等。

(3) 清偿能力分析：包括借款偿还期、资产负债率、流动比率、速冻比率等指标。

2) 国民经济评价

国民经济评价是按照资源合理配置的原则，从整体的角度考虑项目的效益和费用，由货物影子价格、影子工资、影子汇率和社会折现率等经济参数分析、计算项目对国民经济的净贡献，从而评价项目的经济合理性。

国民经济评价的服务对象是国家或地区的宏观决策，其评价目标是计算和分析国民经济为投资项目所付出的代价(费用)及对国民经济所作出的贡献(效益)，以评价投资项目在宏观经济上的合理性。一般来说国民经济评价主要包含：

(1) 项目投资对相关产业的带动作用；

(2) 项目投资增长对国民收入、税收、工资等指标产生的增值性；

(3) 直接和间接带动的就业增长。

3. 产业化评价

ITS 项目的实施可以带动其他相关产业的发展，例如交通运输设备制造业、电子及通信设备制造产业、货物运输及仓储业等。产业效益是分析其对国内外生产总值(GDP)的贡献，主要可分为以下 3 种：

(1) 直接效益：GDP 的净增长贡献。

(2) 后向乘数效益：为 ITS 项目提供产品的基础设施建设增长所带来的效益。

(3) 前向乘数效益：ITS 项目建设带来的其他行业的需求增长所获得的效益。

4. 用户效益评价

分析 ITS 项目实施的交通安全、交通效益、社会效益和能源环境效益。常见 ITS 项目用户效益指标如图 1-8 所示。

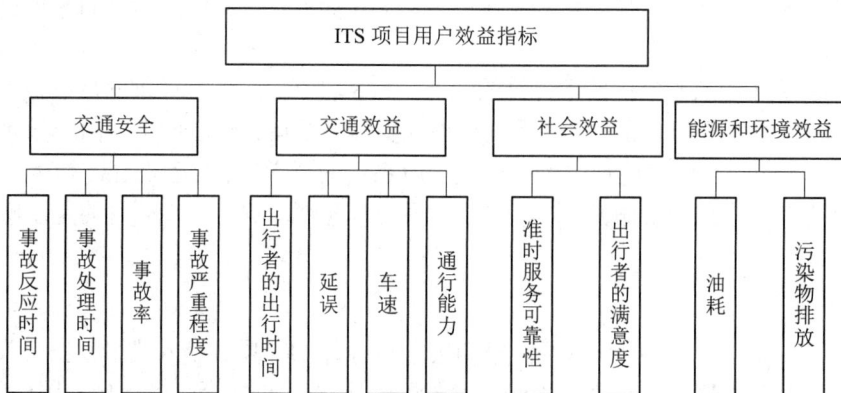

图 1-8 常见 ITS 项目用户效益指标

5. 风险分析

简单地说，风险分析就是通过定性分析，确定阻碍 ITS 项目应用的重大风险，提出消除或降低风险的措施或建议。风险分析的主要步骤是首先定性判定项目中存在风险的部分；其次定量预估风险，确定最关键的风险项目；最后确定各种降低风险的措施，并建议在合适的时间实施这些措施。

6. 综合评价

综合评价是在综合考虑各方面因素对项目实施的影响的基础上进行的评价，它应该从整体角度出发，确定各种指标的建立方法、影响因素即指标的处理方法，进而提出 ITS 项目综合评价的评价模型。综合评价指标体系如图 1-9 所示。

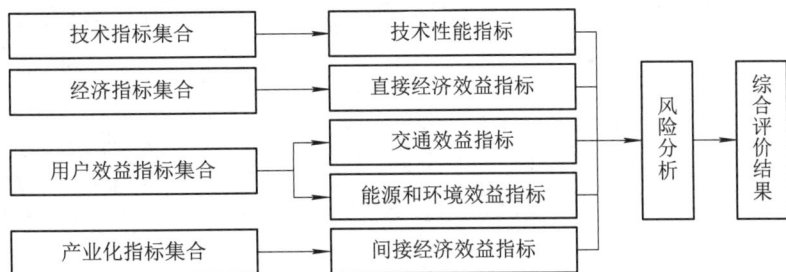

图 1-9　综合评价指标体系

1.5　应用案例——广州 BRT 项目仿真评估

广州快速公交(Bus Rapid Transit，BRT)试验线位于广州市中山大道，全长 22.9 km，呈东西走向，西起天河区广州大道，东至黄埔区夏园，穿越天河区和黄埔区，由天河路(2.8 km)、中山大道(13 km)、黄埔东路(7.1 km)三段道路组成，广州 BRT 项目如图 1-10 所示，广州 BRT 项目沿线站点如图 1-11 所示。BRT 系统沿线设置 26 对中央侧式站台，有 20 多条公交线路，周边道路交通状况非常复杂。为了充分发挥该项目的功能，研究人员建议在该项目实施前进行微观交通仿真评估。其仿真内容主要包括初步调查、基础数据收集、仿真建模、仿真程序实施、仿真参数评估与校正以及结果分析。

图 1-10　广州 BRT 项目

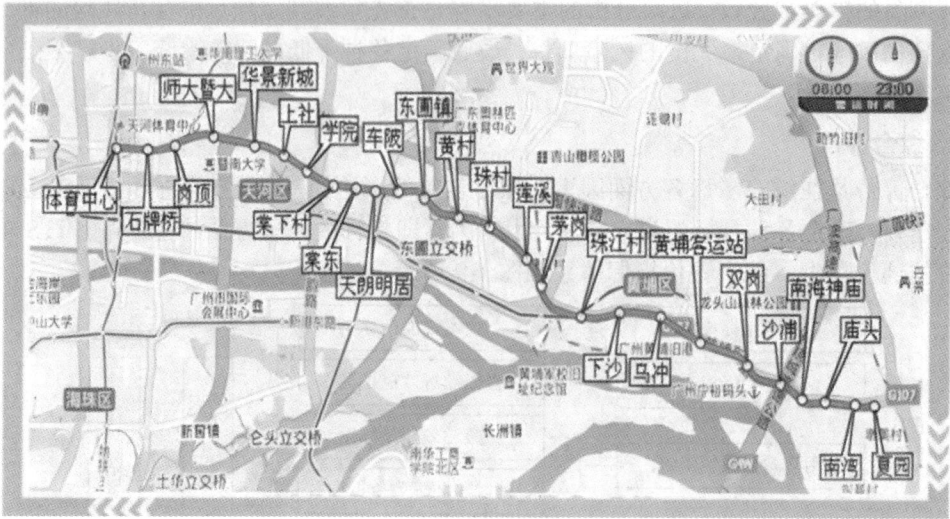

图 1-11　广州 BRT 项目沿线站点

2009 年，在构建广州 BRT 系统时，研究人员应用了微观仿真软件 VISSIM 对各种 BRT 运营调度方案的效果进行评估，并定量分析确定了 BRT 运营调度方案的可行性，为 BRT 运营优化提供决策支持。BRT 仿真模型可以表示 BRT 车道、BRT 车辆、BRT 站台、BRT 车道影响下的其他车道、BRT 路线沿线的交叉路口等的运行情况。

下面介绍 BRT 运营评价和 BRT 车站运营评价的仿真结果。

1. BRT 运营评价

BRT 运营评价指标包括站内公交平均停留时间、公交平均载客率和乘客平均候车时间。仿真结果表明，站内公交平均停留时间是 27.2 s，公交平均载客率为 79.94%，最大载客系数为 100%，乘客平均候车时间为 3.6 min。

1) 站内公交平均停留时间

公交车在车站内的最大停留时间决定了 BRT 线路的最大容量，因此缩短停留时间可以提高 BRT 线路的容量。如图 1-12 所示，通过仿真结果可以看出，目前的 BRT 普通公交车的平均站内停留时间是 27.2 s。从长期来看，如果启用高容量车辆，有更多的车门供乘客上下车，则公交车在车站的停留时间将更短。

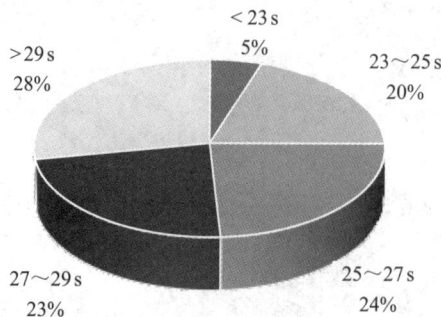

图 1-12　站内公交平均停留时间

说明：图 1-12 中共有 5 组数据，每组数据分为两个，上面的百分比区间表示公交车停留时长，下面的百分比数据表示在这个停留时长内的车站比例。

2) 公交线路平均载客率

公交线路的平均载客率是最能描述线路利用率的指标，也是反映公交乘客舒适度的重要指标。项目仿真结果如图 1-13 所示。

说明：图 1-13 中共有 8 组数据。每组数据分为两个，上面的百分比区间表示不同公交线路的平均载客率；下面的百分比数据表示在这个平均载客率区间内的车站比例。

3) 乘客平均候车时间

如图 1-14 所示，在 76 条 BRT 线路中，76%线路的乘客平均候车时间在 3 min 以内，19%的乘客平均候车时间为 3～5 min，只有 5%线路的候车时间超过 5 min。

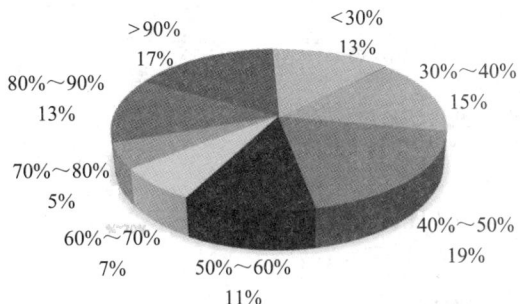

图 1-13　不同公交线路平均载客率的车站比例　　　　图 1-14　乘客平均候车时间

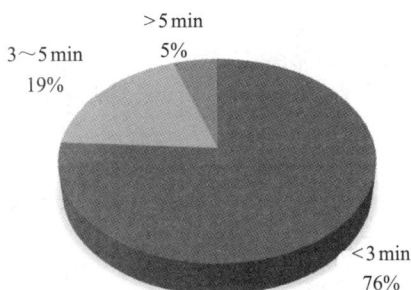

2. BRT 车站运营评价

1) BRT 车站饱和度

BRT 车站饱和度是指每小时到达的公交车数量与 BRT 站点容量的比例。仿真结果如图 1-15 所示。

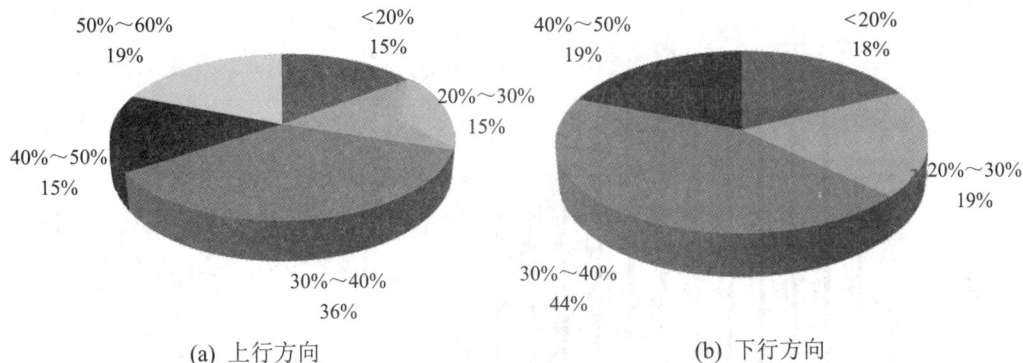

(a) 上行方向　　　　　　　　　　(b) 下行方向

图 1-15　不同车站饱和度的站点比例

说明：图 1-15(a)和 1-15(b)中的每组数据都分为上下两个，上面的百分比区间表示不同公交站的车站饱和度；下面的百分比数据表示在这个车站饱和度区间内的车站比例

2) BRT 车站排队长度

如图 1-16 所示，通过仿真分析可知，在上行方向有 17%公交车站的最大排队长度超过 100 m。上行方向排队最长的是东圃镇站，为了改善这种排队状况，评价人员建议广州 BRT 系统采用更高容量的车辆。

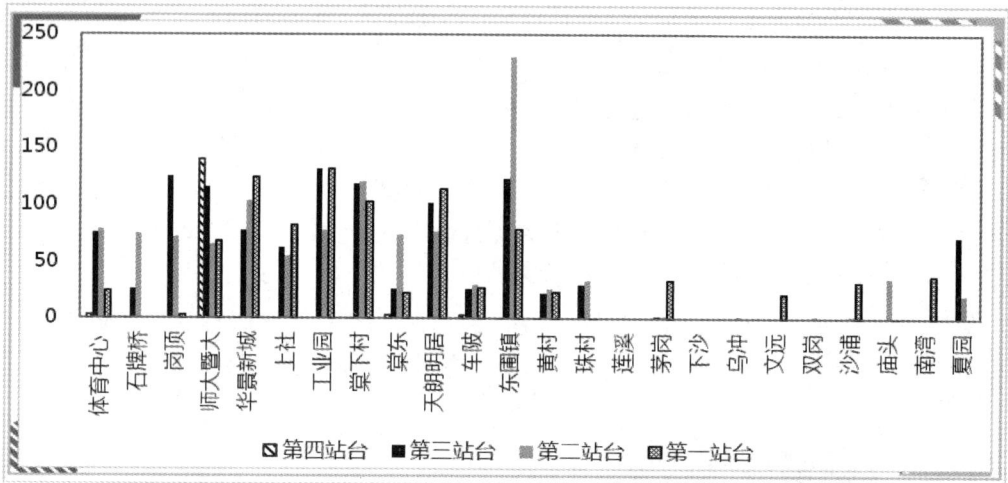

图 1-16　上行方向车站排队长度

3) BRT 专用车道流量

在仿真模型中，研究人员收集了两个站点之间的 BRT 专用车道流量(见表 1-7)，对应的柱状图如图 1-17 所示。

表 1-7　BRT 专用车道流量

上行车道流量/(veh/h)	201	199	244	249	240	278	259	258	267	236	236	178	188
下行车道流量/(veh/h)	165	188	201	213	234	233	212	212	214	200	201	170	165
上行车道流量/(veh/h)	123	87	71	47	57	42	67	79	77	75	75	74	73
下行车道流量/(veh/h)	99	99	59	35	43	32	58	56	57	58	57	58	56

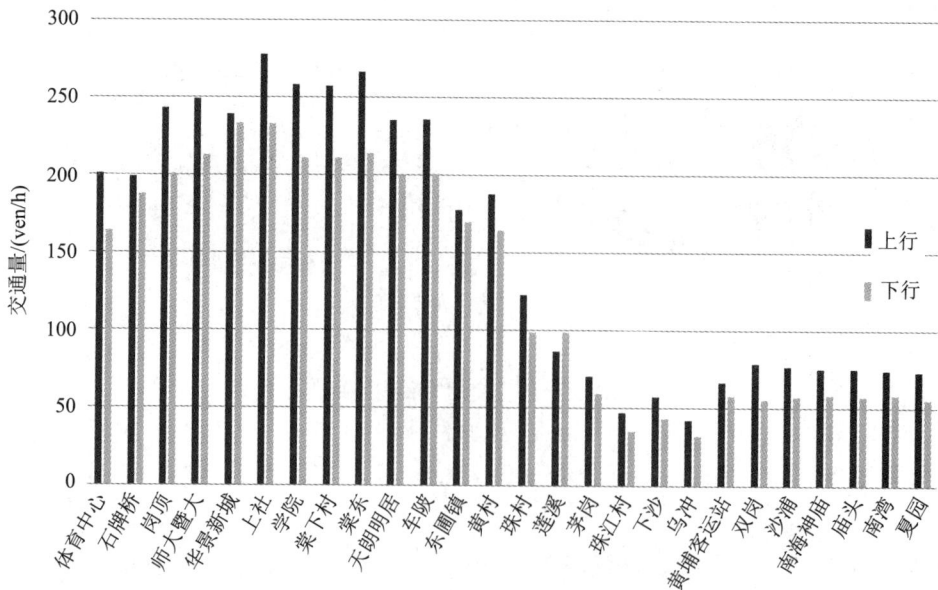

图 1-17　两个站点之间的 BRT 专用车道流量

4) 路口和路段评价

研究人员对实际采集的数据和从仿真模型中获得的数据进行了比较,比较结果如表 1-8、表 1-9 所示。

表 1-8 BRT 施工前后路口评估结果

路口名称	延误时间/s		排队长度/m		服务水平	
	前	后	前	后	前	后
天河路—体育东路	123.1	36.8	187	121	F	D
天河路—天河东路	116.8	28.9	179	113	F	C
天河路—五山路	32	26.2	98	88	C	C
中山大道—天府路	49	31.2	102	80	D	C
中山大道—科韵路	46	25.8	112	92	D	C
中山大道—车陂路	34	27.5	108	98	C	C
中山大道—汇彩路	20.1	14.2	99	78	B	B
中山大道—塘口村	19.9	10.2	59	45	B	B
黄埔东路—港湾路	17.2	14.3	88	68	B	B
黄埔东路—电厂东路	23	26.7	134	95	C	C
黄埔东路—夏园路	20.3	23.8	93	75	B	C

表 1-9 BRT 施工前后车辆行驶速度

路 段	施工前的速度/(km/h)	施工后的速度/(km/h)
天河路	13	28.2
中山大道	17	34.2
黄埔大道	22	35.5

拓展阅读 《交通强国建设纲要》解读

1. 总目标

《交通强国建设纲要》的总目标为"人民满意、保障有力、世界前列"。

"人民满意"是交通强国建设的根本宗旨,强调坚持以人民为中心的发展思想,建设人民满意的交通。"保障有力"是交通强国建设的基本定位,强调为国家重大战略实施、现代化经济体系构建和社会主义现代化强国建设提供有力支撑。"世界前列"是交通强国建设的必然要求,强调全面实现交通现代化,交通综合实力和国际竞争力位于世界前列。"人民满意""保障有力""世界前列"三者相辅相成,缺一不可,共同构成了交通强国建设的总目标。

2. 具体发展目标

从 2021 年到 21 世纪中叶,分两个阶段推进交通强国建设。

到 2035 年，基本建成交通强国。现代化综合交通体系基本形成，人民满意度明显提高，支撑国家现代化建设能力显著增强；拥有发达的快速网、完善的干线网、广泛的基础网，城乡区域交通协调发展达到新高度；基本形成"全国 123 出行交通圈"(都市区 1 小时通勤、城市群 2 小时通达、全国主要城市 3 小时覆盖)和"全球 123 快货物流圈"(国内 1 天送达、周边国家 2 天送达、全球主要城市 3 天送达)，旅客联程运输便捷顺畅，货物多式联运高效经济；智能、平安、绿色、共享交通发展水平明显提高，城市交通拥堵基本缓解，无障碍出行服务体系基本完善；交通科技创新体系基本建成，交通关键装备先进安全，人才队伍精良，市场环境优良；基本实现交通治理体系和治理能力现代化；交通国际竞争力和影响力显著提升。

到 21 世纪中叶，全面建成人民满意、保障有力、世界前列的交通强国。基础设施规模质量、技术装备、科技创新能力、智能化与绿色化水平位居世界前列，交通安全水平、治理能力、文明程度、国际竞争力及影响力达到国际先进水平，全面服务和保障社会主义现代化强国建设，人民享有美好交通服务。

3. 重点任务

一是基础设施布局完善、立体互联。提出建设现代化高质量综合立体交通网络，构建便捷顺畅的城市(群)交通网，形成广覆盖的农村交通基础设施网，构筑多层级、一体化的综合交通枢纽体系。二是交通装备先进适用、完备可控。提出加强新型载运工具研发和特种装备研发，推进装备技术升级。三是运输服务便捷舒适、经济高效。提出推进出行服务快速化、便捷化，打造绿色高效的现代物流系统，加速新业态新模式发展。四是科技创新富有活力、智慧引领。提出强化前沿关键科技研发，大力发展智慧交通，推动新技术与交通行业深度融合，完善科技创新机制。五是安全保障完善可靠、反应快速。强调提升本质安全水平，推进精品建造和精细管理，完善交通安全生产体系，强化交通应急救援能力。六是绿色发展节约集约、低碳环保。强调促进资源节约集约利用，强化节能减排和污染防治，强化交通生态环境保护修复。七是开放合作面向全球、互利共赢。提出构建互联互通、面向全球的交通网络，加大对外开放力度，深化交通国际合作，积极推动全球交通治理体系建设与变革。八是人才队伍精良专业、创新奉献。提出培育高水平交通科技人才，打造素质优良的交通劳动者大军，建设高素质专业化交通干部队伍。九是完善治理体系，提升治理能力。强调深化行业改革，优化营商环境，健全市场治理规则，健全公共决策机制，等等。

课 后 任 务

任务一　基础任务

1. 智能交通系统的主要研究对象分别是_____、_____、_____、_____、商用车辆运营系统、电子收费系统和应急管理系统。

2. 交通强国战略确定我国未来的智能交通战略发展重点是_____
_____

_____。

3. 我国确定的智能运输体系框架中用户服务包括_____个服务领域。

4. 进行智能交通评价的意义是什么？

任务二　能力提升任务

1. 在智能交通研究和发展的基础上，我们进一步提出了智慧交通的概念。通过网上查阅资料，分析智能交通和智慧交通有什么相似点和不同点。

2. 上网查阅资料，收集近十年来你的学校所在地政府在智能交通发展方面的主要项目，以及这些项目所能发挥的功能。

任务三　专创融合任务

1. 通过学习和网络信息检索，结合自己的大胆创新与创意，尝试思考：未来智能交通高度发展情况下，我国交通在智能化、安全化、数字化、绿色节能方面会有哪些变化？我们的交通会变成什么样子？

2. 通过信息检索、数据收集、小组探讨等方式，思考并回答：我国智能交通行业发展面临的机遇是什么？制约我国智能交通发展的难点主要有哪些？

任务二　城市中的智能交通综合管控系统

随着社会经济的发展，城市道路路网面临着更为严峻的挑战，拥堵、事故、环境问题严重困扰着城市的发展，影响居民的出行质量。据百度地图提供的数据显示：2022 年全国交通拥堵排名前三的城市为重庆、北京、上海。重庆通勤高峰拥堵指数为 1.790，通勤高峰实际速度 29.84 km/h；北京、上海紧随其后，通勤高峰拥堵指数分别为 1.769、1.737，通勤高峰实际速度分别是 31.11 km/h、32.16 km/h。2022 年全国十大拥堵城市及其具体拥堵指标如表 2-1 所示。

表 2-1　2022 年全国十大拥堵城市及其具体拥堵指标

年度排名	排名同比 2021 年	城市	通勤高峰期拥堵指数	拥堵指数同比 2021 年	通勤高峰实际速度 /(km/h)
1	↑ 1	重庆	1.790	↓ 10.76%	29.84
2	↓ 1	北京	1.769	↓ 13.62%	31.11
3	↑ 2	上海	1.737	↓ 7.47%	32.16
4	↑ 12	杭州	1.730	↑ 0.90%	30.33
5	↓ 2	长春	1.706	↓ 12.77%	31.67
6	↑ 9	南京	1.695	↓ 1.25%	30.68
7	↓ 1	广州	1.677	↓ 5.59%	34.02
8	↑ 2	西安	1.654	↓ 4.69%	30.60
9	↑ 5	沈阳	1.648	↓ 4.10%	29.16
10	↓ 3	武汉	1.641	↓ 7.43%	30.16

注：通勤高峰拥堵指数是指在工作日早晚高峰时段，实际行程时间与畅通行程时间的比值。

采用传统的交通管理和控制手段已经不能满足当前城市交通管理的需求。随着智能交通系统的发展，地方政府开始寻求建设更加高效的、多部门合作的、综合性的交通管理控制平台。智能化的交通综合管理系统是什么样子？这种系统有什么先进性？这种系统对缓解城市的交通问题有多大的帮助？我们将从本次任务中获得对这些问题的基础了解和认知。

本任务主要介绍智能交通综合管理系统及智能化交通指挥平台的框架、组成、功能和效果，要求学习者通过本次任务了解智能交通综合管控系统的框架结构，了解其包含的子系统以及各个子系统的功能，能够思考并分析其使用的效果。

任务目标

1. 了解智能交通综合管理系统的功能和架构；
2. 了解交通综合信息平台的功能和架构；
3. 了解智能交通指挥系统的功能和架构；
4. 思考和探究城市交通管理的创新与未来。

主要知识点

1. 智能交通综合管理系统的框架；
2. 交通综合信息平台的框架；
3. 智能交通指挥系统的框架。

2.1 智能交通综合管理系统

2.1.1 智能交通综合管理系统概要

交通管理是指运用法规、工程设施和教育手段对行人、行车、停车及道路使用进行管理，以改善交通运行状况的"交通治理"行为的统称。运用先进的技术对交通运行进行控制和管理的系统，称为先进的交通管理系统。

先进的交通管理系统(Advanced Traffic Management System，ATMS)是智能运输系统的重要组成部分，它依靠先进的交通监测技术、计算机信息处理技术和通信技术，对城市道路和市际高速公路综合网络的交通运营和设施进行一体化的控制和管理，通过监视车辆运行来控制交通流量，快速准确地处理辖区内发生的各种交通事件，以便使客货运输达到最佳状态。

目前，国际上最常见的 ATMS 形式是以交通综合信息平台和智能交通指挥系统为依托的交通管理系统。与传统的交通指挥中心管理系统的封闭性不同，ATMS 使得交通信号控制、电视监控、信息发布、违章管理、事故管理、车辆驾驶员管理业务、122/110 接处警管理、通信指挥调度等各个孤立的子系统在计算机网络平台上有机地连接在一起，使整个交通管理的行为更加信息化、集成化、精准化和自动化。

通过这个系统，交通管理者依据各信息资源在网络上权限共享的原则，可以对城市交通运行状况进行实时监视、指挥控制，并根据具体情况事先对交通系统进行自动控制、紧急控制或预案控制。交通出行者也可以根据 ATMS 发布的信息合理地制定出行方案,避免交通拥挤和时间延误,从而提高整个交通系统的运行效率。

智能交通系统将物联网、大数据、云计算等新技术整合到整个交通服务系统中,帮助建立一个范围更广、应用领域更全的综合交通体系。这样不仅可以提高交通运行效率、减少交通事故、解决部分环境污染,而且可以促进交通服务体系的信息化、智能化、社会化、合理化建设,有助于高效发挥交通基础设施的性能,提高交通运输系统的运行效率和整体服务水平,为公众的出行提供高效、安全、便捷、舒适的服务。

2.1.2 智能交通综合管理系统框架结构

先进的交通管理系统(ATMS)主要依托交通综合信息平台实现信息在不同部门之间的共享,依靠智能化的决策辅助系统进行管理方案的制定和选择,通过智能交通指挥系统进行最终管理和控制的实施。如果把整个 ATMS 按信息流程划分,则可简化为如图 2-1 所示的四大部分。

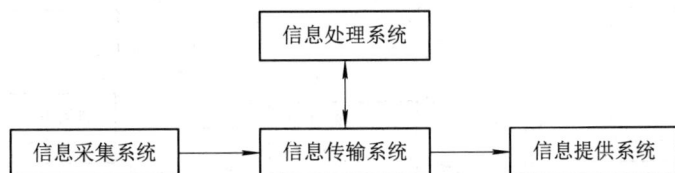

图 2-1 ATMS 信息传递流程图

信息采集系统是整个系统的前提和基础部分。系统通过传感器、雷达、线圈、摄像头等各种设施,获取道路交通流信息,如交通量、车头间距、交通密度、车速、延误等,并通过这些信息,判断道路的交通状况,作为实施交通管理和控制的依据。

信息处理系统是整个系统的核心。首先信息处理系统对信息进行加工和处理,转换成可以使用和发布的交通信息;其次将这些数据进行整合,提供给不同部门的人员使用,从而实现交通管理的集成化;最后对收集到的相关数据进行储存和积累,形成交通信息的专用数据库。

信息提供系统主要负责输出,通过路侧设备、媒体、广播、互联网等多种途径,将交通信息、交通管理和控制方案提供给出行者和管理人员,实现对交通及时干预。

目前,国内各大城市都针对各自的道路交通实际情况,选择性地实施了 ATMS 的部分子系统。一般情况下,ATMS 均由所属市公安局、市交警支队、市公路局等负责管理,系统分别负责对城市道路、公路交通的监控,对自行车和行人在不同交通模式交叉口的控制,对交通事故、交通设施维护、交通紧急事件的管理,以及对城市道路、公路交通的车辆收费管理等,同时通过辅助管理系统将收集处理后的信息,实时传输到交通信息交互中心。ATMS 框架结构如图 2-2 所示。

美国的 I-95 东北通道的 MAGIC 项目是一个典型的 ATMS 项目。都市圈引导信息与控制(Metropolitan Area Guidance Information and Control,MAGIC)是新泽西的 ATMS 的主要项目,目标是减少道路交通拥挤,从而减少车辆废气排放。MAGIC 包括监测公路条件、支持交通管理和为旅行者提供咨询等部分,其系统结构如图 2-3 所示。

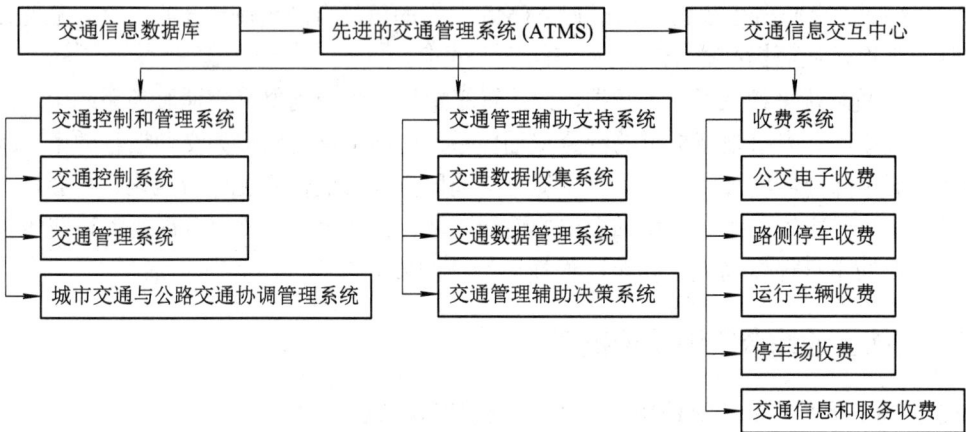

图 2-2　ATMS 框架结构

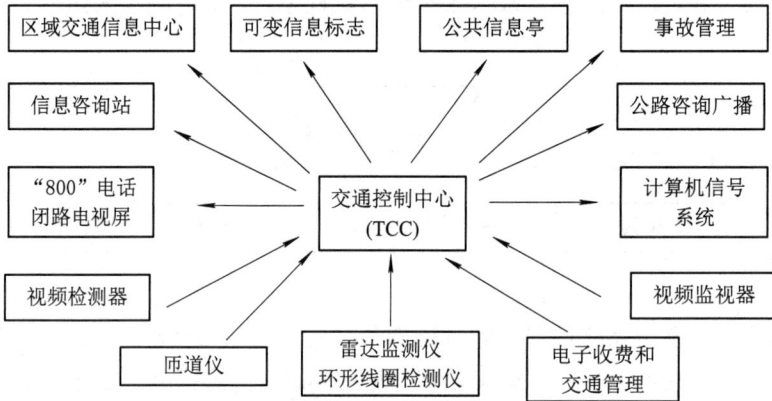

图 2-3　MAGIC 系统结构

在这个项目中,安装在道路两侧的各种传感器属于信息采集系统,负责收集和接收信息,经主计算机处理后,控制公路交通条件并可显示相关数据及进行事故处理。项目设计了一套专家系统向车辆提供替代路径和缓解交通堵塞的建议。最后的信息提供系统通过公路咨询广播和声音等传播提供宽带扩充功能,形成管理系统的通信中心枢纽。

MAGIC 利用公路咨询广播为车辆驾驶人员提供服务信息,告知交通、道路和天气状况,建议路径选择。另外,MAGIC 可利用匝道仪系统,经环形线圈检测匝道的占有率和在匝道上的车辆速度,配合 CCTV(Closed Circuit Television,闭路电视)摄像机,监测控制匝道的车辆进入。

新泽西运输部还计划使 MAGIC 包括多模式运输管理,如公共运输、停车和搭乘的停车场的管理。

2.2　交通综合信息平台

2.2.1　交通综合信息平台概要

交通综合信息平台(Comprehensive Transport Information Platform,CTIP)又称交通共用信

息平台，是一个大型综合性信息集成系统，该平台通过对多源异构数据的接入、存储、处理等手段，整合交通运输系统信息资源，实现不同部门间信息共享，为各相关部门制定交通运输组织与控制方案和科学决策，为开展交通综合信息服务提供数据支持。简而言之，这个系统为多部门实现交通的综合性治理，提供了统一且可靠的数据，是实现交通信息和交通数据共享的保障。

平台应该具备的基本功能有信息收集、信息处理、信息提供和信息展示。信息收集功能是指平台从交通管理部门、科研机构或其他途径获得交通信息，并对信息进行标准化处理，然后进行整合和存储，方便有关人员的调取。信息处理功能主要是对数据进行筛选和过滤，保障数据的正确性。同时由于交通数据的来源多样，导致数据类型和结构种类繁多，需要对数据进行标准化的处理，方便数据存储。信息提供功能是指为不同用户提供所需数据。例如管理人员、科研人员、政府部门、交警和道路使用者等都需要从平台获得相应的信息，而平台需要采用多种方式为其提供这些交通信息。信息展示功能主要是指交通信息的图形化和可视化处理，方便不同使用者能够直观使用这些交通数据。综合信息平台与其他智能交通系统之间的数据传输流向如图 2-4 所示。

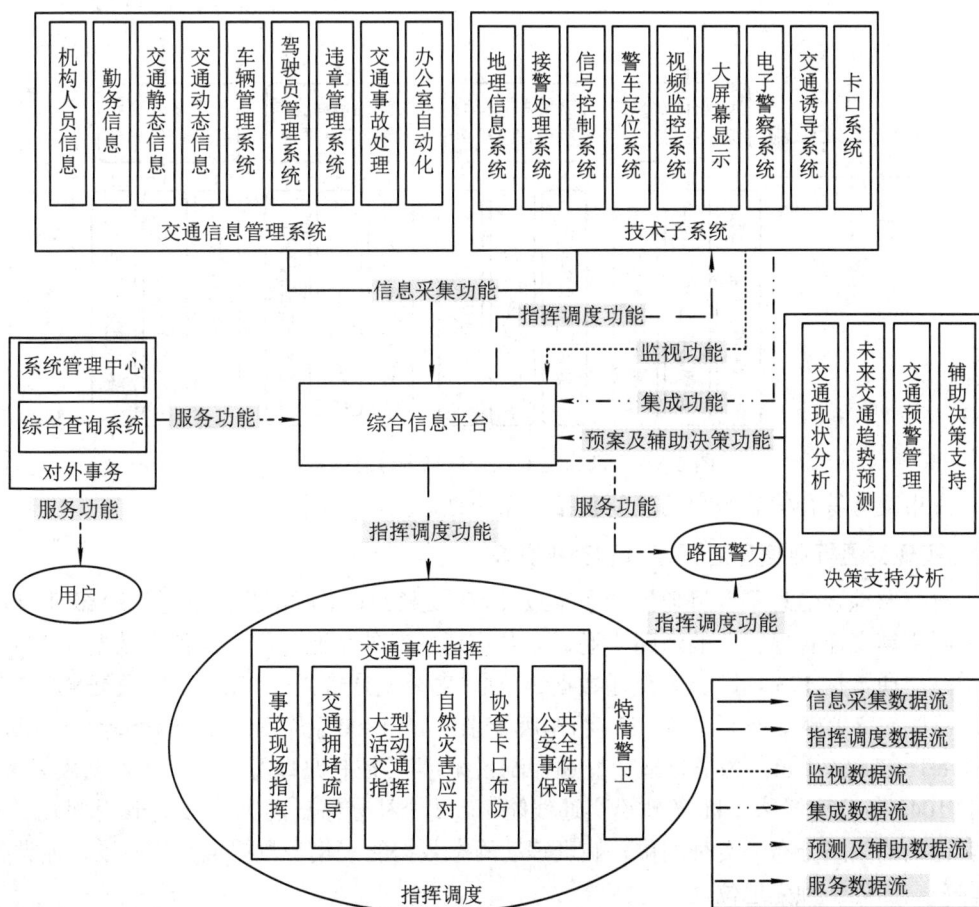

图 2-4　综合信息平台与其他智能交通系统之间的数据传输流向

2.2.2　交通综合信息平台框架结构

以上海市交通综合信息平台为例：上海市交通综合信息平台建成于 2008 年 3 月，由上海市交通信息中心组织建设并负责运行维护。该平台是全国首个全面且实时整合处理全市道路交通、公共交通、对外交通领域的车流、客流、交通设施等多源异构基础信息数据资源，实现跨行业交通信息资源整合、共享和交换，为交通管理相关部门进行交通组织管理和社会公众进行交通综合信息服务提供基础信息支持的信息集成系统。该平台的使用推进了上海市交通信息化建设进程，成为智慧上海的重要组成部分。

上海交通综合信息平台是一个分级的跨行业汇聚、处理、共享和交换交通综合信息的集成系统。一级平台即上海市交通综合信息平台，是全市交通综合信息集成、共享、交换和发布的核心主体。二级平台是行业交通信息汇聚、交换的信息系统，并承担着连接一级平台和三级应用系统的重任。三级应用系统是上海交通综合信息平台数据采集基础层和平台综合信息的具体应用层。上海市交通综合信息平台总体构架如图 2-5 所示。

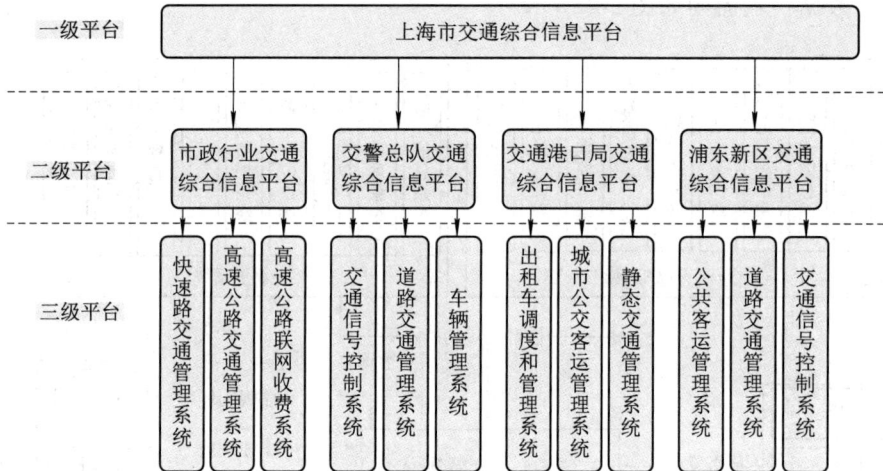

图 2-5　上海市交通综合信息平台总体构架

上海市交通综合信息平台的功能包括三个方面。

1. 实现交通行业信息汇聚整合和交换共享

上海交通综合信息平台目前汇聚了市政行业、交警总队、城市公共交通管理部门、机场、铁路、码头等交通管理行业的道路交通、公共交通、对外交通各类交通信息数据共 237 项，其中道路交通数据 173 项，公共交通数据 30 项，对外交通数据 34 项。这些数据来自 2.2 万组感应线圈、2.5 万辆 GPS 浮动车、334 组车牌识别断面、1800 余个 SCATS(Sydney Coordinated Adaptive Traffic System，悉尼自适应交通控制系统)信号控制路口等动态交通数据采集装置，以及对 1042 条公交线路、11 条轨道交通线路、732 个社会停车场(库)、2 个国际机场、3 座铁路客运站的线路分布、实时泊位、航班等动静态数据的采集。数据覆盖的范围、种类和规模目前在全国处于领先地位。

上海交通综合信息平台，实现了各交通管理行业平台和业务系统之间的信息交换和共享。作为交通信息交换共享的枢纽，上海交通综合信息平台提高了交通信息资源的利用率和业务管理效率，增强了交通管理的协同性，是现代交通管理的重要手段之一。

2. 实现道路交通状态等实时展示

通过对上海交通综合信息平台汇聚整合数据的综合处理，基于 GIS(Geographic Information System，地理信息系统)技术，上海交通综合信息平台以"一机三屏"形式，展示道路交通状态等实时信息和交通视频，为交通管理部门提供直观、实时的信息支撑。它主要展示 8 种信息：

(1) 道路交通实时状态信息。如图 2-6 所示，上海交通综合信息平台可展示全市干线公路、快速路、地面道路三张路网的实时交通状态信息。这些信息分别应用线圈、出租车 GPS、手机等不同技术和方式采集，并经上海交通综合信息平台综合处理，以红、黄、绿三种颜色展示三张路网堵塞、拥挤、畅通等运行状态，使交通管理部门与社会公众能实时掌握全市道路交通运行状态信息。

图 2-6　道路交通实时状态信息

(2) 道路交通视频信息。上海交通综合信息平台可展示干线公路、快速路和地面道路等视频图像信息，使交通管理部门直观地了解道路交通运行状态，有效进行交通指挥管理。

(3) 道路交通可变信息标志牌状态信息。上海交通综合信息平台可展示设置在干线公路、快速路、地面道路的路边可变信息标志牌的实时工作状态，帮助交通管理部门及时掌握外场道路可变信息标志牌发布的状态信息和工作状态。

(4) 道路交通事件实时信息。上海交通综合信息平台可实时展示全市道路交通事件信息，包括事件发生地点、事件性质、事件在不同时间段内的累计数量等信息，使交通管理部门能及时掌握交通事件地点、性质等信息并及时进行处理，对交通事件发生规律等进行统计分析，如图 2-7 所示。

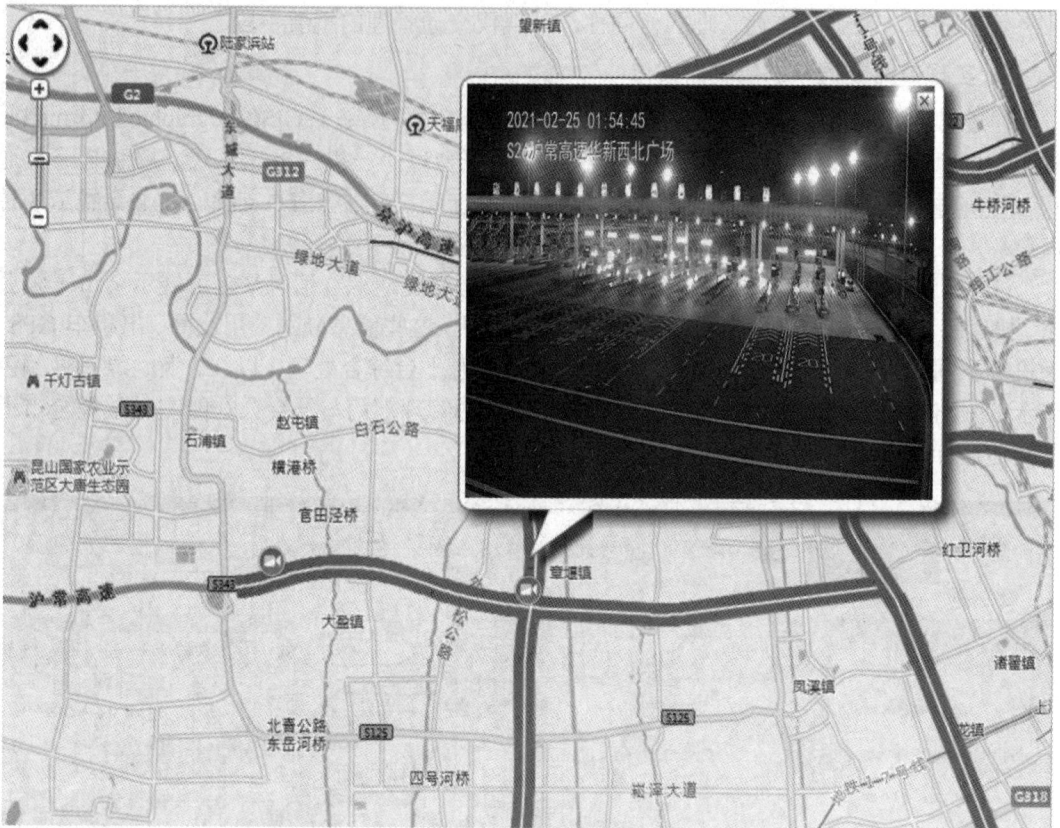

图 2-7　道路监控实况图

(5) 道路养护及施工信息。上海交通综合信息平台可展示道路养护或施工地点、施工工作量、施工周期等信息，以及快速路养护计划信息。

(6) 牌照识别和 SCATS 路口信号机信息。上海交通综合信息平台可展示设置在道路断面牌照识别系统实时信息、布设于地面道路 SCATS 路口相位状态信息，使交通管理部门能实时分析非户籍牌照机动车与上海牌照机动车数量百分比、时空分布等信息，协助交通控制管理。

(7) 公共交通信息。上海交通综合信息平台可展示轨道交通、地面公交线路分布及走向、站点设置、实时运行状态等信息，以及部分公共停车场(库)泊位动态信息，实时掌握公共交通运行状况。

(8) 对外交通信息。上海交通综合信息平台可展示机场、铁路、码头、长途客运等对外交通枢纽的地理位置、动态班次、客流量、票务发售等信息，以及通过进入市域道口的入沪客流量等信息，帮助交通管理部门及时掌握对外交通运行和客流情况。

3. 实现面向综合交通管理的应用分析

上海交通综合信息平台目前也具备初步的综合交通应用分析功能。如以道路路段平均车速为主要参数，开发建立交通指数模型，以量化的交通指数数值，宏观、准确地反映快速路、地面道路整体路网以及区域道路交通拥堵程度，为量化评价道路交通运行状态、为交通管理部门提供精确的量化管理依据等发挥重要作用，如表 2-2 所示。

表 2-2 交通指数分析

状 态	区 域 名 称	当前值	参考值	趋 势
●	南北东侧(鲁班—共和)	71.4	71.5	↘
●	内环内侧(延西—共和)	71.4	54.4	↗
●	南北西侧(共和—鲁班)	68.4	65.2	↗
●	延安北侧	67.2	59.3	↗
●	内环外侧(延西—鲁班)	66.2	62.5	↗
●	延安南侧	61.8	52.2	↗

另外,通过对地面公交线路运载客流量统计,与实际调度发车数的理论载客流量进行比对,绘制包络曲线分析图,可以直观地显示公交车辆的运载效能,为公交管理部门科学合理地制订调度计划,提高公交车运载效能和服务水平提供有力的技术手段和依据。

2.3 智能交通指挥系统

2.3.1 智能交通指挥系统概要

智能交通指挥系统,是将先进的信息技术、计算机技术、传感器技术、人工智能等科学技术有效地综合运用于交通运输、服务控制等方面,从而形成一种保障安全、提高效率、改善环境、节约能源的综合运输指挥系统。如图 2-8 所示,智能交通指挥系统将交通指挥调度系统、交通信号控制系统、视频监控系统、车辆定位系统、交通引导系统、电子警察系统、接警处理系统、违法管理系统、事故管理系统等集成在统一的、图形界面的软件环境下,实现信息采集、分析处理、控制执行、科学决策精细化交通管理。

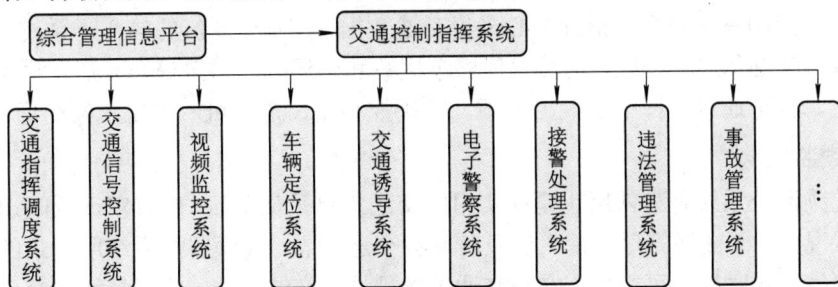

图 2-8 智能交通指挥系统构成

智能交通指挥系统能够在更大的时空范围具备感知、互联、分析、预测和控制等能力,以充分保障交通安全、发挥交通基础设施效能、提升交通系统运行效率和管理水平,为通畅的公众出行和可持续的经济发展服务。

2.3.2 智能交通指挥系统框架结构

智能交通指挥系统是一个高度集成化的系统,功能涵盖了交通信息采集、分析处理和发布，系统设备控制和辅助决策等。智能交通指挥系统框架结构如图 2-9 所示。

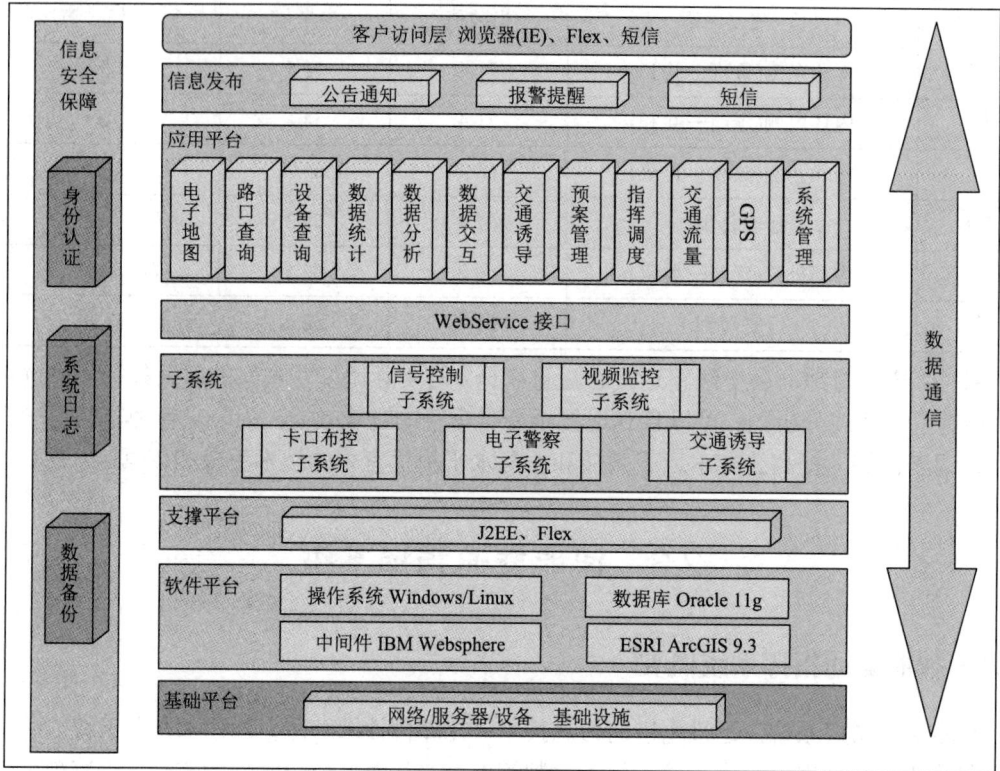

图 2-9　智能交通指挥系统框架结构

系统的主要功能包括 8 个方面：信号控制、视频监控、交通引导、交通违法管理、交通流量监控和统计、指挥调度、GIS 地图操作、辅助决策。

1. 信号控制

交通信号控制系统是交通指挥中心采集交通数据、控制交通流的核心子系统，其主要功能是自动调节交通信号灯的配时方案，使停车次数和延误时间减至最小，充分发挥道路系统的交通效益，并可通过指挥中心人工干预，直接控制路口信号机，强制疏导交通。

2. 视频监控

交通视频监控系统是最常用也是最实用的交通信息采集手段，能直观地反映道路交通信息与交通状况，便于交通管理指挥人员及时掌握交通动态。视频监控系统所记录的图像具有很强的直观性、实时性和可逆性，它在交通事故处置、交通疏导、交通违法取证、及时响应交通突发事件、侦破刑事案件等方面可发挥重要的作用。

3. 交通引导

通过网页、APP、广播、路侧可变情报板等多种途径给交通参与者提供道路实时运行信息，交通参与者可通过这些信息选择最佳行车路线，减少出行中的延误和损失，提高整个道路系统的通行效率。

4. 交通违法管理

交通违法管理是将电子警察终端设备捕获到的图片进行处理，对能提供违法依据的图片信息进行处理转换，为全国违法系统处罚和警务人员执法提供凭据的平台。它包括前端设备图片采集、图片信息上传、筛选、审核，以及违法数据导入交警违法处理系统等步骤，最终确定车辆违法行为。

5. 交通流量监控和统计

用户可以根据前端设备所采集的流量、速度、车头时距、车头间距、空间占有率、时间占有率、小中重型车数量等参数进行统计，统计出来的结果以列表、图形方式分别进行展现。指挥中心用户可以通过交通数据统计来研判辖区内不同时段的交通流量状况，从而判断道路的拥堵情况，给交管部门的治理规划提供依据。

6. 指挥调度

指挥调度系统能够根据事件类型自动提供相应的事件背景信息和最优的解决方案，由指挥员利用这些信息快速地跨部门、跨警区、跨警种下达指令，使各联动单位能及时地收到指令，赶赴现场处理各种事件。当发生交通事件(如交通事故、设备故障、勤务安排、道路维护、突发事件等)时，指挥员可在指挥中心利用平台直接调度相关的警力、车辆、外场设备、清障设施、医疗救护、消防救援。

7. GIS 地图操作

GIS 系统能够在地图上根据道路通行状况展示路网情况。道路通行状况的显示方式可分为以下 3 种模式：

(1) 全貌显示：地图全貌显示全部范围交通运行状态。

(2) 局部显示：局部放大显示。

(3) 重点显示：对整体公路或公路中某段交通流量、平均车速、饱和度 3 种属性在特选某条公路时特殊显示。

地图上的运行状态依据交通流量、平均车速、饱和度等指标进行评估，然后在地图上通过热力图、表格等多种形式以及红黄绿不同颜色进行展示，如图 2-10 所示。同时支持监控设备按类型进行电子地图的图层控制。

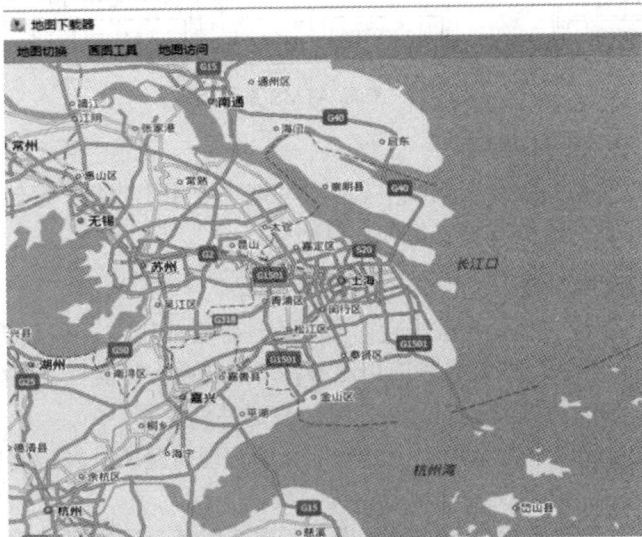

图 2-10　GIS 地图

8. 辅助决策

辅助决策主要依托大数据分析技术，整合机动车、驾驶人、交通事故、交通违法、交警信息平台等交通管理数据资源，通过对业务数据进行建模、结合直观展现技术，挖掘分析其交通行为特征。一方面，实现交通信息的"一站式"查询与展示，提供灵活多样、运行高效、稳定和直观的展示服务。另一方面，分析识别数据之间的关联和规律，从而对其作出合理科学的研判，为各级交通管理业务部门科学决策、快速处理突发事件及日常勤务、资源的分配管理，提供及时、准确、可靠、综合的信息和支持。

2.4　应用案例——青岛智能交通管理系统

交通作为城市的"命脉"，是城市发展的重要一环。2022 年 5 月份，在公安部交通科学研究所发布的《全国 36 个大城市交通运行态势对比分析报告》中，青岛市交通运行健康指数居第Ⅱ类 10 个城市首位。为青岛打通"城市命脉"的 ATMS 系统于 2014 年 10 月 1 日投入使用，系统由一个中心、三个平台和八个系统构成，如图 2-11 所示。

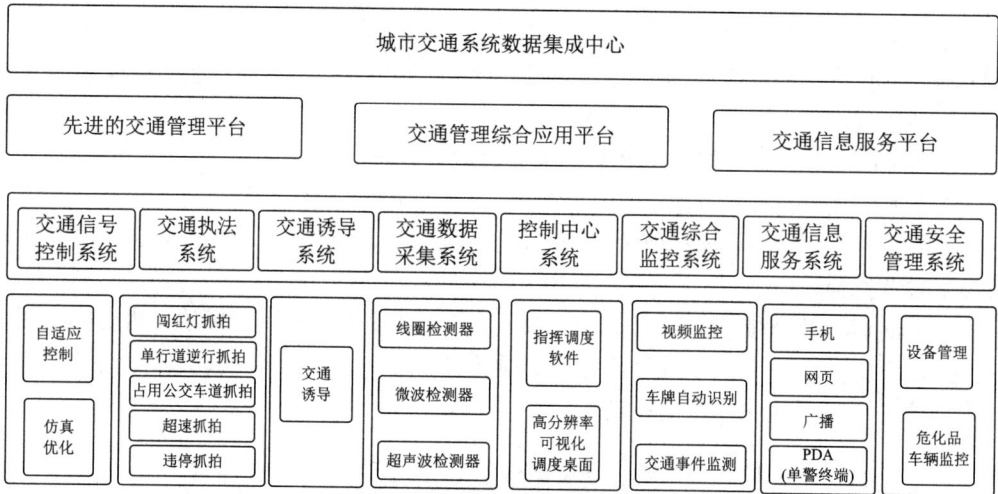

图 2-11　青岛 ATMS 系统组成

1. 一个中心

一个中心是城市交通系统数据集成中心，其功能主要用于收集、存储和管理所有交通系统数据，为各平台和系统提供数据支持和计算服务。

2. 三个平台

三个平台分别是先进的交通管理平台、交通管理综合应用平台和交通信息服务平台。

(1) 先进的交通管理平台提供多种应用服务，包括交通态势监控、指挥调度、交通执法、路径引导信息管理、安全设施管理、分析研判、交通并行控制。

(2) 交通管理综合应用平台是由中国公安部交通管理研究所开发部署的，由此平台可以获取车辆和驾驶人数据，并将交通违法数据提交到该平台。

(3) 交通信息服务平台执行交通信息收集、发布、服务操作和维护管理的功能。

3. 八个系统

八个系统分别是交通信号控制系统、交通执法系统、交通引导系统、交通数据采集系统、控制中心系统、交通综合监控系统、交通信息服务系统、交通安全管理系统。

(1) 交通信号控制系统收集交通流量数据，并可用来部署自适应控制、拥堵控制、应急控制和多系统同步控制。

(2) 交通执法系统用于抓拍闯红灯、单行道逆行、占用公交专用道、超速、违章停车等图像证据。

(3) 交通引导系统通过可变消息标志提供道路交通状况、交通法规和交通事件信息。

(4) 交通数据采集系统检测道路交通流量、平均速度、占有率和其他交通流参数，用于支持其他系统运行，如交通信号控制系统、交通信息服务系统、指挥调度系统。

(5) 控制中心系统包括 122 电话系统、高清显示器、调度台和机房。该系统根据各类现场设备、实时警力和报警条件进行交通指挥调度。

(6) 交通综合监控系统包括高清监控系统、车辆号牌自动识别系统和基于高清视频的交通事故检测器。

(7) 交通信息服务系统通过各种方式提供动态交通信息服务，并建立个性化的信息传播和数据共享系统。该系统还为驾驶人提供基于实时路况的动态导航服务，并为公共交通用户提供在公共交通枢纽处的实时换乘信息。总而言之，它为所有旅客提供个性化的交通信息服务。

(8) 交通安全管理系统对各类城市道路交通智能管理设备进行统一管理，包括道路内的各种设备及控制中心的各种设备。这些设备可以显示在友好的用户交互界面上，以便交通管理员对其进行管理。

青岛 ATMS 系统架构如图 2-12 所示。整个系统包括六个层和两个支持系统。六个层分别是感知层、接入层、融合层、存储和共享层、应用层和信息服务层。两个支持系统是运维保障系统和安全保障系统。这六个层的主要功能如下：

(1) 感知层包括安装在道路两侧的所有类型的检测器。它是 ATMS 的基础层，为系统其他五个层提供实时数据。

(2) 接入层通过智能传输接入网络与感知层交互，包括 2G/3G/4G/5G 网络和光纤。该层包含信息收集系统适配器、违章执法系统适配器、交通控制系统适配器、事件系统适配器、GPS 适配器、视频系统适配器和与其他系统连接的适配器。通过以上各种接入适配器，ATMS 可以实现数据的采集和共享。

(3) 融合层融合了前端采集到的各种类型的数据，包括基本的警员信息、报警信息、违章信息、事故信息、交通状态信息等其他基本业务数据。此层提供用于交通控制、交通引导、交通拥堵控制和行程时间计算的数据。

(4) 存储和共享层包括生成数据库、历史数据库、分析数据库和备份数据库。该层根据文本、多媒体等不同类型数据的特点，通过不同的技术手段对各种流量管理信息进行分类和存储，并通过信息共享服务为各种应用系统提供交通信息和数据。

(5) 应用层具有各种交通管理功能，包括交通状况监控、交通信号控制、交通引导、交通执法管理、交通安全管理、指挥调度、分析研判等。

(6) 信息服务层负责交通管理内网的信息发布和面向公众的信息服务。信息分为两种：一部分是通过路边的可变消息标志牌发布道路状况、交通管制、交通事件和引导信息。另一部分是通过互联网网站、手机、智能个性化终端、无线电交通广播等向公众提供各种信息。

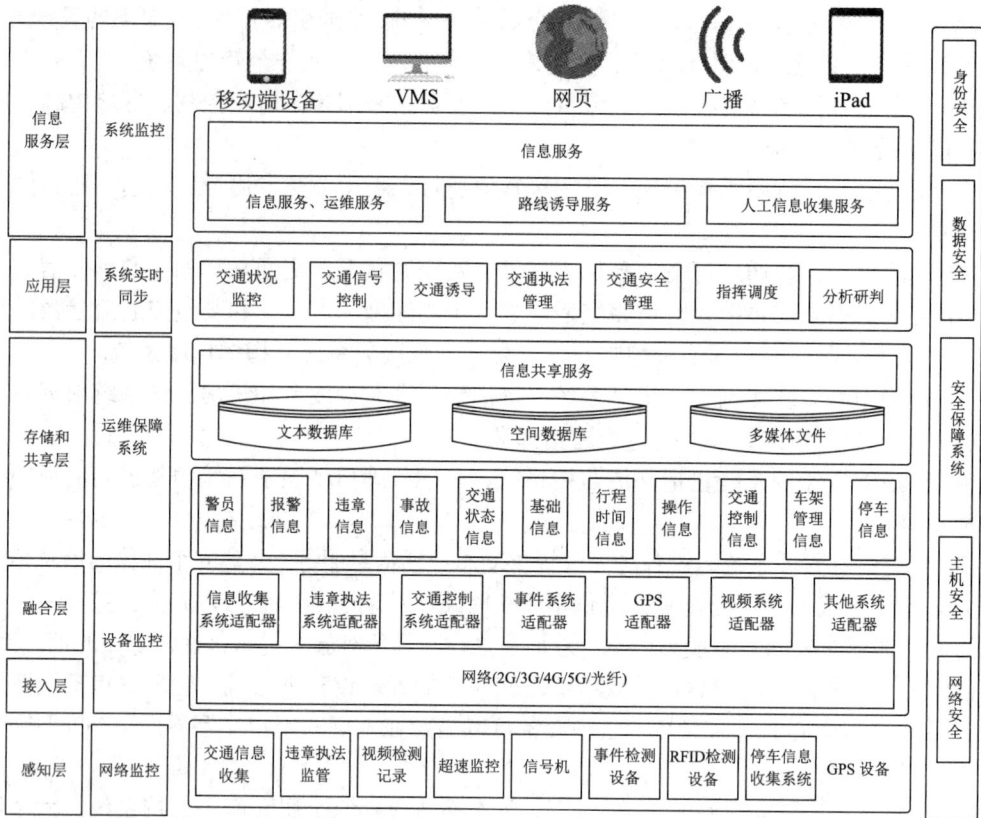

图 2-12　青岛 ATMS 系统架构

运维保障系统和安全保障系统的功能如下：

(1) 运维保障系统具有系统监控、网络监控、设备监控、不同系统间的时间同步等功能。

(2) 安全保障系统具有网络安全、主机安全、数据安全和身份安全功能。

借助这套系统，青岛市交警部门对 48 条常发性拥堵主要干道协调控制；对 36 个早晚高峰经常出现堵死现象的路口溢出控制；对交通需求量大的七大商圈实施区域需求控制。在智能交通管理系统启用一年后，青岛市区拥堵点减少了近 80%，整个市区早晚高峰拥堵程度明显减轻，停车次数减少 45%，主干道通行时间平均缩短 20%。其中重点道路山东路高峰时段拥堵里程缩短约 30%，通行时间缩短 25%。青岛市区整体路网平均速度提高了约 9.71%，通行时间缩短约 25%。

拓展阅读　难于上青天——川藏公路的修建

1300 多年前，唐朝文成公主远嫁吐蕃赞普松赞干布，从长安(今陕西西安)沿唐蕃古道到达拉萨，产生了深远影响。而直到 70 年前，旧西藏仍没有一条正规的公路，进出西藏一切运输全靠人背畜驮。政府为打通进出西藏的道路，投入大量人力物力财力，其中修建于 1954 年的川藏公路是进出西藏的"大动脉"之一。

川藏公路原名康藏公路，1950 年开始由 11 万解放军和各族人民同时动工建设。川藏公路的修建，是从徒手敲石头开始的。11 万军民在平均海拔 4000 米的高原上，要克服高原反应、粮食短缺等各种困难，用铁锤、钢钎、铁锹和镐头这些最原始的工具劈开悬崖峭壁，降服险川大河。在 4 年多的时间里，川藏公路穿越整个横断山脉的二郎山、折多山、雀儿山、色季拉山等 14 座大山；横跨岷江、大渡河、金沙江、怒江、拉萨河等众多江河；横穿龙门山、青尼洞、澜沧江、通麦等 8 条大断裂带。由于机械少得可怜，仅有的机械在高原复杂地形施展不开手脚，一切只能靠人工。艰苦的二郎山施工现场如图 2-13 所示。

图 2-13　艰苦的二郎山施工现场

资料显示，修筑川藏公路，共投资 2 亿多元，历时 4 年多时间，建筑工程共作业土方、石方约 2900 万立方米，其中石方就有 530 多万立方米；铺筑路面 377 万平方米；架设桥梁 430 座，总长度 6000 多米；修筑涵洞 3781 道；护墙 8 万立方米。修建这条公路工程的巨大和艰险，是中国公路建筑史上前所未有的。后经多次整治改扩建，川藏公路依然是从四川进出西藏的主干道。

为了进一步方便西藏的交通运输，根据《国家公路网规划(2013－2030 年)》的规划，川藏高速正式开建，如图 2-14 所示。根据方案，川藏高速分为两段，分别是：川藏北线(G4217)，即成都马尔康－昌都；川藏南线，即雅安－康定－巴塘－林芝－拉萨(G4218)。南线全程约 1530 km，其中四川段 647 km，西藏段 883 km。

图 2-14　川藏高速公路规划路线

目前川藏高速公路成都至雅安段(成雅高速公路)于 2000 年建设完成，现已正式投入运营。雅安至康定段(雅康高速公路)于 2014 年 9 月全面开工，全线于 2018 年 12 月 31 日试运营通车。康定至新都桥段(康新高速公路)于 2016 年 12 月开工，预计 2023 年底建成通车。林拉高速公路的拉萨段和林芝段已于 2015 年 9 月 9 日建成通车，米墨段和工米段已于 2017 年 10 月 1 日建成通车。其余路段正在建设准备当中。图 2-15 为原川藏路的大渡河大桥，图 2-16 为新建成的川藏高速泸定大渡河大桥。

图 2-15　川藏路的大渡河大桥

图 2-16　新建成的川藏高速泸定大渡河大桥

在道路修建过程中，参建单位攻克在生态脆弱、大温差、长期低温等环境下的多年冻土地基上修筑高速公路这一世界工程难题，突破高海拔、高寒地区高速公路建设关键技术瓶颈，采用复合式基层沥青路面，开展路面结构分层抗裂设计，并结合基层优化级配、增设防裂功能层等，解决了高寒高海拔地区高速公路基层缩裂、面层冻裂难题。将吃苦耐劳的精神与技术创新精神相结合，克服重重困难将高速公路修建到西藏高原，这背后不仅是我国综合实力的体现，也是人民利益高于一切的宗旨所在。

课 后 任 务

任务一　基础任务

1. 为什么搭建智能交通综合管理系统能够对优化交通管理起到巨大的帮助？
2. 什么是交通综合信息平台？这个平台有什么作用？
3. 简要描述交通指挥中心平台一般具备的功能。

任务二　能力提升任务

1. 通过网络收集资料，画出一个交通指挥中心的简要框架。

2. 要开展交通综合管理，前提条件是获得大量的道路交通数据。试了解 5 种以上比较常用的交通流数据采集技术，并且分析这些采集技术的优缺点。

任务三　专创融合任务

1. 要构建先进的交通管理系统，前提条件是要能够快速而及时地收集道路交通有关信息。请进行大胆思考和假设，除了常规的信息收集手段，在将来我们还可以通过哪些方式收集与交通有关的信息？

2. 你见过真实的交通指挥中心吗？你认为未来的交通指挥中心应该是什么样子的？应该具备哪些功能？哪些新技术能使我们的交通指挥中心更加智能化？

任务三　辅助出行的出行者信息系统

从 2020 年起，住房和城乡建设部城市交通基础设施监测与治理实验室、中国城市规划设计研究院和百度地图每年都联合发布《中国主要城市通勤监测报告》(简称《报告》)。《报告》选取 42 个中国主要城市为样本，从通勤时间、通勤空间和通勤交通 3 个方面共 9 项指标，呈现 2019—2021 年期间中国主要城市职住空间与通勤特征的变化，如表 3-1 所示。从报告来看，中国主要城市中有超过 1400 万人单程通勤时长超过 60 min，承受极端通勤，且这个人口比重还在逐年上升。

表 3-1　2019—2021 年我国主要城市 60 分钟以上通勤比例(%)变化

城市规模	研究城市	2019 年	2020 年	2021 年	城市规模	研究城市	2019 年	2020 年	2021 年
超大城市	深圳市	13	12	12	I 型大城市	石家庄市	9	8	9
	广州市	14	13	15 ↓		苏州市	—	8	9
	上海市	19	17 ↑	18		徐州市	9	8	9
	北京市	26	27 ↓	30 ↓		长沙市	9	9	10
特大城市	西安市	10	8 ↑	10 ↓		东莞市	—	8	10 ↓
	郑州市	11	10	10		佛山市	—	8	10 ↓
	杭州市	12	11	11		合肥市	10	9	10
	南京市	15	13 ↑	13		济南市	10	8 ↑	10 ↓
	成都市	15	13 ↑	14		哈尔滨市	10	10	11
	沈阳市	10	12 ↓	14 ↓		大连市	12	13 ↓	13
	武汉市	14	14	14		长春市	9	11 ↓	14 ↓
	青岛市	15	14	16 ↓	II 型大城市	海口市	5	3 ↑	4
	天津市	15	15	17 ↓		呼和浩特市	6	5	6
	重庆市	16	17 ↓	17		南宁市	6	5	6
I 型大城市	常州市	—	5	6		宁波市	8	6 ↑	7
	温州市	—	6	6		福州市	8	7	8
	太原市	6	5	7 ↓		贵阳市	9	7 ↑	8
	无锡市	—	7	7		兰州市	9	7 ↑	8
	厦门市	10	7 ↑	7		西宁市	10	7 ↑	8
	昆明市	8	7	8		银川市	8	7	8
	乌鲁木齐市	8	7	8		南昌市	8	8	10 ↓

说明：↓表示显著下降，↑表示显著提升。

这种极端的通勤状态会严重影响生活在这些城市中的人的生活幸福感、工作状态和身心健康。面对这个问题，除了需要政府从城市用地、住房保障、交通规划等多个方面进行调整外，还可以借助智能交通来缓解这种通勤压力。智能交通中的出行者信息系统可以向出行者提供当前的交通和道路状况以及服务信息，帮助出行者选择最佳出行方式、出行时间和出行路线到达目的地。因此，本任务将对出行者信息系统展开学习。

本任务主要介绍出行者信息系统的功能、框架，使学习者了解出行者信息系统提供的服务类型，认识出行者信息系统的重要子系统，了解出行者信息系统的发展趋势。

任务目标

1. 了解出行者信息系统的功能和架构；
2. 了解出行者信息系统的服务内容；
3. 了解车载导航系统、停车引导系统等子系统的功能和结构；
4. 探究未来出行者信息系统的发展趋势和方向。

主要知识点

1. 出行者信息系统的框架；
2. 车载导航系统的框架；
3. 停车引导系统的框架。

3.1　出行者信息系统概述

3.1.1　出行者信息系统的概念

20 世纪 80 年代以来，在欧美、日本等发达国家为寻求缓解道路交通拥挤良策的研究中，出现了以个体出行者为服务对象的综合交通信息系统。出行者可以通过多种信息获取渠道，在与交通信息中心的单向/双向通信过程中，实时、动态地了解交通状况，实现出行前或在途中的路径规划与导航，避开阻塞路段、事故路段或环境不良路段，从而减少延误，使交通拥挤状况得到缓解。通常我们称这样的系统为先进的出行者信息系统(Advanced Traveler Information System，ATIS)，其概念图如图 3-1 所示。

先进的出行者信息系统是为出行者提供出行相关信息的系统，是智能交通系统中重要的组成部分。出行者信息系统的定义是：充分利用前沿信息技术和信息传输技术，收集、分析并传递交通信息，在整个出行过程中，向出行者提供高质量的交通信息服务，将出行过程变得更为舒适、省时和便利。

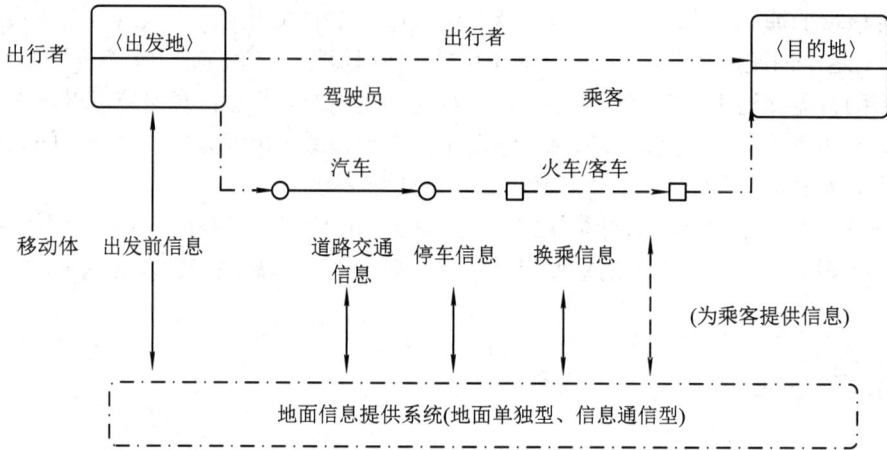

图 3-1 ATIS 概念图

简单地说,先进的出行者信息系统能为各类出行者提供多模式出行规划、路径导航和咨询服务等功能。出行规划信息包括出行前的和在途的,出行前的规划信息包括道路信息,如道路条件、交通状况和出行时间等,而公交信息则可用来选择出行的路线、模式和出发时间。这些信息可以从家里、办公室、停车换乘点、公交站及其他的地方获取。在途出行信息将为出行者提供出行途中的信息,如交通信息、道路状况、公交信息、路径导航信息及其他的信息(不利的出行条件、特殊事件及停车信息等)。

3.1.2 发展历程

20 世纪 60 年代及 70 年代早期,许多大城市的交通管理部门,如洛杉矶、底特律、芝加哥等,开始着手研究与交通监控及实时信息发布有关的高新技术。美国在 ATIS 领域主要的研究项目有 Pathfinder、ADVANCE 等 ATIS 现场运营实验。Pathfinder 研究项目使用静态路径引导系统(Bosch Travel Pilot)和航位推算法(Dead Reckoning)进行车辆定位和路径引导,向用户提供道路拥挤程度信息,以文字形式显示于数字地图上或者以语音方式提示驾驶员。ADVANCE(Advanced Driver and Vehicle Advisory Navigation Concept)是"先进的驾驶员和车辆咨询导航概念"的简称,是一个车内出行者信息系统。该系统基于每天的平均网络出行时间和交通信息中心,通过射频(Radio Frequency,RF)通信提供动态交通信息,为出行者提供指定 OD(Origin Destination,起止点)点之间的最短出行路径导航服务。2001 年开始建设的511 交通信息系统是当时全球最好的出行者服务系统之一,系统通过装载在道路、车辆、停车场、换乘站、气象中心的传感器和传输设备,向交通信息中心提供全面的交通信息。通过提取和分析这些信息,向社会提供实时的道路交通信息、政府交通信息、换乘信息、交通气象信息、停车场信息以及与出行有关的其他信息,出行者根据信息确定自己的出行方式和行程路线。

20 世纪 70 年代,欧洲开始对交通出行信息的研发,典型代表之一是荷兰的交通信息系统(TIC)。该项目是在国家干线公路网中以检测线圈为主采集交通流量信息,警察部门、公路管理部门等通过巡查获取交通事件信息,此外采集的数据还包括天气状况信息、道路施工信息和渡口服务信息等。TIC 通过计算机模型自动完成交通数据的分析,产生交通拥堵信息、出行时间信息、道路施工信息、拥堵预测信息、天气信息、交通管理信息等，并将上述可用信息提供给信息服务提供商，由信息服务提供商通过电台、广播等手段对外发布。2000 年，公路出行交通信息服务系统的数据广播已经基本覆盖整个欧洲道路交通网络。欧盟计划到 2025 年在欧洲主要陆路交通线上实现不间断的 5G 网络覆盖，并推进整个交通运输网络的 5G 部署。

20 世纪 70 年代中期，日本开始了一系列基于 ERGS(Electroinic Route Guidance System，电子路径导航系统)模型的研究项目。到 80 年代末，集中式控制、可变信息发布牌及公路广播系统开始在大城市普及，车内路径导航系统(IVRGS)也处于试验阶段。20 世纪 90 年代，随着 ITS 的快速发展，ATIS 的研究重点主要集中于实时交通管理、动态路径导航系统和动态交通分配系统。1990 年，日本开始研发车辆信息与通信系统(Vehicle Information and Communication System，VICS)项目，在日本建立了第一个全国统一的提供交通信息服务的通信系统。VICS 采用以下 3 种通信方式：

(1) 红外信标，安装于道路的主要路段；

(2) 短波信标，安装于乡村区域的道路和高速公路；

(3) 调频副载波广播。

VICS 在 1996 年 4 月正式开始信息服务，覆盖区域包括东京等大城市及主要高速公路。VICS 播放的实时交通信息包括主要地点间的交通信息、交通拥挤、法规、事故、广域的最优路径信息和道路施工、天气情况及停车场信息等。VICS 系统框架如图 3-2 所示。

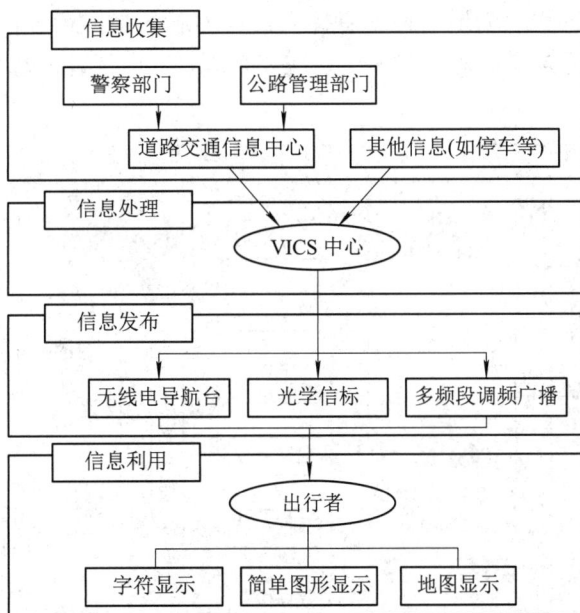

图 3-2 VICS 系统框架

我国开展相关研究的时间相对比较晚。"十五"期间，国家指定了 10 个 ITS 研究的示范城市，开展智能交通有关领域的研究和试验。2005 年，交通部将"公众出行交通信息服务系统"确定为三大交通信息化示范工程之一，在全国交通信息化工作基础较好的几个省市进行了试点。从 2006 年起，北京、上海、天津、江苏、广东等省(市)陆续建成"公众出行交通信息服务系统"，包括在互联网上提供公众出行信息服务，标志着我国的公众出行服务建设达到了一个阶段水平。以北京为例，北京公众出行网整合了各方面资源，能够向出行者提供较全面和多样化的出行信息服务，其服务包括城市道路实时路况和高速公路路况信息，公交、地铁、长途客运线路和换乘信息，各类交通服务企业和机构信息，占路施工信息，复杂立交桥和拥堵路段的行车线路信息，旅游景点、星级饭店信息，交通新闻信息，出行常识信息和政策法规信息等。

2015 年，国务院印发《国务院关于积极推进"互联网+"行动的指导意见》，随着"互联网＋交通运输"与智慧交通的持续发展，出行服务作为服务公众出行的重要环节，更能体现贯彻落实"互联网＋出行服务"的使命。各省在出行服务方面积极开展工作，如天津市高速公路管理处结合天津市高速公路当前业务环境，探讨了实现高速公路公众出行服务平台的用户需求；又如山东省建立了以省内城际交通信息服务为重点的交通出行服务系统，向公众提供综合服务信息。

3.1.3　系统架构

出行者信息系统主要面向公众出行者，利用无线与有线通信手段，以文字、语音、图形、视频等形式实时动态地提供与出行相关的各类交通信息，使出行者在整个出行过程中能够随时获得有关道路交通情况、所需时间、最佳换乘方式、所需费用以及目的地等各种相关信息，从而引导出行者选择合适的交通方式、出行路线和出发时间，以最高的效率和便捷的方式完成出行过程。为道路使用者提供最佳的服务是出行者信息系统追求的目标，系统使人的交通行为更加具有科学性、计划性和合理性。出行者信息系统的数据传输流程如图 3-3 所示。

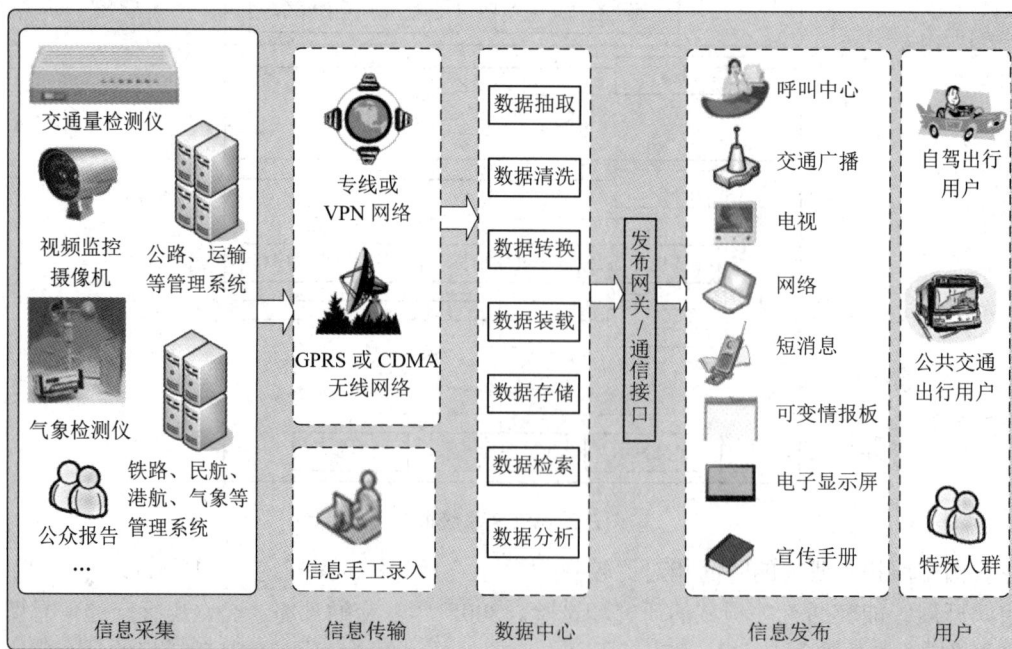

图 3-3　出行者信息系统的数据传输流程

出行者信息系统应具备以下功能。

1. 通信功能

通信设备是 ATIS 的组成部分之一，通信功能是 ATIS 必不可少的功能。因为交通信息的传递、交流和反馈均离不开通信设备。ATIS 利用各种通信方式来进行信息的传播，如有线通信有光纤通信、局域网通信等，无线通信有射频通信、微波通信、红外线通信、蜂窝移动通信等。

从信息的流向来看，它一般包括单向传输和交互传输两种方式。

① 单向传输，如多数信息在系统内(可变信息发布牌、HAR 等)是单向发布给信息使用者。

② 交互式传输，如个性化信息服务等信息是在使用者与发布系统之间进行交互传输，以完成信息的请求与反馈操作。

2. 信息采集功能

ATIS 通过各种有效方式采集交通信息，如固定型采集技术、移动型采集技术和动态交通信息采集技术等，所采集的交通信息包括动态信息、静态信息及相关基础设施信息等。采集的信息来源于多个渠道，如人工采集、气象分析仪、能见度检测仪、大气环境检测仪、车辆检测器、监控摄像机、紧急电话、收费站、随车数据记录仪、电子称重系统、气象部门、道路养护管理部门等。

3. 信息处理功能

信息处理是指将原始信息处理成使用者能直接接收的信息的过程。信息处理系统为信息使用者和相关交通信息资源提供中心通信接口，从而为信息采集及信息发布相关的服务提供支持。信息处理技术主要包括数据转换、信息编码、数据融合、数据挖掘等。

4. 信息服务功能

ATIS 通过采集交通信息，处理交通数据，其最终目的是向出行者提供有效的信息服务。一个完善的信息系统应能够提供出行前的出行信息、在途与目的地有关的信息。所涉及的发布方式有"点—点"式(针对特定用户的信息服务，如个人定制信息服务、提供给特定信息提供商的信息服务等)和"点—面"式(针对公众的交通状况信息服务，大部分信息由此方式发布，如标志牌、可变信息发布牌、电台等)。

3.2 出行者信息系统服务内容

3.2.1 交通信息的分类

1. 按内容分类

交通信息按照其基本内容的不同进行分类，可以分为 3 类，如表 3-2 所示。

表 3-2   按照信息基本内容分类

类　别	基 本 内 容
动态交通信息	车流量、突发事件、交通控制信号、动态引导信息、运行速度等
静态交通信息	路网分布、收费及价格、里程、养护、交通管制、设计车速、通行能力、事故多发路段和时段等
其他相关信息	停车场、气象、环境、物流中心、旅游、服务等

1) 动态交通信息

动态交通信息主要是指在时间和空间上不断发生变化的信息,在交通管理过程中随交通管理对象的变化而变化的一些信息,主要包括出行分布、路段与路口的车流量、车道占有率、车速拥堵分布及程度、路况视频信息、交通事故信息和 GPS 巡逻警车信息等动态信息。动态交通信息包括规律性信息和突发性信息:规律性信息指特定条件下规律变化的动态信息流,如交通要道早、中、晚的流量信息等;突发性信息指交通管理信息可检测的但不可预期的交通事件,如交通事故、交通流量的非规律性变化等。

对动态交通信息的采集需要及时,准确。这一特点决定了动态交通信息的采集不能采用人工调查或相关系统录入的方式,必须采用相关检测器或其他设备全天候进行采集,实时传输。动态交通信息采集技术主要包括固定型和移动型两类。其划分标准是根据交通检测器的工作地点进行划分,固定型采集技术可提供地点交通流参数,移动型采集技术提供路段交通流参数数据。

固定型采集技术主要包括环型感应线圈检测器、微波检测器、视频检测器、超声波检测器、红外检测器等;移动型采集技术主要有基于电子标签的动态交通数据采集、基于汽车牌照法的交通数据采集以及基于 GPS 的浮动车交通数据采集。移动型检测器并不是固定在道路网络中,而是安装在运行的车辆上。因此,移动型检测器可获得任一路段的交通流数据,而不像固定型采集技术局限于设备所在区域。

2) 静态交通信息

静态交通信息主要包括城市基础地理信息(如路网分布、功能小区的划分、交叉口的布局、城市基础交通设施信息等)、城市道路网基础信息(如道路技术等级、长度、收费、立交连接方式等)、车辆保有量信息(如分区域、时间、不同车种车辆保有量信息等)及交通管理信息(如单向行驶禁止左转、限制进入等)。

静态交通信息的特点是在一段时间内保持固定,如城市路网分布、交通管制措施、道路网络的通行能力等不会产生实时信息。因此,静态信息不需要进行实时采集,一经输入,直到数据发生变化才进行修改。静态交通信息的采集可以采用人工调查,或者其他部门把相关信息录入采集系统以供查询,实现信息获取的自动化。

3) 其他相关信息

其他相关信息主要包括出行途中及目的地的基础设施信息,如加油站、汽车修理厂、单位办公时间、餐饮娱乐、急救中心、停车场、天气状况等服务及相应设施的基本信息。此类信息可以帮助出行者合理选择出发时刻和出行方式。

2. 按信息来源分类

交通信息按照信息来源不同进行分类，可分为 6 类，如表 3-3 所示。

表 3-3　按照信息来源分类

分　类	主　要　内　容
道路基本信息	路网分布、收费价格、设计车速、里程、通行能力、路面状况等
交通流信息	交通量、车辆占有率、交通密度、车头时距、车速、排队长度等
交通管控信息	公路/车道封闭、施工/事故故障限速、禁止某类车辆通行等
气象信息	风速、风向、温度、湿度、能见度、雨雾冰冻等
紧急信息	交通事故、车辆故障、紧急车辆、军车车队、特殊车队等
服务信息	应急救援设备位置、停车场、服务区、物流中心、旅游、其他相关服务等

(1) 道路基本信息是出行者选择出行路线、出行时间、出行方式的依据，是出行者信息系统最基本的信息之一。这类信息可以从交通管理部门获取。

(2) 交通流信息是出行者最关心的信息，对出行时间、出行方式、出行路径的选择影响最大，因此，交通流信息的获取与采集是公路 ATIS 信息采集系统中最关键的部分。交通流信息主要包括交通量、车速、车辆占有率、交通密度等指标，这些指标基本决定了公路的运行效率。交通流信息是通过在道路上安装车辆检测器来获取。

(3) 交通管控信息主要包括公路/车道封闭、施工/事故故障限速、禁止某类车辆通行、匝道封闭等。这类信息持续的时间长短不一，在采集的时候要确保其准确性。

(4) 气象对交通的影响是显而易见的，尤其对公路行车安全有很大影响。其中风速、风向影响汽车的行驶阻力、能量消耗、抗侧向倾翻及抗滑移性能，能见度影响行车速度，温度和湿度对道路表面状况起着决定性作用，雨雪冰冻则对其影响较大。

气象信息的采集主要采用定期采集和随机采集两种方式。定期采集信息主要从气象部门、媒体气象预报、公路气象信息小组、沿路气象监测装置、历史资料分析等几方面获得。随机采集信息主要从路政、交警巡逻车、养护作业车、过往司乘人员、闭路电视等几方面获得。

(5) 紧急信息主要包括交通拥挤/事故/事件、车辆故障、违章、火灾、紧急车辆、军车车队、特殊车队等。紧急情况往往会造成公路暂时性拥挤或者中断，这类信息的采集往往有助于尽快结束这些情况，尽量不影响公路系统的正常运行。这类信息主要通过车辆检测器检测所得数据自动对异常值分析处理后判断得出，有时会使用视频证实，并辅以人工措施，即无线电话、紧急电话系统、交警巡逻和路政巡逻等。

(6) 服务信息主要包括交通设施及紧急救援装备与部门地理位置信息、停车场、物流中心、旅游信息、环境污染信息和其他相关服务信息等。交通设施及紧急救援装备与部门地理位置信息对于快速救援、快速处理故障、保证交通安全、减少交通拥挤有重要作用，其位置和联系方式由交通管理部门及相关部门提供；停车场、服务区、物流中心的位置由相应的停车场、物流中心管理部门提供；旅游信息通过交通部门与旅游管理部门签订协议，由旅游管理部门提供；环境污染信息通过交通部门与环境保护部门签订协议，由环境保护部门提供；其他相关服务信息由相关的信息部门与交通部门签订协议后提供。这些信息属于固定信息，仅仅需要在有变动时进行更新，其采集和获取基本处于随机采集状态。

3. 按服务对象分类

交通信息按照服务对象的不同进行分类，可分为 3 类。

1) 交通管理信息服务

交通管理信息服务系统主要为交通管理部门提供交通信息服务，该系统基于智能交通平台对交通信息数据的处理，为管理人员提供详细的路况信息，能够提供实时的城市交通道路流量，及时地发现交通拥堵及阻塞，为道路交通网的监测提供辅助作用。

2) 出行者信息服务

出行者信息服务系统的主要服务对象是公众出行者，包括自驾车出行者和乘坐公共交通工具出行者。该系统能提供完善的出行交通信息，为自驾车出行者提供最佳的出行路线，为使用公共交通工具的出行者提供换乘信息。

3) 个性化信息服务

个性化信息服务系统主要是为有个性化需求的单位或个人提供服务。有此类信息需求的单位包括消防、医院、公安等，也包括基础服务机构，如酒店、停车场等。出行者在出行过程中如果需要获取相关的信息服务，可以通过访问个性化信息服务系统，及时获取自己需要的信息。

3.2.2　服务内容

AT1S 采用单元式模块化建设，各个城市各自建立城市信息模块，然后组织连接成区域性系统。城市信息模块需要建立广泛的、便于使用的公共信息数据库，如地理信息数据库(电子地图)、交通运行数据库、公共交通信息数据库等。出行者信息系统的框架如图 3-4 所示。

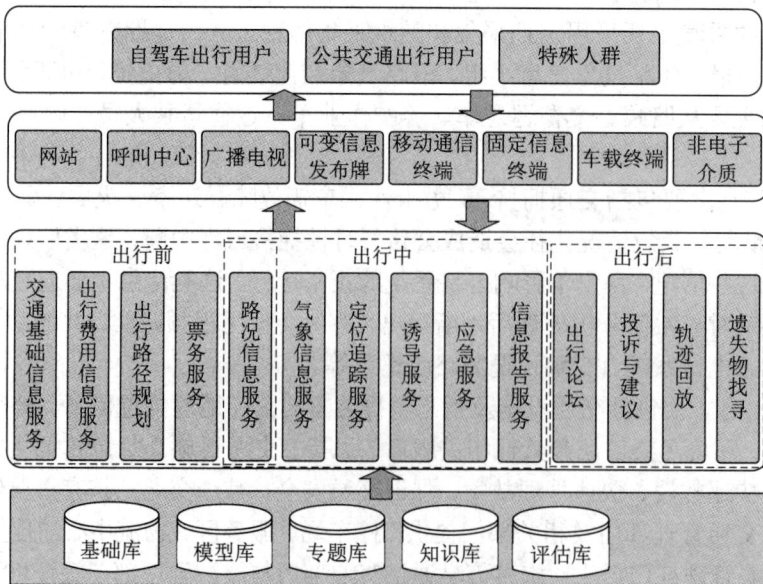

图 3-4　出行者信息系统的框架

以这些数据库为基础，通过有线和无线通信系统，出行者信息系统可以为出行者提供出行前信息服务、行驶中驾驶人信息服务、途中公共交通信息服务、个性化信息服务、路径引导及导航服务、合乘匹配与预订服务等主要功能。出行者信息服务的主要内容如图 3-5 所示。

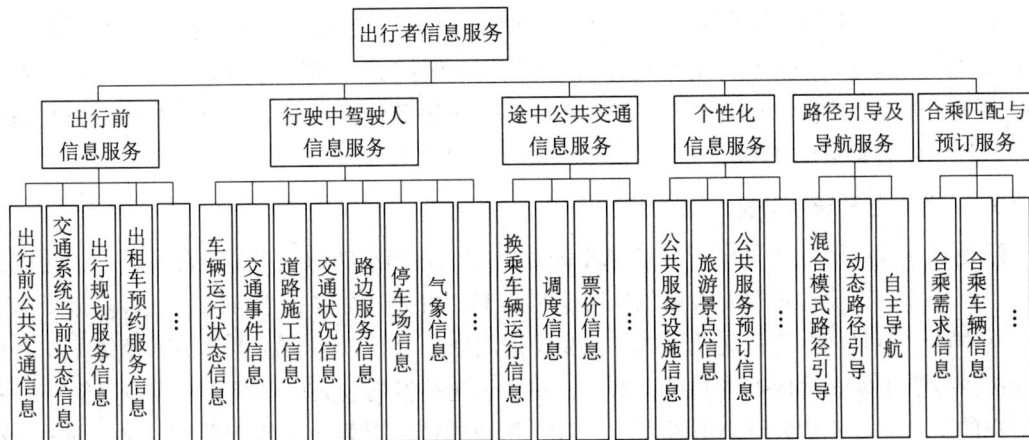

图 3-5　出行者信息服务的主要内容

1. 出行前信息服务

利用先进的通信、电子、多媒体、计算机网络等技术，使出行者在出行前可通过多种媒体，在任意出行地访问出行者信息服务系统，以获取出行路径、方式、时间、当前道路交通系统及公共交通系统等相关信息，为规划出行提供决策支持。出行前信息服务针对的用户主体是出行者，包括驾驶人、乘客、行人、非机动车驾驶人、游客等，具体子服务包括出行前公共交通信息、出租车预约服务信息、出行规划服务信息、交通系统当前状态信息等。

出行前信息服务可使出行者在家里、单位、车内或其他出发地点访问出行前信息服务系统，以获得当前道路交通系统的相关信息，为确定出行路线、出行方式和出发时间提供支持。该服务可随时提供公交时刻表、换乘站点、票价以及合乘匹配等实时信息，以鼓励人们采用公交或合乘出行。同时，该服务还可以提供交通事故、道路施工、绕行线路、个别路段车速、特殊活动安排以及气候条件等信息，出行者可以据此制定出行方式、出行路线和出发时间等。

2. 行驶中驾驶人信息服务

行驶中驾驶人信息服务是指通过视频或音频向驾驶人提供关于出行选择及车辆运行状态的精确信息以及道路情况信息和警告信息，向不熟悉地形的驾驶人提供导向功能。其针对的用户主体为驾驶人，具体子服务包括道路施工信息、车辆运行状态信息、交通事件信息、停车场信息、交通状况信息、气象信息和路边服务信息等。

3. 途中公共交通信息服务

途中公共交通信息服务是指利用先进的电子、通信、多媒体和网络技术，使已经开始出行的公共交通用户在路边、公交车站或公交车辆上，通过多种方式获取实时公交出行服务信息，以便乘客在出行中能够对其出行路线、方式和时间进行选择和修正。其针对的用户主体为乘客，具体子服务包括换乘车辆运行信息、调度信息和票价信息等。

4. 个性化信息服务

个性化信息服务是指通过多种媒体以及个人便携装置接收个性化信息和访问个性化信息服务系统，以获取与出行有关的社会服务及设施的信息，此类信息包括餐饮服务、停车场、汽车修理厂、医院、公安局等的地址和营业(或办公)时间等。其针对的用户主体为出行者，包括乘客、行人、非机动车驾驶人、游客等，具体子服务包括公共服务设施信息、公共服务预订信息和旅游景点信息等。

5. 路径引导及导航服务

路径引导及导航服务是出行者信息系统提供的比较高级的服务方式，它利用先进的信息采集、处理和发布技术为驾驶人提供实时交通信息，引导其行驶在最佳路径上，以减少车辆在路网中的滞留时间，缓解交通压力，减少交通阻塞和延误，并通过实时的路径优化和路径引导达到减少车辆在途时间的目的。其中，路径优化是按驾驶人、出行者和商业车辆管理者等用户的特定需要确定最佳行驶路径的过程，用户的特定需要包括路程最短、时间最短、费用最少等；而路径引导是指运用多种方式将路径优化结果告知用户的过程，路径引导的方式包括语音、文字、简单图形和电子地图等。路径引导及导航服务的用户主体是驾驶人，具体包括自主导航、动态路径引导和混合模式路径引导3项子服务。

6. 合乘匹配与预订服务

合乘匹配与预订服务是一种特定类型的信息服务，出行者/驾驶人提出合乘请求后，由管理中心选择最合理的匹配对象并通知用户双方或多方。这项服务可以提高车辆的实载率，降低出行总费用和道路拥挤程度。

3.3 出行者信息系统的子系统

为了实现出行者信息服务的功能目标，系统需要通过交通网站、服务热线、交通显示屏、车载信息终端等信息发布终端向公众提供实时的交通出行信息，因此需要众多子系统进行功能支撑。下面将介绍出行者信息系统的几个典型子系统。

3.3.1 车载导航系统

为了及时向行驶中驾驶人提供信息服务，动态地向驾驶人提供实时交通信息和最优行驶路径并实现路线导航，在车辆上安装车载导航系统是最优的选择。

车载导航系统是把先进的全球卫星定位技术、地理信息技术、现代移动通信技术、数据库技术、多媒体技术和嵌入式技术等整合为一体的高科技系统。20世纪80年代，车载导航设备开始得到重视和研究，90年代初期真正进入市场，其发展过程大致可以分为以下3个阶段。

第一阶段：车载导航系统使用 CD-ROM 存储数字地图，并利用全球卫星定位技术和地图匹配技术实现了车辆在电子地图中的自定位，并在电子地图上进行显示。

第二阶段：车载导航对第一阶段的导航系统进行了改进，增加了部分功能，如路径规划与导航、语音引导及静态信息查询等。

第三阶段：车载导航系统在信息技术高速发展的基础上，大量运用现代无线通信和多媒体技术，具备了实时动态导航的效果，还可以通过技术手段实现监控、救助、道路交通控制等功能，这样交通基础设施的功能就得到了充分应用。

随着计算机技术和通信技术的不断进步，可以预见第四代车载导航系统将更加智能化、个性化，人将从驾驶行为中解放出来，实现车辆的智能识别与自动驾驶。

车载导航系统按不同标准有不同的分类。从实现导航功能的角度主要分为两类：一类是自主式车载导航系统，其车辆定位与导航功能均由车载终端完成；另一类是中心决定式车载导航系统，其部分导航功能需要由控制信息中心完成。就国内情况而言，车载导航系统的发展大概经历了 3 个阶段。

第一阶段：改进和完善实时路况信息的采集、数据融合处理和信息发布技术，建立实时动态交通信息系统，为驾驶人提供可靠的辅助驾驶信息。例如，2008 年北京市在奥运会期间开发并成功运用了基于浮动车数据采集技术的综合交通信息平台，为国内城市交通信息平台的建设和完善提供了较好的借鉴案例。

第二阶段：在实时动态信息系统的基础上开发自主式动态车载导航系统，重点解决基于当前实时路况信息的路段交通流参数预测和基于路段交通流预测参数的动态路径优化算法等关键技术，初步实现车载导航终端的自主路径规划与行车引导功能，这个阶段的自主式车载导航系统框架如图 3-6 所示。

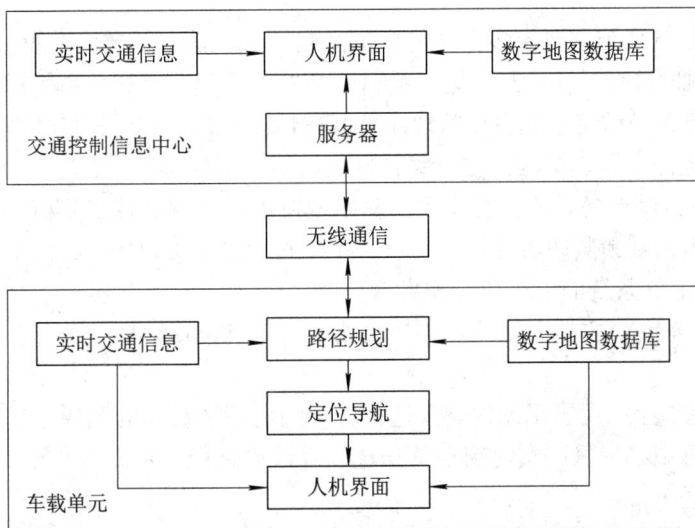

图 3-6　自主式车载导航系统框架

第三阶段：在完善自主式车载导航系统的基础上升级实现中心决定式车载导航系统，实现基于整个城市交通路网的交通预测和平衡功能，发挥城市交通路网的最大功能，这个阶段的车载导航系统结构功能框图如图 3-7 所示。车载导航系统的发展路线图如图 3-8 所示。

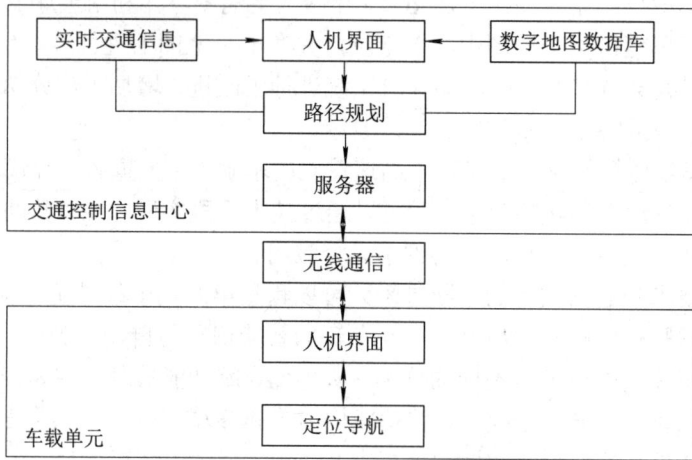

图 3-7　中心决定式车载导航系统框架

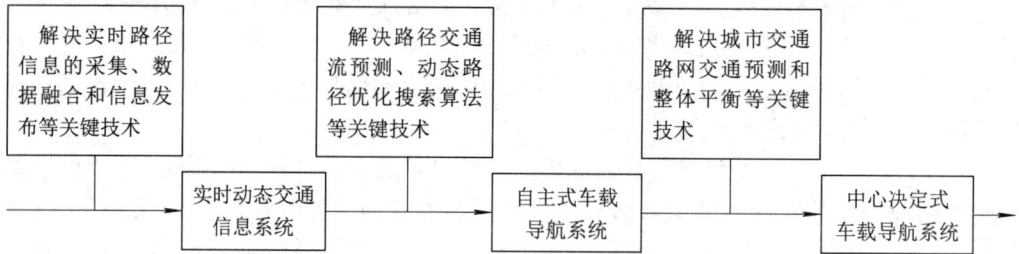

图 3-8　车载导航系统的发展路线图

　　成熟的车载导航系统需要由多个功能模块搭配组成，其主要模块一般有以下 7 个：

　　(1) 数字地图数据库模块：数字地图数据库可以为车载定位导航系统提供许多重要的功能。这个数据库包含以预定格式存储的道路及其属性信息，能被计算机处理以提供与地图有关的服务，包括地图显示、车辆定位、路径规划、路径引导等。

　　(2) 定位模块：综合各种不同传感器的输出或使用无线测量技术来精确确定汽车的位置和车速等信息，用来判断其即将通过的路段、即将到达的交叉口等。目前主要的定位方法是基于 GPS 或北斗定位系统的卫星信号技术。

　　(3) 地图匹配单元：主要负责将定位模块获得的车辆位置数据呈现在数字地图的某个位置或者路段上。

　　(4) 路径选择单元：用于帮助驾驶人选择合理的道路。最初的选择方式是静态的，后期能够根据交通信息中心提供的实时交通数据选取合适的路径，如最小旅行费用、最短运行时间、最少拥堵路径等。

　　(5) 路径引导单元：用于引导驾驶人沿着路径选择单元选定的路径顺利行驶。它由各种路径引导指令组成，需要动态的、准确的车辆位置信息。

　　(6) 人机接口界面：用于用户和系统交互，方式可以是文字、图形和语音界面。

　　(7) 无线通信单元：用于提供各单元模块之间的信息交流，尤其是实现车载导航系统实时接收最新的路况信息，以便进行路径规划和导航。

3.3.2 实时道路信息发布系统

实时道路信息发布系统的主要功能是获取交通流实时动态信息和各种交通服务信息,并将规范处理后的信息通过不同方式进行发布,同时向用户提供信息查询和各种扩展功能,如车辆引导、路径规划等。实时道路信息发布系统的逻辑结构如图 3-9 所示。

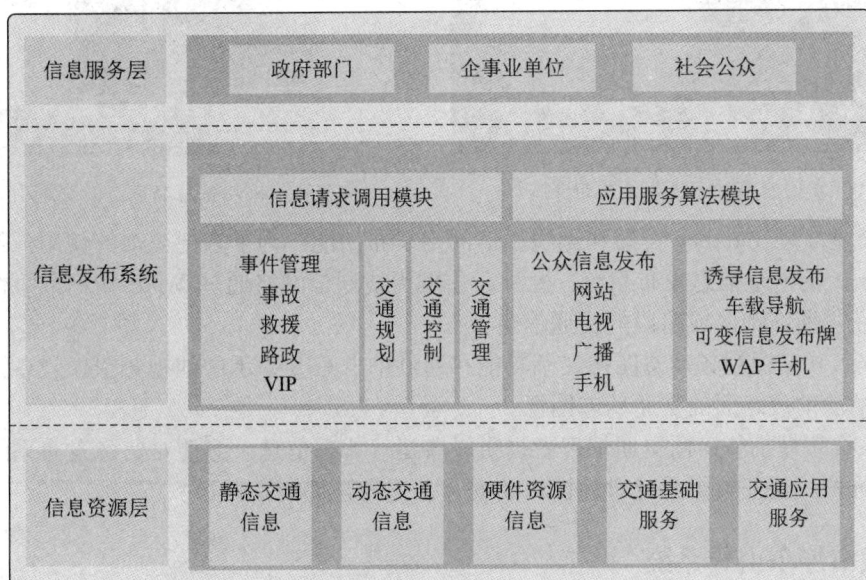

图 3-9 实时道路信息发布系统的逻辑结构

实时道路信息发布系统的功能主要包括以下 6 个方面:

(1) 交通流分布状况可视化显示功能:实现道路交通流分布状况可视化显示,当交通状况发生变化时,系统会进行实时更新,迅速准确地反映出交通流的变化,管理人员在任何时候都能及时了解到道路的实时动态信息,如平均速度、运行模式、交通事故等。

(2) 交通事件信息显示与预警功能:包括对交通管理部门显示和对公众发布显示两个方面。

① 对交通管理部门显示:通过现场监控设备(如电视监视摄像机、交通信号、全球定位系统及 122 等)发现交通事故,该事故立刻在控制中心 GIS 上被显示出来,同时开始分析可能由此引起的交通阻塞。

② 对公众发布显示:在最短时间内,交通监控中心的控制人员或者系统自动控制将备选道路的转换信息显示于就近区域地点的可变信息发布牌上,同时借助交通广播及路侧通信广播警告。此外,对于使用车载导航终端或使用网上路线计算功能的用户,系统自动对使用事故影响路段的用户发出针对性警告,并建议绕行方案。

(3) VMS 发布信息功能:主要是利用分布在主要路段、重点交叉口的交通引导信息室外显示屏,向广大出行者和驾驶人提供定量或定性的实时交通状况信息和交通管制情况、道路修建情况等。具体使用情况如图 3-10 和图 3-11 所示。

图 3-10   澳门的实时道路信息发布屏

图 3-11   杭州智慧高速上的交通引导屏

(4) 交通信息 Internet 发布和无线通信网络发布功能：为了方便公众的使用，需要开发基于 Internet 的网络信息发布系统。此外，借助无线通信网络通过 WAP 访问或短信业务，用户可以获得所在地区或路段的交通信息。

(5) 嵌入式交通视频动态图像显示功能：通过单击 GIS 显示中的视频摄像设备，管理者可以实时播放前段路面的交通动态图像。

(6) 系统管理功能：向交通管理者提供设备运行状态信息，方便对信息发布系统进行统一管理和维护，保证整个系统对外接口的安全，提升管理效率。

3.3.3   城市停车引导系统

停车引导系统(Parking Guidance Information System，PGIS)通过多种信息发布形式发布实时的停车信息，给驾车出行者提供方便快捷的停车服务，实现疏导停车需求，提高道路交通服务水平，缓解因停车巡游产生的交通拥挤以及由行驶速度缓慢等造成的道路交通压力。

城市停车引导系统以多级信息发布为载体，实时地提供停车场(库)的位置、车位数、空满状态等信息，指引驾驶员停车。该系统对于调节停车需求在时间和空间分布上的不均匀、提高停车设施使用率、减少由于寻找停车场而产生的道路交通堵塞、减少因停车造成的等待时间、提高整个交通系统的效率、改善停车场的经营条件以及增加商业区域的经济活力等方面均有重要的作用。停车引导系统的基本组成结构如图 3-12 所示。

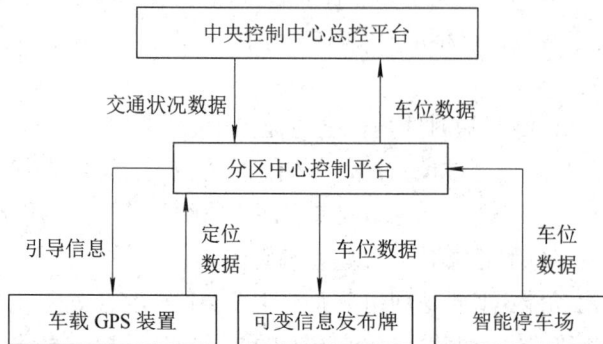

图 3-12   停车引导系统的基本组成结构

一般的停车引导系统由 4 个子系统组成，分别为信息采集子系统、数据传输子系统、停车引导管理子系统及信息发布子系统。城市停车引导系统的总体功能是发布停车信息，同时给城市智能交通系统提供基础数据。停车引导系统的直接功能就是给交通管理人员及有停车需求的人员提供停车信息。

城市停车引导系统的总体结构采用集中-分布式系统体系结构。数据信息的采集、处理及数据库的布置是分布式的，数据的共享融合和一致性维护管理是集中式的。

信息采集子系统通过对车位数量、位置及利用状况等信息进行采集，不仅可以为停车引导系统的发布提供信息保障，还能掌握停车现状和规律，明确停车问题的性质，由此提出有针对性的问题解决方案。

停车引导管理子系统是对停车场(库)数据的采集和发布进行汇总处理的实体，包括数据采集、数据处理、信息发布和数据对接等模块。

数据采集子系统通过数据对接模块对停车数据(如当前车位信息、停车统计数据等)、道路交通数据进行自动采集。对收集到的停车信息进行处理、统计、分析等，并在城市停车引导系统中引进 GIS 技术，通过电子地图实现街道、停车场以及其他地理信息的数据编辑和查询，实现图形化的交通数据的分层管理。

数据传输子系统采用先进的通信方式，实现整个区域无缝隙覆盖，即所辖区域内所有的停车场都纳入该系统。数据处理和转发中心对所采集的数据进行分析统计和预测，按照预定的配置策略和算法，分别向各信息发布端提供准确、合理的停车信息。按照不同的数据传输任务，停车引导系统的通信可以采取不同的方式，目前比较常见的有线缆、光纤以及多种无线通信方式，如图 3-13 所示。

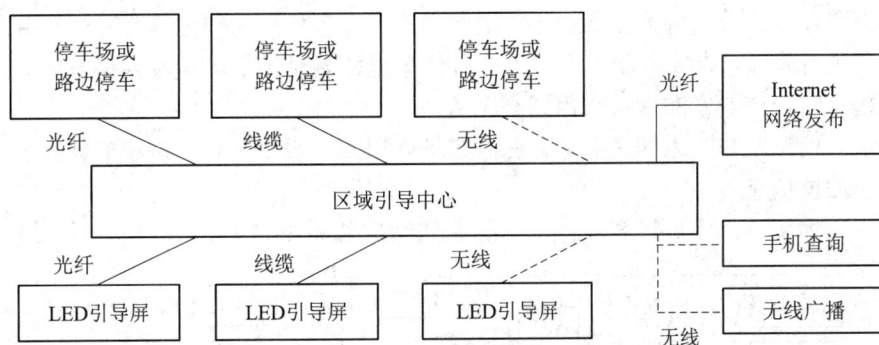

图 3-13 通信方式结构图

信息发布子系统是停车场引导系统的主要部分，引导信息按是否可变可分为固定引导信息和可变引导信息。固定引导信息主要以停车标志牌为主，这种信息发布方式成本低廉，可作为停车场引导系统信息发布的有益补充；可变引导信息发布牌能够提供变化的车位或车场信息，在可变信息发布牌上附带一些固定的引导信息，可以节约成本或提高发布系统的稳定性。

停车引导系统一般结合引导地区区域特点设计成三级或四级引导，具体样式如图 3-14 所示。

主干道信息发布牌为一级引导，一般设置在引导区域的四周主干道上，对要进入区域停车的车辆进行引导。

(a) 一级引导

(b) 二级引导

(c) 三级引导

(d) 四级引导

图 3-14 四级停车引导屏

区域信息发布牌为二级引导，主要设置在道路复杂、停车众多、需要进行分区引导区域的对外直接通道上，采用地图式，对已进入区域的车辆进行引导，使驾驶人了解区域主要行经路径及沿线各区域的剩余泊位总数。

沿线停车场信息发布牌为三级引导，主要设置在停车场所沿线道路上，对于沿线各停车场空位信息进行发布，告知驾驶人道路沿线各停车场的剩余泊位数量及入口方向。在有多个停车需要指示时，该类发布牌可采用组合形式。

停车场级信息发布牌为四级引导，在停车场入口附近设置，显示该停车场的名称、收费标准及剩余泊位信息。

以西安市为例，西安城市智能停车引导系统结构如图 3-15 所示。

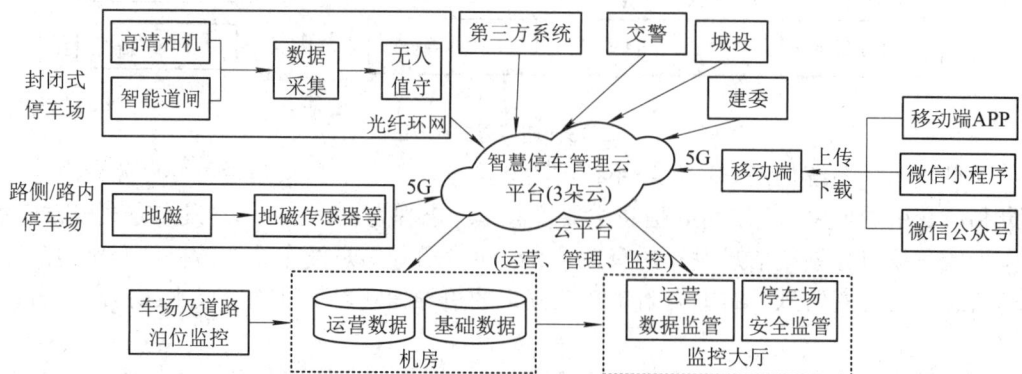

图 3-15 西安城市智能停车引导系统结构

西安城市智能停车引导系统基于物联网技术和大数据技术设计，软件平台采用 B/S 架构。该平台作为智慧停车管理系统的核心，监控管辖着所有已接入的停车场运营情况。前端数据利用车位相机、地磁传感器、手持终端等硬件设备采集并检测车辆的车牌、位置等基本信息，之后将检测到的信息上传至云平台。云平台系统汇聚停车场所有车辆信息、运营信息等，并通过大数据分析，为停车场管理者提供合理的经营策略。同时，该云平台还具有省级多方位接入管理接口，可与城市交通管理、停车管理等相关政府部门实现数据共享。

智能停车引导系统的建设能够极大解决城市的停车难问题。以株洲市为例，截至 2019 年年底，株洲市小汽车保有量 46.9 万辆，其中市区小汽车保有量 25.6 万辆。市区停车位 11.3 万个，平均每辆小汽车只拥有 0.4 个泊位，与每辆车 1.2～1.3 个车位(100%的基本停车位和 20%～30%的公共停车位)的国际通行标准相距甚远。

2020 年 7 月，株洲市引入百度智慧停车技术，建设智慧停车系统，于 2020 年 12 月底完成一期 1380 个路侧泊位的智能化改造以及 21 家封闭停车场数据的接入工作建设，将停车数据与百度地图进行深度结合，形成路侧停车的车位级导航，为用户提供更为优质的停车体验与服务。株洲城市停车综合管理系统结构如图 3-16 所示。

图 3-16 株洲城市停车综合管理系统结构

3.4 出行者信息系统的发展趋势

随着智能交通行业市场化的逐步加深和公众对出行信息服务需求的日益旺盛，加之移动互联网和智能手机的普及，各种"互联网+"出行信息服务产品迅速涌现，出行信息服务市场蓬勃发展。

提供出行服务信息的主体，除了传统的由政府部门提供的交通出行信息外，还增加了两大类产品：一是由各交通运输服务提供商提供的出行信息服务产品，如高速公路运营企业提供的路况信息、应急救援服务，铁路、航空公司提供的票务预订及乘车(机)服务办理，公交(轨道交通)运营企业提供的实时公交、购票(检票)服务等；二是由互联网企业、汽车厂商等提供的出行信息服务产品，如高德、百度等提供的地图导航及实时路况服务，滴滴等提供的网约车、共享单车服务，携程、美团等提供的机票、火车票、汽车票预订服务，掌上公交、车来了等提供的实时公交查询服务以及停车、代驾、汽车售后服务等信息服务产品。

总体来说，目前的出行者信息服务由政府、交通运输服务提供方、信息服务提供方三类主体提供，且各类主体基本上都采用"自建自营"模式开展出行信息服务平台建设。从数据采集、处理到发布的整个"数据链"，三方各自独立地平行开展，存在竞争关系，仅有极少量的局部合作。

三方都存在各自的优势和明显的缺陷。政府部门虽然依靠行政优势积累了大量信息资源，但由于技术、人才和渠道推广能力等方面的制约，只能提供基础信息服务，难以满足人民群众日益增长的多样化信息服务需求。而企业的逐利性导致市场提供的出行信息服务局限在特定区域、特定领域，难以满足人民群众对基本出行信息服务的普遍性需求。

从长远来看，政府在尝试搭建出一套从全局出发，充分发挥各类主体的优势，强化信息资源的综合开发利用，构建多方合作、整体最优的综合交通出行信息服务体系。综合交通出行信息服务总体框架如图3-17所示。

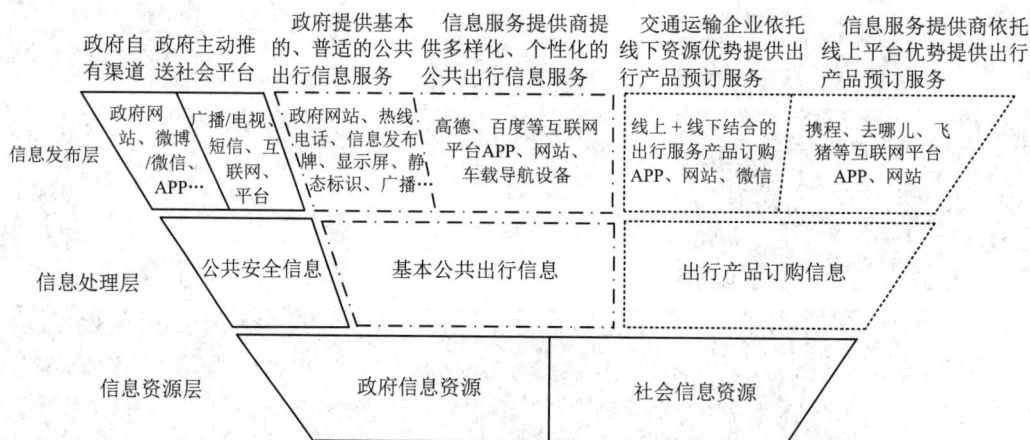

图 3-17   综合交通出行信息服务总体框架

在这套系统中，提供的主要信息类型可分为3类，具体如表3-4所示。

表 3-4   服务类型分类

服务类型	服务内容	服务主体	服务方式
公共安全信息服务	安全警告、交通管制等信息	政府	广播、电视、短信、网站、微信微博、手机 APP 等
基本公共出行信息服务	交通基础设施基本情况、路况信息、班线班次信息等	政府、信息服务提供商	手机 APP、车载导航、网站、信息发布牌/显示屏、静态标志、广播等
出行产品订购信息服务	票务信息、车票预订、出行产品预订等	交通运输服务提供商、信息服务提供商	手机 APP、网站、微信、自动售/取票机等

这种模式以数据高效开发、服务优化升级为目标导向，以信息资源提供商为核心，通过建设多方共享、共用的交通大数据平台，实现信息资源提供商与政府、交通运输服务提供商、信息服务提供商之间的数据共享和业务协同，形成多方合作、优势互补的交通出行大数据应用体系及信息服务体系。综合交通出行信息服务平台建设模式如图 3-18 所示。

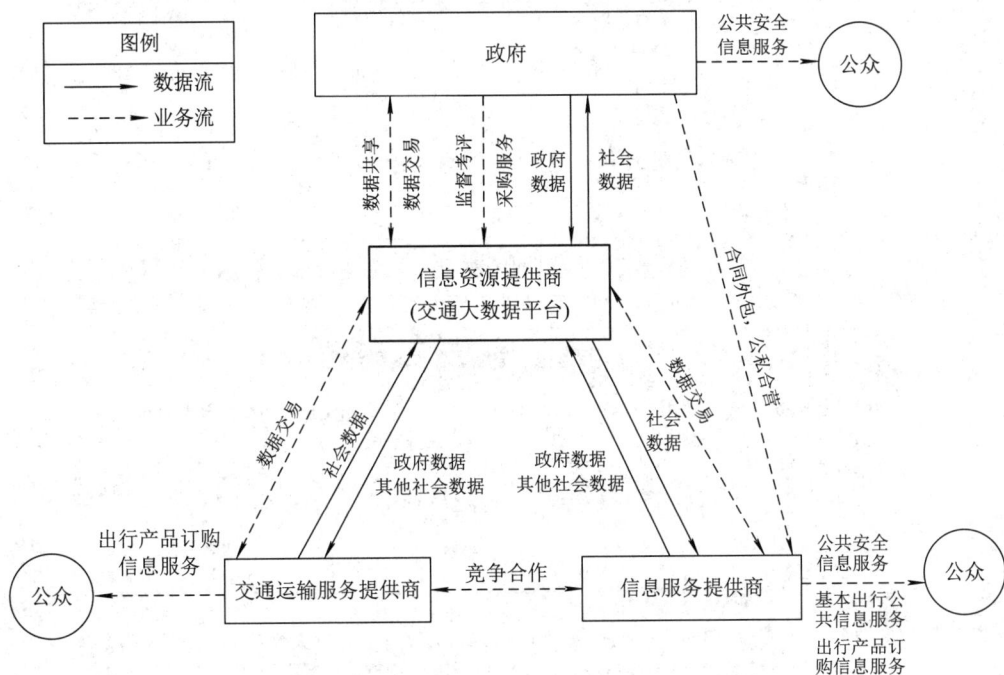

图 3-18　综合交通出行信息服务平台建设模式

在共享交通模式和智能信息技术的基础上，还出现了全新的交通理念——出行即服务(Mobility-as-a-Service，MaaS)。MaaS 将各种交通方式的出行服务进行整合，在 MaaS 系统中，出行者把出行视为一种服务，不再需要购买交通工具，而是依据出行需求购买由不同运营商提供的出行服务。MaaS 的关键宗旨是基于用户的出行需求提供相应的方案。

MaaS 基于公共交通智能调度、个人习惯分析、绿色出行优先等，整合互联网的支付能力，实现出行行程预定、路径一键规划、公共交通无缝衔接、费用一键支付等功能，整体提升公众公共交通出行满意度，提高公众绿色出行良好体验。

1. MaaS 平台建设目标

MaaS 平台的建设目标为：和整合区域内各种交通(地面公交、轨道交通、共享汽车、共享单车)资源及城际交通(民航、高铁、长途客运)的出行方式，接入餐饮、住宿、购物、旅游等信息，基于公共交通智能调度、个人习惯分析、绿色出行优先等，整合互联网的支付能力，实现出行行程预订、路径一键规划、公共交通无缝衔接、费用一键支付等功能，整体提升公众公共交通出行满意度，提高公众绿色出行良好体验。

2. MaaS 平台总体架构

参考云计算分层模型，MaaS 平台在横向上分为数据源层、基础设施即服务(Infrastructure

as a Service，IaaS)层、平台即服务(Platform as a Service，PaaS)层和软件即服务(Software as a Service，SaaS)。MaaS 平台逻辑架构如图 3-19 所示。

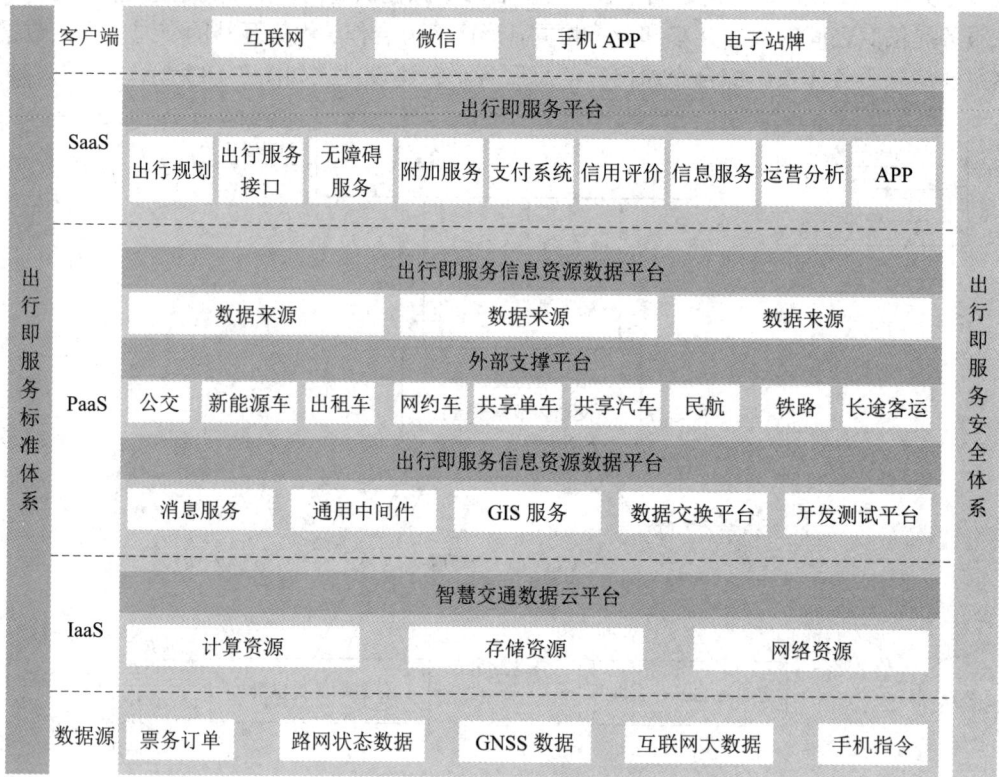

图 3-19　MaaS 平台逻辑架构

数据源层通过采集各个运输服务商提供的票务数据、路网数据、运输设备 GPS 数据以及互联网的其他相关数据，汇聚接入云计算平台，为云计算平台提供基础数据支撑。

IaaS 层将服务器、存储、网络等资源整合，进行统一的、集中的运维和管理。利用虚拟化技术按照用户或者业务的需求，从池化资源层中选择资源并打包，形成不同规模的计算资源。

PaaS 层包括外部支撑平台与智能交通应用支撑平台。外部支撑平台包括城市交通的地面公交、无人驾驶、新能源车辆、出租车公司、网约车公司、共享单车平台、共享汽车平台，以及城际交通的民航、铁路、长途客运等平台。智能交通应用支撑平台依托 PaaS 层，通过开放的架构，提供共享云计算的有效机制。构建在虚拟服务器集群之上，把端到端的分布式软件开发、部署、运行环境以及复杂的应用程序托管当作服务提供给用户。

SaaS 层包括出行规划、出行服务接口、无障碍服务、附加服务、支付系统、信用评价、信息服务、运营分析、手机 APP 等多个应用系统。

客户端通过互联网、微信以及手机 APP 向普通民众提供交通出行相关的各种服务。这些业务应用系统均依托云计算平台提供的运行环境来运行。

3. MaaS 平台功能架构

MaaS 平台功能架构如图 3-20 所示。

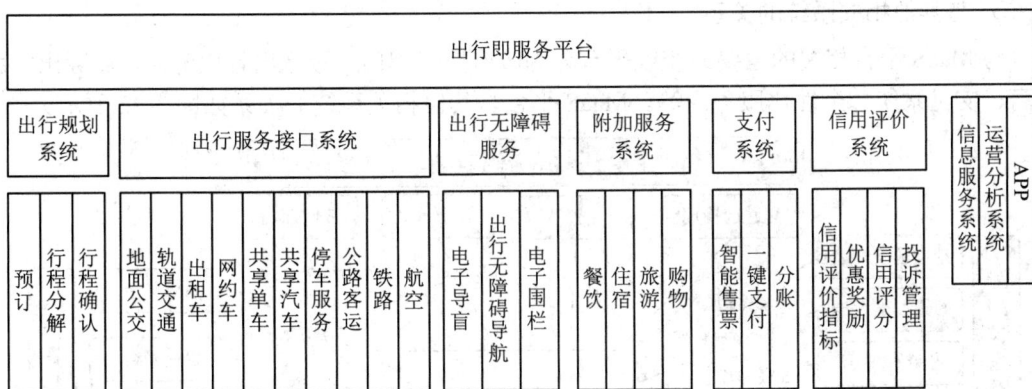

图 3-20 MaaS 平台功能架构

4. MaaS 数据平台

1) 总体架构

MaaS 大数据平台的总体架构如图 3-21 所示。

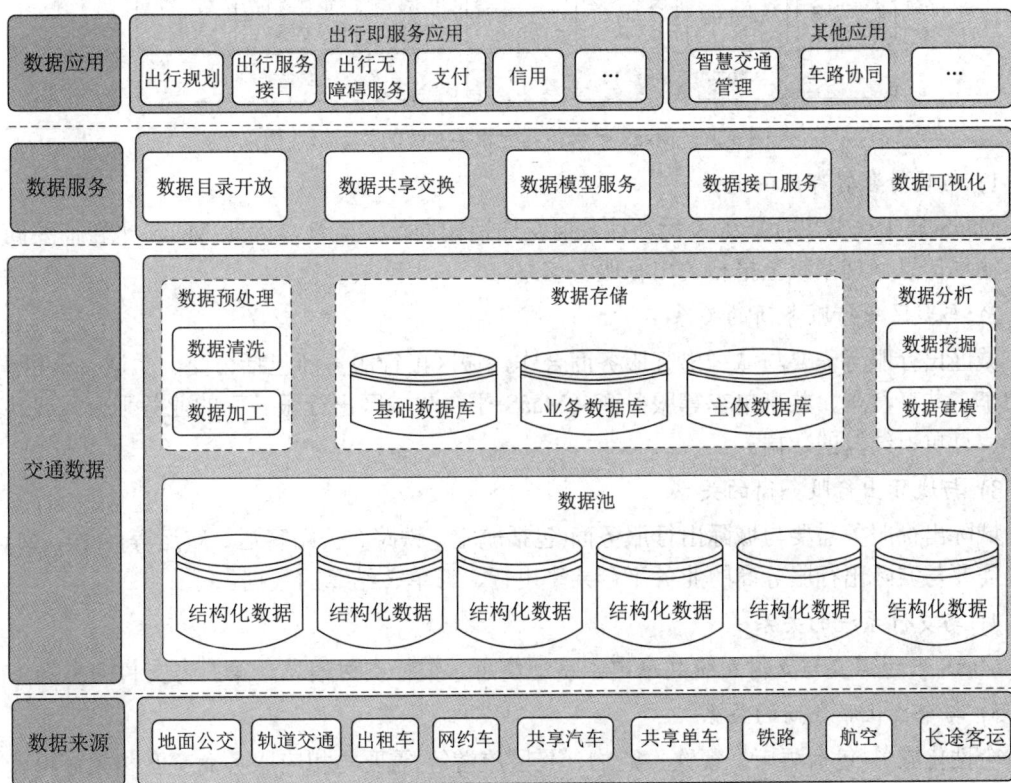

图 3-21 MaaS 大数据平台的总体架构

2) 数据来源

运营商还必须提供一些基本信息,如公共交通的运营时刻表,共享汽车的可用车辆信息、位置信息和预订信息,以方便用户策划最优的选择。另外,一些特殊服务的信息则有助于平台迎合出行者的不同偏好,如是否为电动车,在停车点是否有充电服务等。

5. 与其他相关系统的关系

与 MaaS 平台相关的主要系统或平台分为政府监督部门、城区出行服务商、城际出行服务商、支付系统、个性化服务商等。MaaS 平台与其他相关系统的关系如图 3-22 所示。

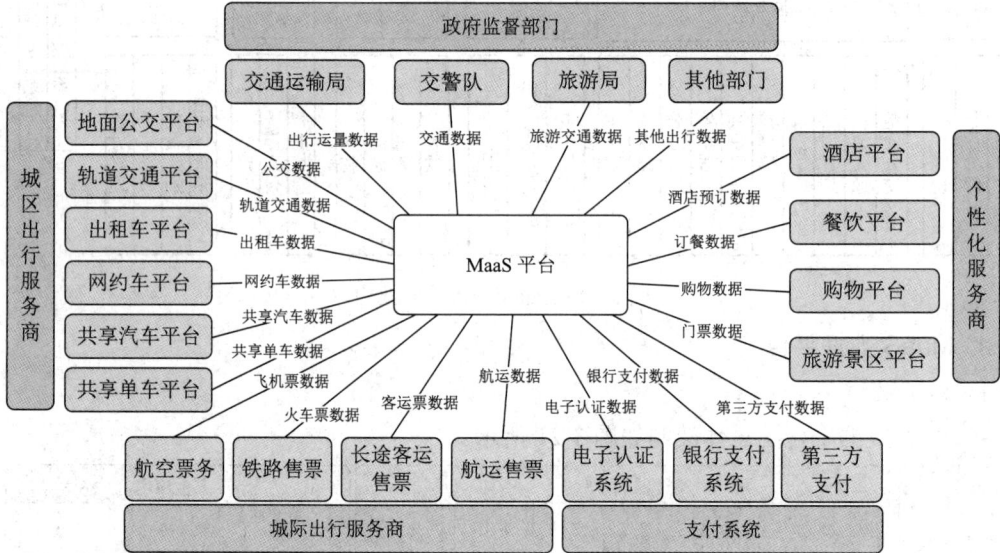

图 3-22 MaaS 平台与其他相关系统的关系示意图

1) 与政府监督部门的关系

MaaS 属于公共出行服务，受当地政府交通运输局行业监管，因此 MaaS 平台需要向交通运输局信息管理系统上报相关出行服务信息。

2) 与城区出行服务商的关系

城区出行服务需要与城区出行服务商合作，城区出行服务商包括公交、轨道、出租车、网约车、共享汽车、共享单车等服务商。MaaS 平台与城区出行服务商的业务平台需要共享出行、订单、结算的数据。

3) 与城际出行服务商的关系

城际出行服务需要与城际出行服务商(包括航空、铁路、公路客运、航运等)合作，MaaS 平台需要与城际出行服务商的业务平台共享出行、订单、结算的数据。

4) 与支付系统的关系

MaaS 平台需要与支付系统共享电子认证信息、银行支付信息、第三方支付信息等。

5) 与个性化服务商的关系

个性化服务(包括酒店、餐饮、购物、景区旅游等)需要与相应服务商交互相关订单、支付、结算等信息。

3.5 应用案例——成都市公众出行交通信息服务系统

成都市公众出行交通信息服务系统示范工程建设立足于充分利用现有资源，实现以公众出行服务网站、呼叫中心系统、短信服务系统、广播电台、可变信息发布牌、车站触摸屏、纸质宣传材料等方式，为公众出行提供交通政务、高速公路路况、客运班次班线、出行线路、交通气象等多层次的综合交通信息服务，并提供交通行政执法、廉洁勤政的投诉受理和处理的热线服务功能。

1. 服务对象

成都市公众出行交通信息服务系统服务的对象主要是外地来成都以及从成都出发的出行者，主要有以下两类：

服务对象一：乘坐公共交通工具出行的出行者，主要包括乘坐市内公交车辆(城市轨道交通)的出行者、乘坐长途客运车辆的出行者和乘坐非道路交通工具的出行者。

服务对象二：驾车出行的出行者，主要包括固定线路客运车辆驾驶员、非固定线路客运车辆驾驶员、货运车辆驾驶员和普通自驾车出行者。

2. 服务内容

成都市公众出行交通信息服务系统的服务内容主要包括：出行信息查询服务、出行信息定制服务、出行信息提示服务、订票购票服务、多模式行程规划服务、电子地图服务、出行路径规划服务、定位服务、引导服务、追踪服务、应急服务、评价—反馈服务、出行信息上报服务、遗失物找寻服务、出行信息论坛服务等。

3. 系统结构

成都市公众出行交通信息服务系统结构如图 3-23 所示。

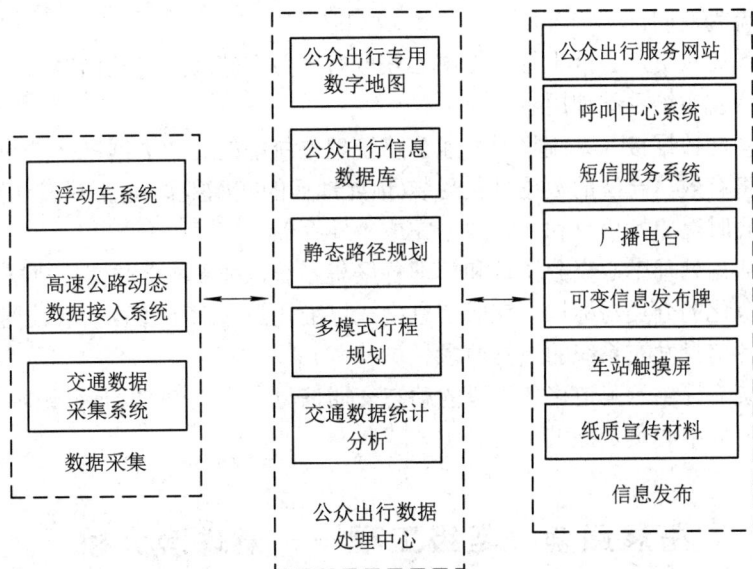

图 3-23 成都市公众出行交通信息服务系统结构图

该系统的子系统大体分为 3 类，即数据采集、数据处理和信息发布。其中数据处理部分由公众出行数据处理中心负责。公众出行数据处理中心是所有公众出行信息发布系统的直接数据来源，并承担了部分数据处理功能。公众出行数据处理中心按其功能内容又可细分为公众出行专用数字地图、公众出行信息数据库、静态路径规划、多模式行程规划和交通数据统计分析 5 个方面。系统的数据流向如图 3-24 所示。

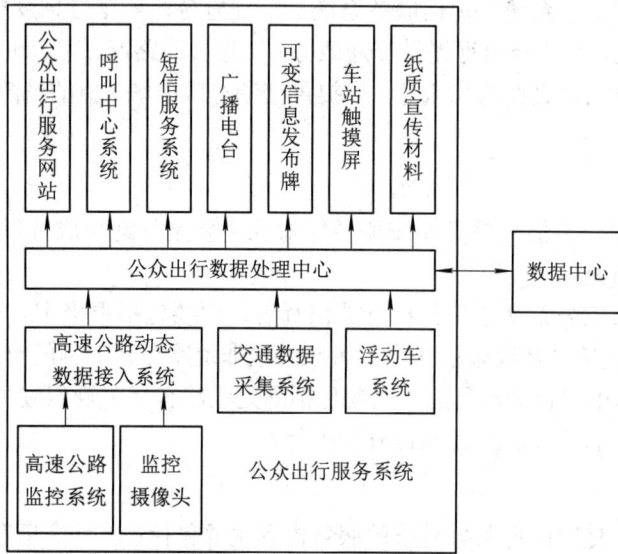

图 3-24 系统数据流向图

数据中心是公众出行信息服务系统及区域客运综合服务系统的公共基础数据中心，未来将发展为成都市所有交通数据的中心，汇集所有交通行业的基础数据。

公众出行数据处理中心负责从数据中心获取由客运业务系统提供的出行信息；除此之外，它还负责把所有公众出行系统中结果性的信息数据提交给数据中心，由数据中心统一进行存储，数据流为双向。

呼叫中心系统负责从公众出行数据中心获取有关数据(如航班、列车时刻表等)，然后将数据筛选处理后发布给系统使用者。

高速公路动态数据接入系统将原高速公路管理系统中的交通数据进行过滤，去掉非法、无效的数据，将有效、合法的数据打包封装(预处理后的初始数据)，然后发送到公众出行数据处理中心，同时对原始信息和初始数据完成本地存储。

公众出行数据处理中心充分协调和管理各采集系统，对各项交通信息数据进行科学、合理、有效和规范化的分类与标识，完成信息格式标准化。它对下负责获取数据中心的数据，对上负责提供各信息发布系统的数据请求。

浮动车系统应提供示范道路各路段的动态交通信息。所有信息发布系统所需的信息均由公众出行数据处理中心负责提供。

拓展阅读　超级工程——港珠澳大桥

2017年7月7日，港珠澳大桥主体工程迎来了全线贯通的历史时刻。港珠澳大桥香港连接线起于粤港海域边界，连接港珠澳大桥的主桥至香港口岸，全长12 km；珠海连接线起于珠海市香洲区拱北街道珠海口岸人工岛，止于珠海市香洲区南屏镇洪湾社区，全长13.9 km；澳门连接线起于澳门人工岛西南侧，通过桥梁方式进入澳门填海新区。大桥通车后，从香港到珠海、澳门陆路车程由3.5 h缩短为0.5 h。

港珠澳大桥工程规模大、工期短，技术新、经验少，工序多、专业广，要求高、难点多，为全球已建的最长跨海大桥，在道路设计、使用年限以及防撞防震、抗洪抗风等方面均有超高标准。港珠澳大桥总平面图如图 3-25 所示。

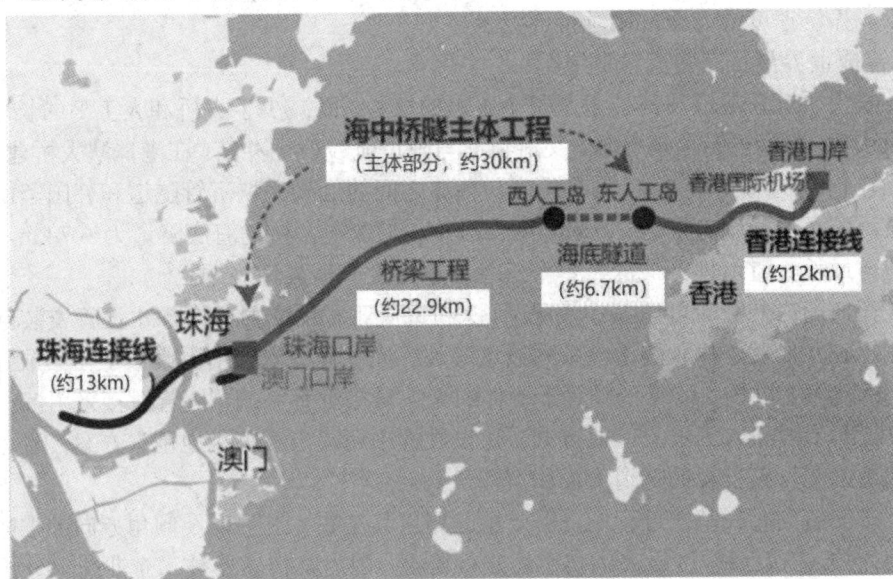

图 3-25　港珠澳大桥总平面图

港珠澳大桥工程包括以下两项重点工程：

(1) 建造人工岛，打造超级工程的海上"基座"。

港珠澳大桥海底隧道是我国首条外海沉管隧道。隧道建设之前，要以最快速度在海中建起两个离岸人工岛(如图 3-26 所示)，实现海中桥隧转换衔接。

图 3-26　港珠澳大桥的人工岛

在港珠澳大桥建设之前，我国建造外海人工岛的技术积累几乎是空白。如何在外海建造人工岛，既要解决工程技术难题，还要兼顾保护中华白海豚国家级自然保护区的生态环境，需要平衡的因素很多。施工团队经过反复论证后采用了"钢筒围岛"方案：在陆地上预先制造 120 个直径 22.5 m、高度 55 m、重量达 550 t 的巨型圆形钢筒，通过船只将其直接固定在海床上，然后在钢筒合围的中间填土造岛。这种施工方法既能避免过度开挖淤泥，又能避免抛石或沉箱在淤泥中滑动。岛上建筑采用表面平整光滑、色泽均匀、棱角分明、无碰损和污染的新型清水混凝土，施工时一次浇注成型，无任何外装饰，有效应对外海高风压、高盐和高湿度的不利环境。

在 221 天内，120 个巨型钢圆筒在伶仃洋海面围成两个小岛，创造了钢圆筒在单体体量、振沉精度、振沉速度等方面的多项世界纪录。

(2) 建成世界最长海底沉管隧道。

港珠澳大桥沉管隧道及其技术是整个工程的核心，既减少了大桥和人工岛的长度，降低了建筑阻水率，从而保持航道畅通，又避免了与附近航线产生冲突。在港珠澳大桥建成之前，世界上比较长的现代沉管隧道，只有丹麦与瑞典之间的厄勒海峡沉管隧道和韩国釜山—巨济的沉管隧道两条，长度分别为 3.5 km 和 3.2 km。港珠澳大桥的海底隧道为 6.7 km，建设面临海底隧道最长、隧道埋深最深、单个沉管体量最大等世界性难题。

在无任何国内外经验可借鉴的情况下，大桥岛隧工程团队对外海深水沉管安装创新技术及装备进行独立研发，并取得了一系列技术突破。沉管隧道安置采用集数字化集成控制、数控拉合、精准声呐测控、遥感压载等一体的无人对接沉管系统，沉管对接采用多艘大型巨轮、多种技术手段和人工水下作业方式。建设过程中还提出"复合地基"方案，避免了原基槽基础构造方案可能出现的隧道大面积沉降风险。

在沉管安装到海底基槽过程中，需要精确测量其左右、上下以及倾角方向的摆幅。沉管运动为超低频，需要灵敏度极高的传感器进行监测。国内某传感器技术企业深入分析深水管节对接运动特性及监测需求，运用国内最先进的微机械陀螺和高精度倾角传感器，构建了一套创新的管节运动姿态监测方法，在关键的前端设有多支备份传感器，保证了测试信号的准确可靠。

经过将近十年的努力，港珠澳大桥项目终于圆满完成，它不仅是中国基建实力的代表，也是科学技术的集大成者。在该桥建设前后，技术团队出版了 18 部相关专著，发表了 500 多篇论文，提出了 1000 多个创新项目，形成了 63 份技术标准，申请了 600 多项专利等，还先后攻克了十多项世界性桥梁建设难题，形成了中国自己的桥梁工程技术体系，也为世界其他国家建设桥隧工程提供了成熟、可靠的蓝本。

课 后 任 务

任务一 基础任务

1. 下列关于出行者信息服务系统的信息中，不属于静态交通信息的是(   )。

A. 道路的名称　　　　　　B. 道路的车道数

C. 道路的设计车速　　　　D. 道路上信号灯的红绿灯时长

2. 设置在停车场入口附近，显示该停车场的名称、收费标准及剩余泊位信息的引导屏属于停车引导系统的(   )引导屏。

A. 一级　　　　　　B. 二级　　　　　　C. 三级　　　　　　D. 四级

3. 出行者信息系统可以为出行者提供出行前信息服务、行驶中驾驶人信息服务、_____、个性化信息服务、_____等主要功能。

4. 自主式车载导航系统和中心式车载导航系统有哪些不同？

任务二　能力提升任务

1. 收集一个 MaaS 系统实际使用的案例，并分析这种系统的建设和开发对于交通发展的意义。

2. 研究证明，不同群体对于出行需求的要求是不一样的。为了区分教师群体和学生群体对于交通出行的需求区别，我们可以通过发放问卷调查来进行研究。试根据调查目标设计一份调查问卷。

任务三　专创融合任务

1. 你在日常生活中有没有享受到出行交通信息服务？你觉得目前出行信息服务存在哪些不足？未来的改进应该主要向哪个方向发展？

2. 通过网络检索收集必要信息了解国内各地新建的智能停车引导系统。你觉得目前的智能停车引导系统提供的服务有什么不足或缺陷？智能停车引导系统应该如何完善功能来缓解城市停车难的问题？

任务四　智能化的公共交通系统

　　据公安部统计，截至 2022 年年底，全国机动车保有量达 4.17 亿辆，其中汽车保有量达到 3.19 亿辆，机动车驾驶人数量超过 5 亿。仅 2022 年上半年全国新注册登记机动车 1657 万辆，新领证驾驶人 1103 万人，近五年机动车保有量增幅如图 4-1 所示。现在，汽车已成为主要交通出行工具，我国交通出行结构已发生了根本性的变化。

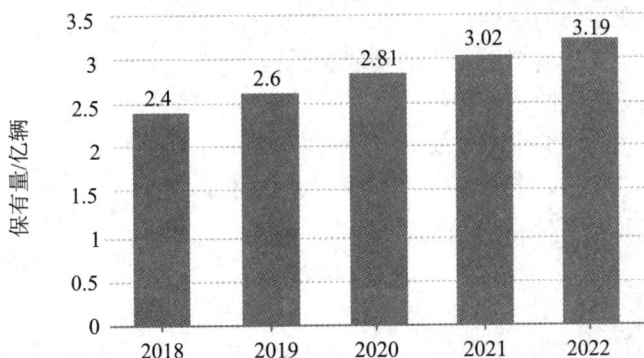

图 4-1　机动车保有量增幅统计

　　随着机动车保有量的迅速增长，城市的拥堵越来越严重。百度地图统计了全国 100 个典型城市的工作日交通拥堵情况，2022 年通勤高峰交通拥堵同比 2021 年涨幅城市最高的 3 个城市是为潮州、金华、赣州，其中潮州交通拥堵涨幅达到 6.46%，具体如图 4-2 所示。

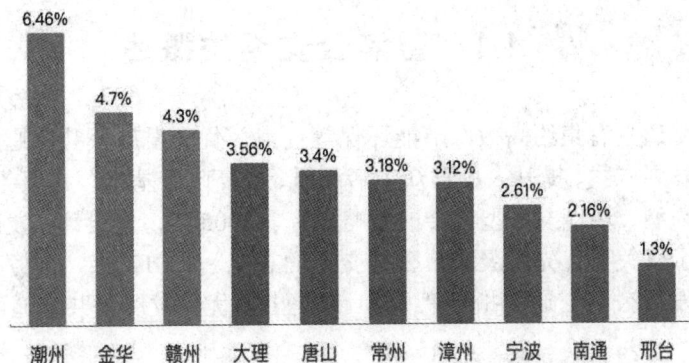

图 4-2　2022 年通勤高峰交通拥堵涨幅城市 TOP10

对于大、中城市而言，目前存在的交通拥挤、交通事故频繁和环境污染严重等问题日益严重。依靠控制需求，增加供给，扩大路网规模已不能彻底摆脱这种困境，而利用高新技术改造现有的运输体系，大力发展具有运载量大、运输效率高、能源消耗低、相对污染少、运输成本低等优点的公共交通系统，才是解决日趋紧张的交通问题，保证城市可持续发展的必由之路。

如何提高出行者使用公共交通的意愿？如何提高公共交通的舒适性？智能化的公交管理系统能够对公共交通发展能起到什么作用？通过本任务的学习，对智能公交系统的功能、结构、系统构成、子系统功能等将会有较为全面的了解。

任务目标

1. 了解智能公交系统的功能和架构；
2. 了解智能公交系统的结构；
3. 了解智能公交系统典型子系统的功能和结构；
4. 了解快速公交系统的功能和结构；
5. 思考智能公共交通的未来发展。

主要知识点

1. 智能公交系统的框架；
2. 智能公交调度系统的框架；
3. 智能公交信息服务系统的框架；
4. 智能 BRT 系统的框架。

4.1　智能公交系统概述

城市公共交通具有集约高效、节能环保等优点，优先发展公共交通是缓解交通拥堵、转变城市交通发展方式、提升人民群众生活品质、提高政府基本公共服务水平的必然要求，是构建资源节约型、环境友好型社会的战略选择。2005 年，建设部、发改委、科技部等多部门联合提出了《关于优先发展城市公共交通的意见》。2012 年，国务院发布了《国务院关于城市优先发展公共交通的指导意见》，都提出要优先发展公共交通，改变城市居民出行结构。

而在公共交通的日常线路运行中，经常出现道路通行受阻、运行车辆发生故障等情况，这些临时发生的、影响运行的因素在行车时刻表的制定中是很难意料和解决的，导致公交车辆的行车速度下降、行车间隔不均衡，增大了运营调度的难度，调度人员无法实时了解运营车辆情况，难以及时有效地采取调度措施。另外，乘客也无法了解所要乘坐的公交车的到达时间等信息，盲目地在站台等候，不能合理地分配出行时间和选择其他路线或运输工具，影响日常的工作生活。这些困难制约了公共交通运输事业的发展。

如何解决城市居民公共交通出行需求的不断增加与公共交通发展相对滞后的矛盾，成为摆在我国交通管理者面前的一项迫切任务。优先发展城市公共交通，改善公交服务水平，吸引更多乘客乘坐公交出行无疑是解决这一矛盾的首选途径。

所谓智能公共交通系统，就是在公交网络分配、公交调度等关键基础理论研究的前提下，利用系统工程的理论和方法，将现代通信、信息、电子、控制、计算机、网络、GPS、GIS等高新技术集成应用于公共交通系统，并通过构建现代化的信息管理系统和控制调度系统模式，实现公交调度、运营、管理的信息化、现代化和智能化，提高公交企业的运营效率和效益；同时为出行者提供更加安全、舒适、便捷的公共交通服务和信息服务，从而吸引更多人选择公交出行，缓解城市交通拥挤，有效解决城市交通问题，创造更大的社会和经济效益。

先进的公共交通运输系统(Advanced Public Transportation System，APTS)通过将先进的电子技术、系统工程的理论和方法应用到城市客运公共交通体系的使用与运行中，建立智能化调度系统、公共交通信息服务系统和公交电子收费系统，为出行者提供可靠而精确的出行信息服务，使公共运输更加有效和可靠。该系统主要以出行者和公交车辆为服务对象。对于出行者而言，APTS通过采集与处理动态交通信息(如客流量、交通流量、车辆位置、紧急事件的地点等)和静态交通信息(如发车时刻表、换乘路线、出行最佳路径等)，从而达到规划出行、选择最优线路、避免交通拥挤、节约出行时间的目的。对于公交车辆而言，APTS主要实现对其动态监控、实时调度、科学管理等功能，从而达到提高公交服务水平的目的。

4.1.1　智能公交系统的功能

美国国家ITS体系框架明确提出了对APTS的功能要求，包括以下9个方面：
(1) 运用车载数据采集技术实现对运营车辆的监视；
(2) 运用有效策略使晚点车辆恢复正常运营；
(3) 运用当前的操作数据及其他数据来源编制运营管理计划；
(4) 要求应答系统为乘客提供个人出行服务；
(5) 提供安全协调监控与紧急救援服务系统的接口；
(6) 综合运用历史数据及其他因素规定司售人员的活动；
(7) 编制运营车辆的维修计划并为修理人员进行工作分配；
(8) 可实现车内收费或路边收费；
(9) 为乘客提供车辆运营信息及可达车辆信息。

同时，美国国家ITS体系框架提出了对APTS的逻辑结构要求，逻辑结构要求包括公交系统中所有与ITS有关的运营管理领域，共7个逻辑模块，各子部分功能划分如图4-3所示。

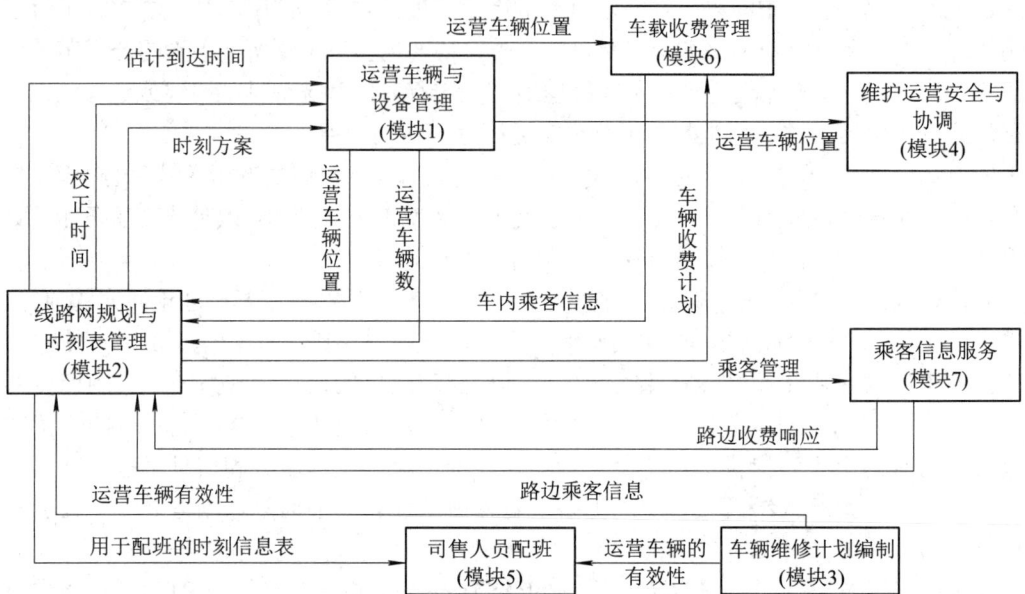

图 4-3　APTS 逻辑模块及信息流方向

1. 模块 1——运营车辆与设备管理

运营车辆与设备管理模块提供运营车辆的当前状态信息，以及车辆运营状况与时刻表的对照。该模块使车辆按照时刻表运行并及时对发现的偏差予以校正，可以以单个车辆或多个车辆为对象，对车辆驾驶人发布指令。同时把采集运营车辆的状态信息提供给其他模块。

2. 模块 2——线路网规划与时刻表管理

线路网规划与时刻表管理模块提供线路网规划管理及常规运营服务和应答服务。新的线路网和时刻表根据运营车队管理者的要求来制定，综合考虑车辆运营数据及其他多种因素。新的时刻表可依托路网规划，根据停车场的变化或公交服务的要求重新制订。这部分服务信息可以提供给其他的 TTS(Timed Transfer System，实时换乘系统)功能模块，也可以提供给外部单位。同时可以根据要求提供个性化的乘客信息服务，或在可能的情况下提供常规的公交信息服务。

3. 模块 3——车辆维修计划编制

车辆维修计划编制模块根据模块 1 提供的运营数据及各种车辆的详细维修指标，编制运营车辆的维修计划并为修理人员分配任务。工作日志记录了所有的维修活动，可帮助车队管理者追踪或监控当前的维修活动及修理人员的工作。

4. 模块 4——维护运营安全与协调

维护运营安全与协调模块用于处理运营车辆或设备的紧急故障。紧急救援信息由司机通过紧急呼叫按钮或车站的监控设备，或由数据传输网络上的其他部分发送。根据预案对每一种紧急情况进行处理，并与紧急救援服务联系以协调救援活动。同时与调度和管理人员联系，以得到他们对采取对策的认可，并可在没有预案的情况下进行直接指挥救援工作，还可以为传播媒介自动提供信息输出。

5. 模块5——司售人员配班

司售人员配班模块用于管理司售人员的活动，司售人员的分配根据一定的标准，包括以前任务分配下的表现、个人的优先权等，所有活动由管理者监控并及时更新。

6. 模块6——车载收费管理

车载收费管理模块实现在车内对乘客收费，用于当前的公交服务、将来的公交服务或其他服务等。这种收费可以在车辆运行过程中穿插进行，或在车辆到达方便的地点时进行批处理。收费支持欠付或信用卡方式，包括由公交部门或金融机构发行的有价卡证。如果发现了非法支付方式，那么违法的乘客信息将由车辆传输至有关的法律执行机构。

7. 模块7——乘客信息服务

乘客信息服务模块设在路边的某个位置，为乘客提供信息或付费服务。提供的信息包括车辆的正常运行时间、下一辆车的到达时间及将要到达的车辆所发出的有关信息，如满载率情况、是否有空座等。在路边对乘客收费，用于当前和将来的公交服务等。收费支持欠付或信用卡方式，包括由公交部门或金融机构发行的有价卡证。如果发现了非法使用支付方式，那么违法的乘客信息将由车辆传输至有关的法律执行机构。

以上就是美国国家ITS体系框架要求的公交ITS的7个模块。对以上7个一级模块进一步细化，可分40个二级模块，每个二级模块又有若干个三级模块，递阶式模块组成了庞大复杂的APTS管理软件的逻辑结构。

4.1.2 智能公交系统的结构

一般来说，智能公交系统可分为4个子系统，分别是监控与调度子系统、信息服务子系统、运营信息管理子系统和辅助决策子系统，其基本结构如图4-4所示，逻辑架构如图4-5所示。

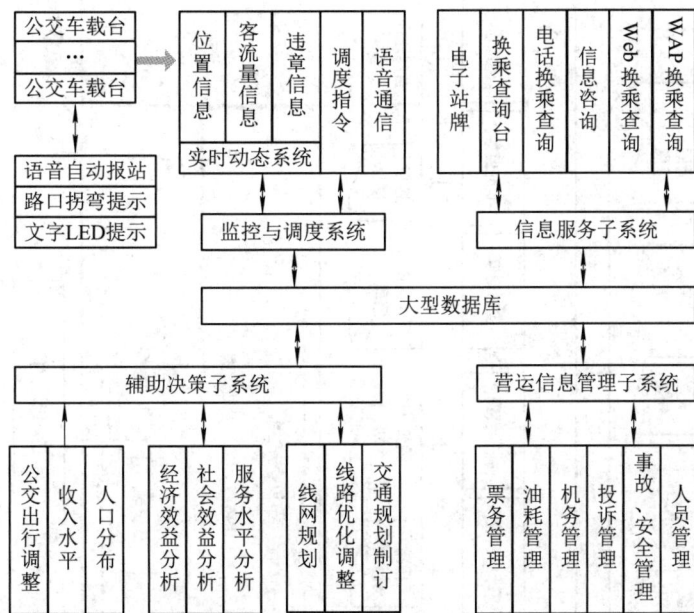

图4-4 智能公共交通系统的基本结构

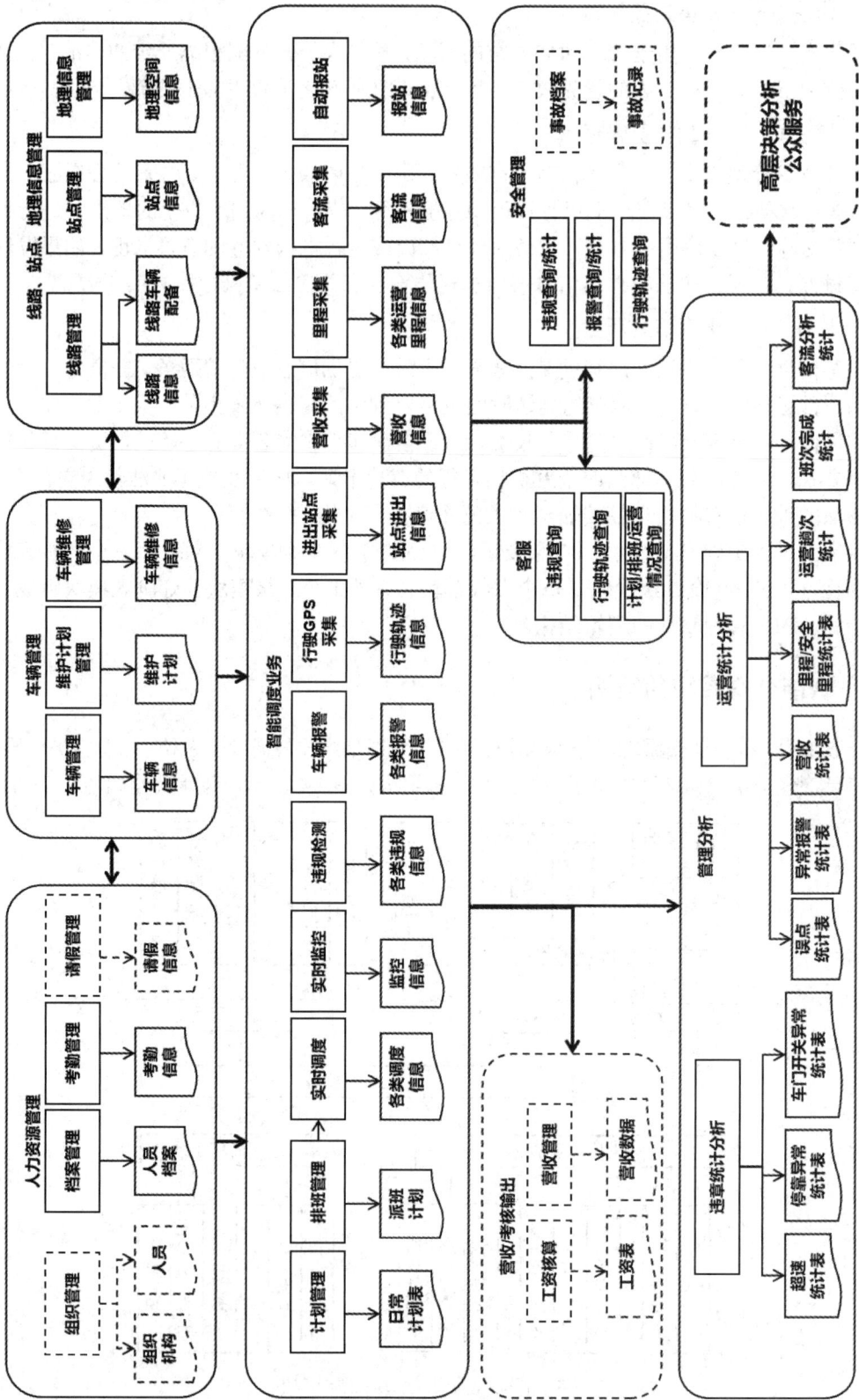

图 4-5 智能公交系统的逻辑架构

1. 监控与调度子系统

监控与调度子系统由车载台、无线通信服务器、监控调度中心等部分组成，通过车载台实现 GPS 位置、行车违章数据(通过数据采集仪收集)、客流量等数据的采集，通过 GPRS/CDMA 无线通信发送到监控调度中心，实时刷新车辆位置，存储车辆违章记录，实现调度中心与驾驶人间的文字和语音通信，保证车辆准点到达。

2. 信息服务子系统

信息服务子系统主要为电子站牌、换乘查询台以及公众公交换乘查询系统，如 Web、电话、手机 WAP 等。它在电子站牌上实时发布下一辆车的到达时间，使乘客可通过在车站的换乘查询台或公交换乘查询系统，根据起止位置和服务要求查询出行线路、换乘点、票价等信息。它还可对公众提供高质量的信息咨询服务。

3. 营运信息管理子系统

营运信息管理子系统基于 IC 卡，对票务、油耗、机务、投诉、事故、行车安全、人员等信息进行单人和单车的量化管理，然后再按照线路、车队、公司进行统计分析，对车辆、线路、车队、分公司、公司等各个层次的经济效益、社会效益、服务水平进行统计和评比。

4. 辅助决策子系统

辅助决策子系统在对客流量统计、公交出行调查、人口分布、收入水平、公交线网布局、站点布置、发车间隔、票价制定、营运状况等信息进行综合管理的基础上，为管理者提供实时系统状态查询、历史数据分析服务，进行公司经济效益、社会效益、服务水平的综合分析，为公司的发展和改革提供支持，同时在 GIS 平台上为线网规划、线路优化调整，以及交通发展政策与规划的宏观信息分析提供辅助决策支持。

2010 年广州亚运会期间，为解决亚运期间的交通问题，广州市政府投资 386 万元构建智能公交指挥调度中心，该中心由指挥平台、场站监控系统、车载定位系统和通信系统组成，并在广州市区选取 48 条线路的 469 辆公交车、4 处公交枢纽和 16 个公交车站安装了指挥监控终端及其附件。调度中心通过在公交车上安装卫星定位系统(GPS)以及在主要站台安装监控系统等措施，实现对运营车辆的实时监控以及车内监控录像采集，同时根据监控录像和数据采集结果，及时向安装在公交车上的 GPS 显示器发送提示短信或进行语音提示，统一调度全区公交有序、高效运行。

2011 年初，成都的机动车保有量已经突破了 300 万辆，对于中心城区造成极大的交通压力。为此在 2011 年 6 月，成都斥资 3500 万构建智能公交系统，对于中心城区的 5500 辆公交车进行智能化管理，有效地减少了乘客候车时间，提高了公交车运行准点的概率。当遇到突发情况时可以通过智能调度中心发出的指令迅速做出反应，为乘客提供了极为贴心的人性化管理。

此外为了提高公共交通工具的使用效率，从 2012 年 10 月 10 日开始，成都先开辟免费公交线路，利用智能公交系统筛选出 33 条公交线路作为免费试运营线路，大大增强了公共交通工具对于居民的吸引力，减少私家车对于有限道路资源的占用，极大地缓解了中心城区交通日益拥堵的局面。

"十三五"期间，《智慧交通让出行更便捷行动方案(2017—2020 年)》提出智慧公交和移动互联网深入结合；同时各地不断出台政策支持智慧公交建设和配套设施的发展。"十四五"期间，智慧公交正逐步实现与自动驾驶、智能网联等新技术的深度融合。

2021 年，长沙推出了第一批智慧定制公交，主要连接梅溪湖和高新区两个片区，分为定制公交东线和定制公交西线两条线路。东线运行范围是从玉兰路南园路口至信息产业园，全程约 7.7 km，设有 6 个公交站，服务通勤人口 3400 余人。西线运行范围是梅溪湖街道—信息产业园，全程约 9.2 km，设 7 个公交站，服务通勤人口 7100 余人。

这两条智慧定制线路拥有智能化公交平台、智能化调度系统、公交专用道、交叉口信号优先通行等功能。其中的交叉口信号优先控制对于公交优先的实现具有非常重要的现实意义。技术部门通过对公交车辆加载车载智能设备，并对沿线 17 个交叉路口配置智能红绿灯和智能网联设备，构建起一套"公交优先、车路协同"的公交解决方案。

如图 4-6 所示，当公交经过信号灯路口时，在不会对其他方向车辆和行人造成较大影响的前提下，信号灯会自动切换成公交车通行方向的绿灯，并实现全线绿灯，确保车辆快速通行。根据对比测试，智慧定制公交东线全程 7.7 km，早高峰时间段驾驶私家车的通行时间为 35 min，而乘坐智慧定制公交只需要 22 min，通行时间节省了 37%。

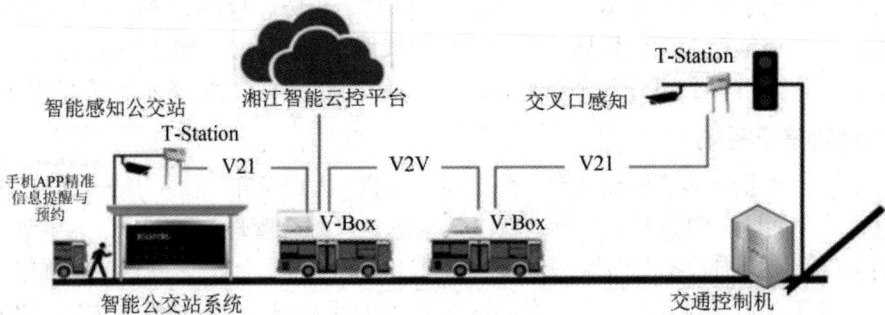

图 4-6　公交优先实现原理

4.2　监控与调度子系统

监控与调度子系统是智能公共交通系统的核心子系统。它是在对公交车辆实时调度理论和方法研究的基础上，综合运用通信、信息、控制、计算机网络、GPS/GIS 等技术，根据实时的客流信息、车辆位置信息、交通状态信息等，通过对公交车辆的实时监控、调度指挥，实现对公交车辆的智能化管理，并通过电子站牌及时准确地向乘客提供下班车的预计到达时间，从而使公交车辆运行有序、平稳、高效协调，提高公交系统总体服务水平，实现资源的合理配置，提高公交企业的经济效益和社会效益。与传统的靠经验进行人工调度相比，智能化监控与调度系统能够收集调度所需的实时数据，通过汇集专家级调度预案、经验和知识库，借助模型及智能优化算法，在大量分析历史数据基础上，形成辅助决策，从而提高调度员的判断能力和决策水平，以最低的成本完成车辆的运营调度职能，以最少的车辆资源完成最大的运力。

监控与调度子系统主要由调度中心、分调度中心、车载移动站、电子站牌等部分组成，其主要功能是实现公交车辆的自动调度和指挥，保证车辆的准点运行，并使出行者能够通过电子站牌及时地了解车辆到达时刻从而节约出行者的候车时间。公交监控与调度系统的结构如图 4-7 所示。

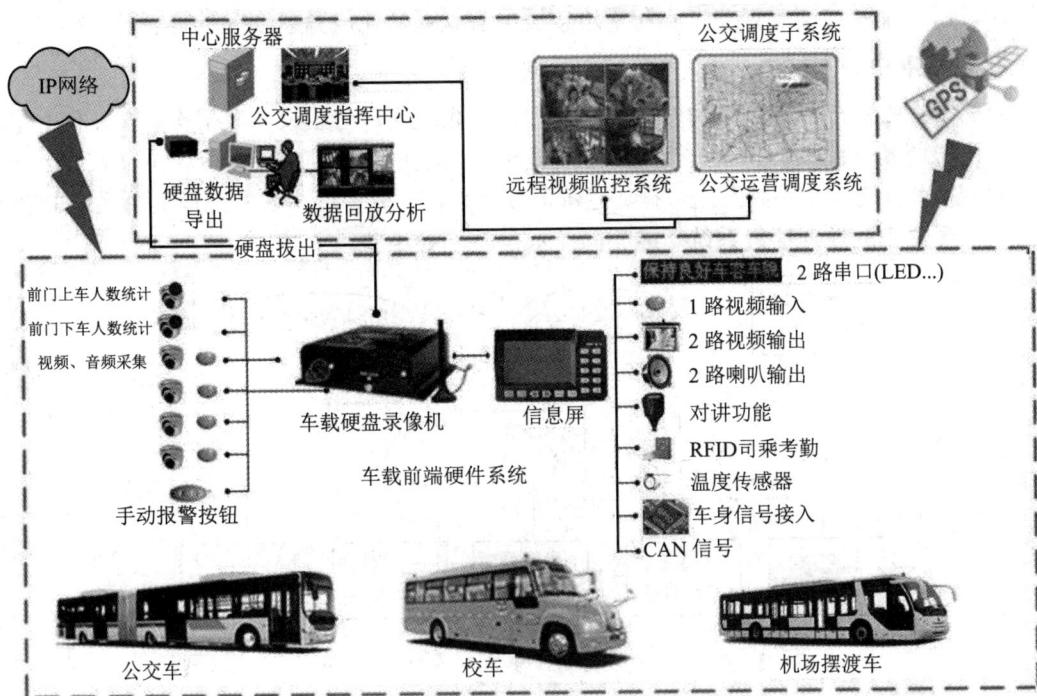

图 4-7　公交监控与调度系统的结构

1. 公交调度中心

公交调度中心主要由信息服务系统、地理信息系统、大屏幕显示系统、协调调度系统和紧急情况处理系统组成，其架构如图 4-8 所示。

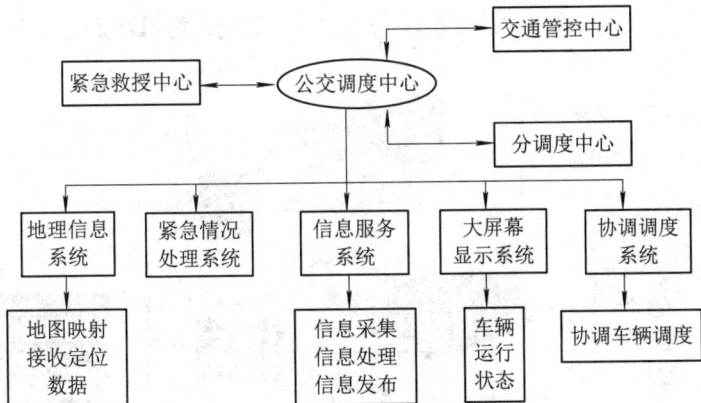

图 4-8　公交调度中心架构

信息服务系统负责向用户提供公交信息，如出行前乘车信息、换乘信息、行车时刻表信息、票价信息。地理信息系统接收定位数据，完成车辆信息的地图映射，其功能包括地理信息和数据信息的输入/输出、地图的显示与编辑、车辆道路等信息查询、数据库维护、GPS 数据的接收与处理、GPS 数据的地图匹配、车辆状态信息的处理显示、车辆运行数据的保存及管理等。大屏幕显示系统主要是实时显示车辆运行状况。当出现紧急情况时，协调调度系统向分调度中心发出指令，合理调配车辆。紧急情况处理系统接收到分调度中心发来的紧急情况信息后，及时与交通管控中心和紧急救援中心联系，完成紧急情况处理任务。

2. 分调度中心

分调度中心由车辆定位与调度系统和地理信息系统两部分组成，其架构如图4-9所示。车辆定位与调度系统负责完成分调度中心所辖车辆的定位与监控，与车辆双向通信，向车辆发送调度指令，向电子站牌发送数据、运营调度等功能。分调度中心的地理信息系统的功能与公交调度中心的地理信息系统功能相同，只是范围要小些。

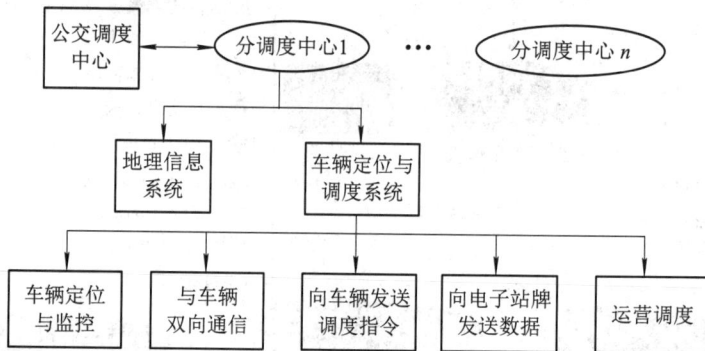

图4-9　分调度中心架构

3. 车载移动站

公交智能车载终端系统是智慧公交的重要组成部分，为公交智能调度系统提供基础数据来源。如图4-10所示，智能车载终端与车内摄像头、刷卡机、电子站牌、LED电子屏等车载设备进行交互，融合定位技术、信息传输、视频监控、语音播报、数据采集传输、图像识别、辅助安全驾驶等技术，实现公交车实时监控、车辆数据采集、车辆实时定位、到/离站语音自动播报、超速报警、乘客人数统计、辅助安全驾驶、司机状态监测等功能，保障行车安全和车辆运营调度。

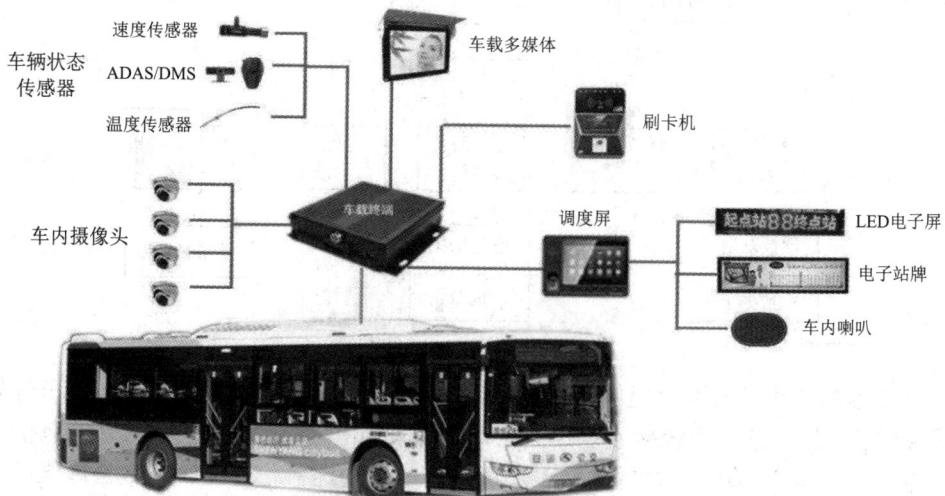

图4-10　公交车载终端

4. 电子站牌

电子站牌负责接收和显示下班车到站信息和服务信息，如图4-11所示，由一套MODEM/

电台、单片机、电子显示站牌组成。单片机的作用是接收信息，将其处理后送到电子站牌上显示。电子站牌采用滚动信息工作方式，除了可以显示车辆运行信息外，还可以显示其他信息。

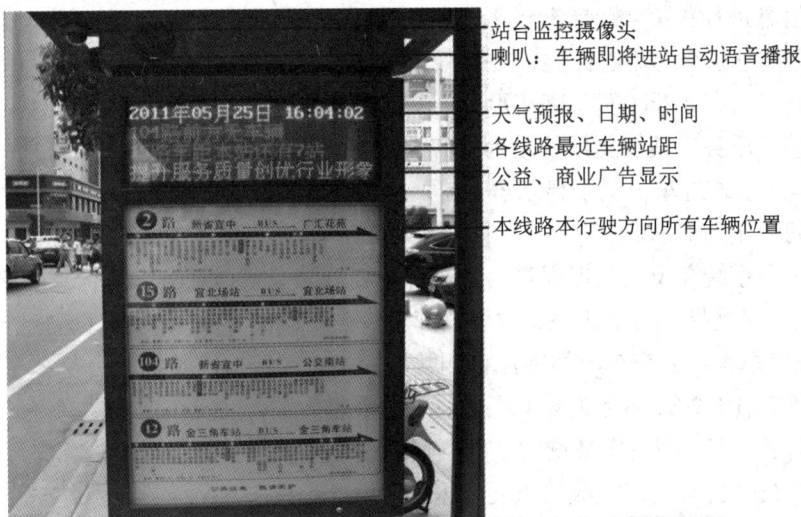

站台监控摄像头
喇叭：车辆即将进站自动语音播报
天气预报、日期、时间
各线路最近车辆站距
公益、商业广告显示
本线路本行驶方向所有车辆位置

图 4-11　电子站牌

4.3　信息服务子系统

信息服务子系统是面向公共交通使用者的交通信息系统，通过安装在公共服务区的信息查询装置或电子信息牌提供实时信息，包括公共交通拥挤程度、公交车辆到站时空信息、换乘信息及停车状况等。信息服务子系统基本结构如图 4-12 所示。

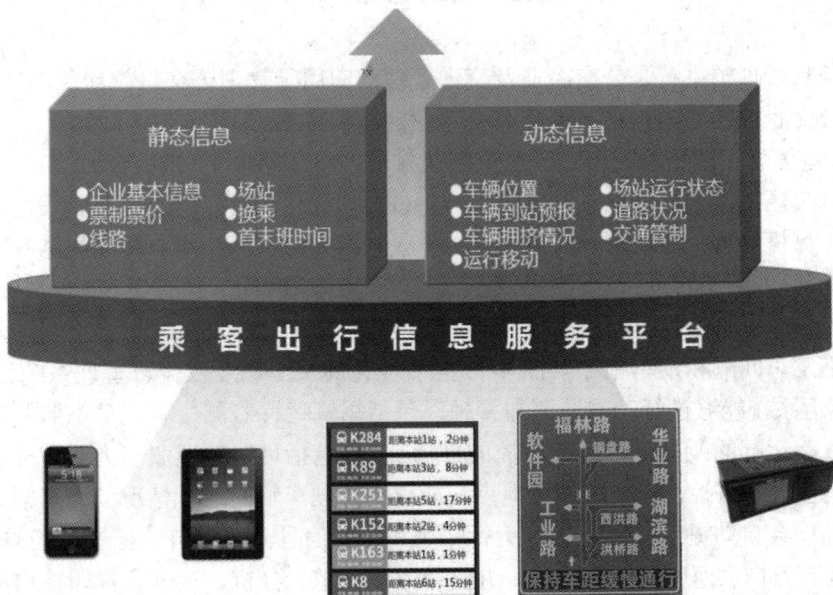

图 4-12　信息服务子系统基本结构

按照公交信息服务系统提供的空间环境不同，分为出行前乘客信息系统、路边乘客信息系统、车内乘客信息系统。出行前乘客信息系统在出行前提供准确和及时的信息，使乘客可以根据这些信息进行决策，选择出行路线和出行时间，包括路线、运营计划、票价等各种信息。路边乘客信息系统为在出行过程中的乘客提供实时的交通信息，主要通过电子站牌来实现，包括车辆到达和离开时间、离站距离、车辆实载率等信息。车内乘客信息系统为在车内的乘客提供信息服务，其主要目的是为乘客提供有用的全线路信息、换乘信息、社会新闻、娱乐节目等，主要通过车内电子显示屏，使乘客可以通过车上的显示和通信设备获得线路换乘、运营时间等相关信息。

信息服务子系统涉及的数据根据信息来源主要分为车辆信息、客流信息和路况信息。

(1) 车辆信息是指公交车线路、位置、速度、到站时间以及车辆自身运行情况信息等。

(2) 客流信息是指公交车车体客流检测数据和站点客流检测数据。公交车车体客流检测主要采集车辆在各个站点的上车乘客人数、下车乘客人数，以及车上的乘客数，从而获得各个时刻车辆的满载率。满载率是城市公共交通的一个重要参数，它不仅是公交调度的重要依据，也是反映公交公司运营状况的重要依据。

站点客流检测数据主要采集各个站点的等车人数，获得的数据对调度系统有很大的指导意义，在一定程度上会提高整个调度系统的响应时间。

(3) 路况信息。路况信息包括道路堵塞、施工、事故、封路、天气情况等。堵塞、事故等情况时有发生，且难以预见，这将给公交调度系统正常运行带来干扰。为了提高调度系统的稳定性和抗干扰能力，路况信息也要及时检测并传给调度中心。

系统的信息发布渠道主要有网络终端、电子站牌、车载终端、信号灯系统等。

4.4　营运信息管理子系统

营运信息管理子系统是公交企业及交通管理部门用于管理公交日常运行的智能化平台，可以提升公交企业的管理水平，提高公交企业的运营效率。

(1) 营运信息管理子系统可实现公交智能排班、电子路单下发、自动发车、实时调度管理等功能，减轻工作人员负担。具体来说，系统自动提供优化、动态的车辆发车时刻表，并可自动向计算机屏幕、发车牌、广播系统、车载系统发出调度指令。按照线路行车时刻表或到站车辆信息(如到站时间)编排预定发车信息(到达本站时间、预计发车时间、预计到站时间)，根据预定发车时间进行自动排队和派车发车。遇到交通阻塞或交通管制时，调度人员可灵活调整发车间隔和发车顺序。图4-13为智能化的员工调度及排班管理系统界面。

(2) 营运系统能够进行动态监测与管理，包括车辆运行监测、客流动态监测等，实现同时对多条线路运行的所有车辆进行监控的目标。具体包括可实时调取车内或车外实时监控视频。对车辆全天候监控，任一时间、地点均能查询行驶车辆的运行情况。当车辆有报警信号时，中心系统会自动提示并显示车辆运行轨迹和报警信息。系统自动记录车辆的定位经度、纬度、时间、方向、速度等运行参数，并支持事后回放、分析、查询和打印输出等。图4-14为公交车运行实时监控画面。

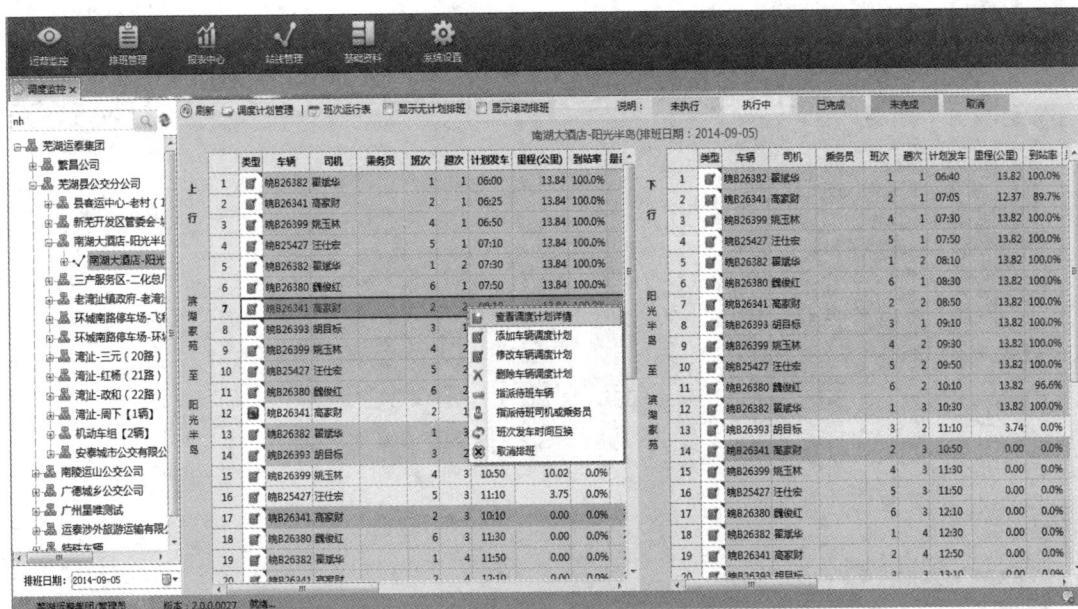

图 4-13 员工调度及排班管理系统界面

图 4-14 公交车运行实时监控画面

(3) 对采集的公交基本信息进行统计和数据挖掘，生成汇总统计报表和数据分析报表，如图 4-15 所示。按照时段、公交企业、线路、站台、单车进行统计和分析，为管理部门进行宏观管理决策和运营质量监测等提供基础数据支持，以求达到数据和业务信息的最有效的利用、分析，给企业提供决策支持。

(4) 完成公交基本信息的录入与管理、权限配置与管理，实现物资管理、加油管理、车辆维修管理、技术管理等子系统的实施应用，提高办公效率，提升企业的精细管理和科学管理水平。图 4-16 为公交车辆保养信息管理系统。

图 4-15　公交车运行情况统计报表

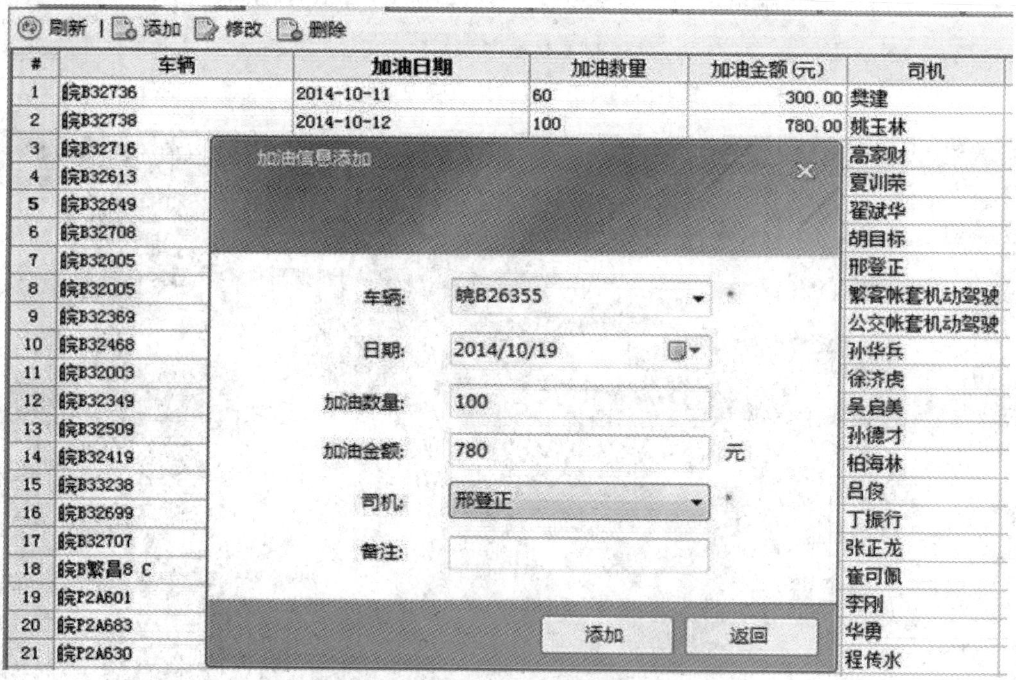

图 4-16　公交车辆保养信息管理系统

4.5　快速公交系统

快速公交系统(Bus Rapid Transit，BRT)速度快、附带常规公交特性、有系统的管理和运营方式，是介于快速轨道交通和常规公交之间的公交客运系统，是一种大运量的交通方式，有"地面上的地铁"之称。BRT 利用现代化公交技术配合智能交通和运营管理，开辟公交专属通道和建造专用公交站台，实现了轨道交通式的运营服务，是一种独特的城市客运系统，如图 4-17 所示。

图 4-17　BRT 快速公交系统

构建 BRT 系统需要三大基础设施，即专用的道路、大容量的车辆和独特的站台。

1. 道路

BRT 设有全时段、全封闭的公交专用道，虽然有些地区的车道无法像地铁那样完全封闭，但是基本上可以做到畅通无阻，保持车辆的平均速度和准点率，提高车辆的运营效率和安全性。

BRT 的专用道路分两种：

(1) 拥有完全独立的道路(比如高架桥)，不会和普通道路产生交会，无须等待交通信号灯，设有大型检票站台，整体运营模式和地铁相似。

(2) 直接在城市已有道路中划分出 BRT 专用车道，如中央式专用车道、单侧双向专用车道和两侧专用车道等，与普通道路存在交会，须遵循交通信号灯。在 BRT 专用车道旁设立带有闸机的小型封闭站台。

BRT 专用车道和站台布局如图 4-18 所示。

图 4-18　BRT 专用车道和站台布局

2. 车辆

BRT 采用容量大、性能高、排放低的车辆。和普通公交车有所不同，一般来说公交车的长度取决于城市道路环境和交通情况，一、二线城市的道路较为宽敞，基础设施完善，多采用 10～13 m 长的公交车；三、四线城市更多则是采用 8～10 m 的公交车，而 BRT 车辆一般选择载客量更大的 12 m 或者 18 m 两种长度，如图 4-19 所示。

图 4-19   BRT 专用车辆

如今 BRT 的车辆设计越来越人性化。大多数 BRT 车辆选用了低底盘、低地板的公交车型，与站台地面高度保持一致，对于老年人、行动不便者更加友好，优化了市民的乘车体验。

3. 站台

BRT 采用和地铁相似的站台运营模式，都是直接在进站前完成安检和售票检票，然后才能通过闸机进入站台内。这样乘客在乘车时就无须再刷卡、投币和扫码，有效减少了乘客上下车所用时间，缩短了车辆在站台内的停靠时长，避免车辆排队进站堵塞。站台布局如图 4-20 所示。

图 4-20   成都 BRT 站台布局

快速公交(BRT)智能系统采用智能交通系统技术,可实现对快速公交"车辆、公交车道、站台、客流"一体化的监控、调度、管理及服务,是一个涉及计算机、通信、控制、信号处理、图像监控、信息发布等多项技术的综合信息系统。BRT 智能系统框架如图 4-21 所示。

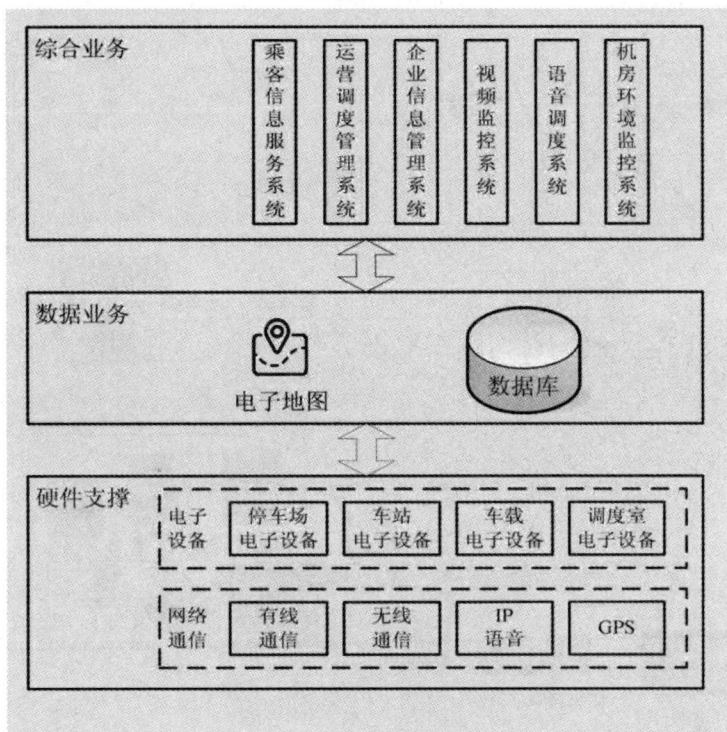

图 4-21　BRT 智能系统框架

BRT 智能系统的物理结构如图 4-22 所示,系统集成后各子系统之间通过连接、协同,满足 BRT 的智能化运营调度的如下要求:

(1) 智能车载电子系统的 GPS 卫星定位系统收集车辆位置信息,通过 GSM 无线网络传输给 BRT 调度中心,并在 BRT 调度中心 GIS 平台上显示,BRT 调度中心可以通过 GSM 发送调度命令,调整车辆运营状态,并处理紧急情况。同时在 BRT 调度中心的调度屏幕、投影大屏幕上显示车辆位置和预计到达时间,通过设置在车站的电子站牌和对外宣传网站,乘客和其他出行者可获知车辆运营及服务信息。

(2) 车辆通过 BRT 站台时,由车辆自动识别系统通过车载电子标志识别运营车辆,提供开启安全门等站台服务。乘客通过 IC 卡售检票系统或向设置的大型投币箱投币购票进站,乘坐车辆。站台情况由站台智能系统监控,并反馈至 BRT 调度中心。

(3) 车站和车内可采集客流情况,反馈到 BRT 调度中心,并在车内显示下一站站名、到站时间等服务信息。车内可设广告屏,增加广告运营收入。

(4) 车辆开始投入每日运行和完成当班运营任务后,由停车场管理和调度系统在 BRT 调度中心的统一安排下,自动识别、安排出车和停车,进行每一班的管理和下一班运营的准备工作。

(5) 停车场、站台、BRT 调度中心以及公交总公司通过网络交换信息,并实现智能化集成调度。

(6) 在 BRT 调度中心,通过 BRT 智能集成系统、运营调度系统、BRT 企业 MIS 系统完成各项业务流程和数据流程的有机集成,在集成的系统环境下完成运营调度、劳动配班、票务管理、设备和物资管理、车辆管理、车站管理、停车场管理、劳动绩效考核等业务工作。

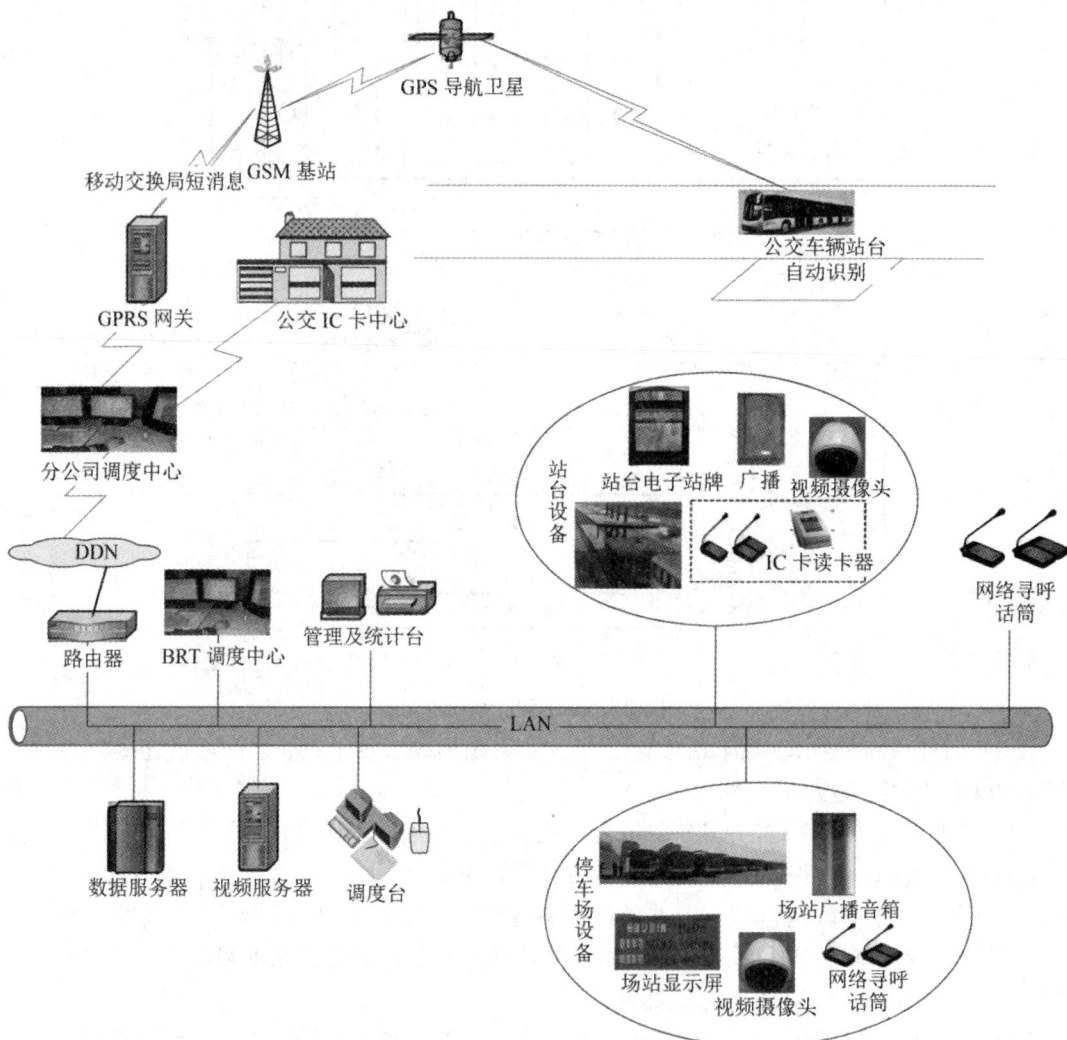

图 4-22   BRT 智能系统的物理结构

4.6   应用案例——海信科技智慧公交平台

海信科技以智慧车、智慧站、智慧场为基础,以大数据和人工智能技术的公交云脑为核心,构建行车安全、智能调度、公交 ERP、大数据分析、线网优化仿真、出行服务六大核心应用的智慧公交云平台,全面提升安全保障能力、运营生产效率、企业管理水平、决策分析能力和乘客出行体验。海信科技智慧公交平台如图 4-23 所示。

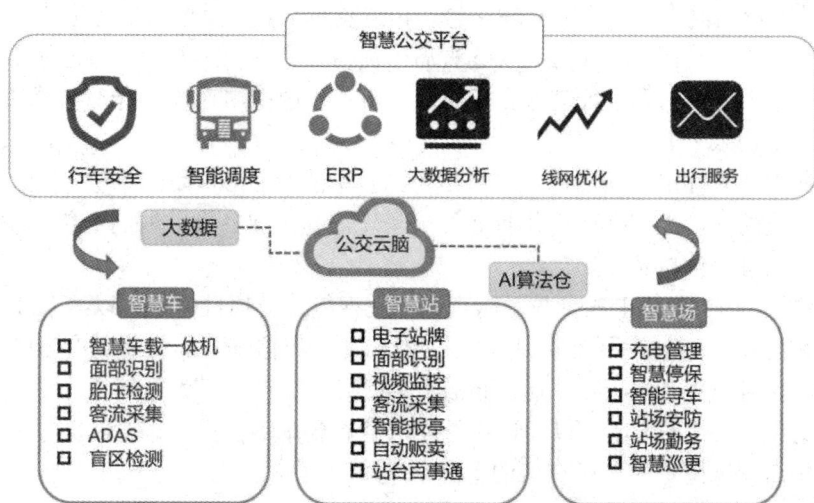

图 4-23 海信科技智慧公交平台

2015 年 8 月，青岛真情巴士集团有限公司和海信科技网络有限公司联合打造了"智慧公交·青岛智造"真情巴士智慧公交项目。海信科技为真情巴士打造的智慧公交管理平台架构如图 4-24 所示。

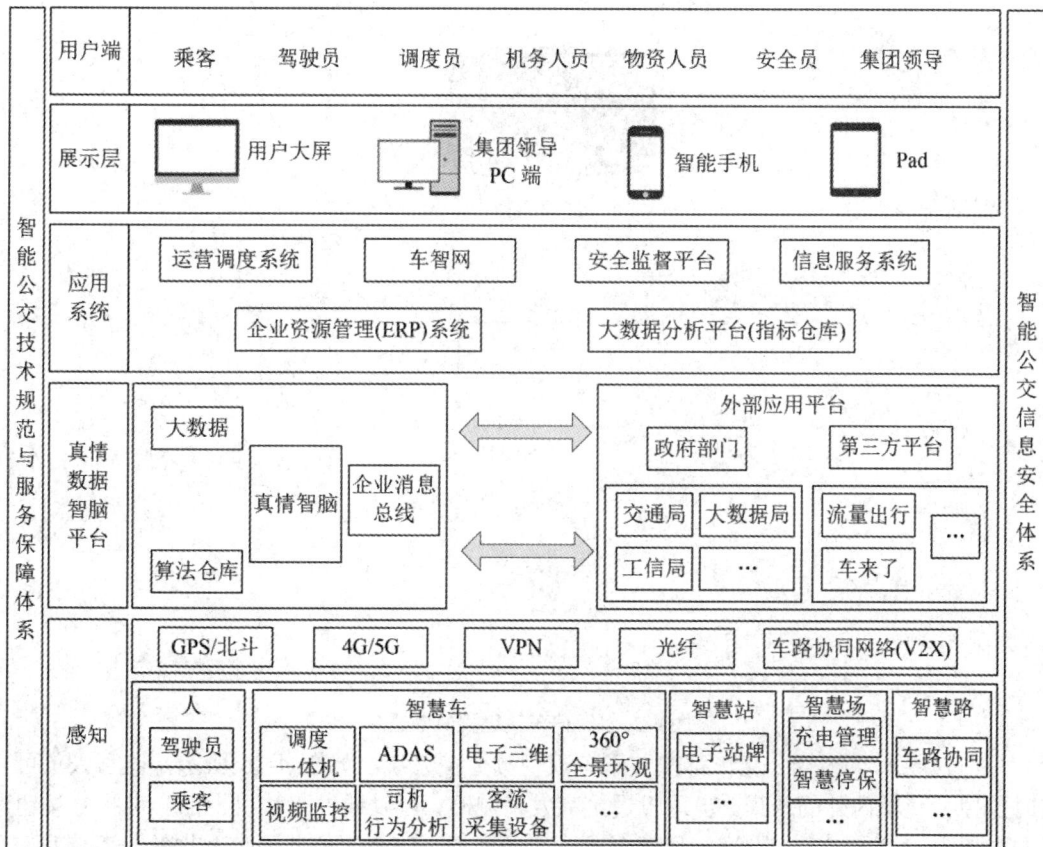

图 4-24 真情巴士智慧公交管理平台架构

真情巴士"车智网"智慧公交管理平台，相继发布了 6 项产业联盟标准，入选山东省数字地图公交行业唯一案例，连续三次入选青岛市优秀大数据应用案例。通过使用平台，累计实现安全运行 2.8 亿千米无重大交通责任事故，责任事故费用连续 3 年管控在 0.05 元/千米以内，比行业平均水平低 30%以上。

海信在业内率先提出数据应用三中台战略，打造融合企业 KPI 管理指标的真情数据中台，实现多维度的交通大数据可视化且多终端呈现，为企业各类数据的汇集、呈现、分析、分享、场景应用等提供技术支撑。

海信科技于 2018 年初正式参与了南京溧水区智能公交项目建设，以"互联网＋公交"的新模式，对溧水传统公交系统进行整体智能化改造。海信开发的智能调度系统实现了对车辆运营数据的实时采集。这些数据通过系统分析，可以获得关于人员配置、发车密度等运营相关的直观结果，调度人员还可以通过系统实时地看到车辆位置、驾驶员状态以及乘客客流分布情况，从而制定出更加科学有效的管理决策。

通过系统自动调度的发车率已达到了 90%以上。而应用了智能调度系统后，调度员单人的调度发车能力由原先的 30 辆提升到 100 辆以上，工作效率提升了 3 倍。

如图 4-25 所示，海信车辆远程监控平台可以远程对车辆的安全性能进行实时监管，例如电池故障、胎压异常等故障，都能够自动发出弹窗报警，避免因车辆内部故障而导致的交通安全事件发生。

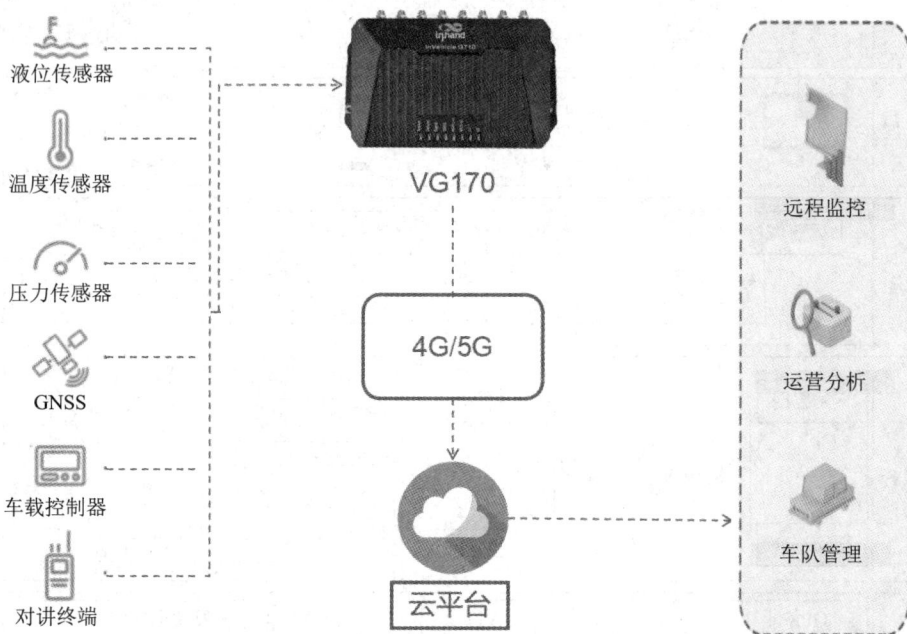

图 4-25　海信车辆远程监控平台

海信为溧水 477 辆公交车都安装了车载视频监控系统，如图 4-26 所示，监管人员可以实时监控公交车内外的场景。当司机遇到突发情况时，可以通过车载机上的一键报警按钮即时向指挥中心发出提示，监管人员便会通过视频监控、GPS 定位监控等掌握第一手信息，及时向 110 报警并报告车内动态，便于警方及时处置，保障车辆安全与乘客安全。

图 4-26　车载视频监控系统截图

拓展阅读　最长的沙漠高速——京新高速

100 年前，孙中山先生在《建国方略》中有一个宏大的设想，"建设一条东起北平，途经阿拉善，西至迪化的进疆大通道"。百年之后的现在，通疆大道之梦终于得以实现：京新高速公路，全长 2540 km，2012 年 9 月开始动工，2021 年 6 月全线建成通车。

2004 年 12 月 17 日，国务院审议通过《国家高速公路网规划》。京新高速是《国家高速公路网规划》的第六条放射线，后在《国家公路网规划(2013 年—2030 年)》中调整为第七条放射线，编号为 G7。京新高速贯穿北京、河北、山西、内蒙古、甘肃、新疆 6 个省区市。道路贯通后，构筑了一条从祖国北部进入新疆的最快捷大通道，开辟了一条新疆霍尔果斯口岸至天津港的北部沿边最快捷出海通道，如图 4-27 所示。

图 4-27　京新高速路线规划图

　　京新高速的临河至白疙瘩段全长 930 km，线路横贯巴丹吉林、腾格里、乌兰布和三大沙漠全境，是世界上穿越沙漠最长的一段高速路。在修建这段公路时，工人们面临着沙漠极端高温天气、严重缺水、沙暴、缺电、缺补给等种种困难。

　　首先，工人们的生存环境极为恶劣。京新高速途经沙漠无人区，如图 4-28 所示，那里夏天最高温可高达 40℃，再加上极端缺水，建筑工人们几乎每天都流鼻血。为保证顺利完工，很多工人都不舍得用水洗澡，想吃新鲜的蔬菜需要去 300 km 外的额济纳旗购买。其次，沙漠里没有电力设施，工人们只能随身携带发电机，修建时大大小小的发电机加起来有 300 台。最后，沙漠中最常见的就是风沙问题。一年中临白段有 60%以上都是风沙天气，最高能达到十级风力，风沙中还伴随有碎石，打在工人身上和施工设备上，工人们只能穿着军大衣戴着帽子和口罩工作。

图 4-28　京新高速照片

　　沙漠修路是和治沙同步进行的。修路过程中治沙工人发明了草方格治沙方法，在沙漠中画出一个个方格子，就能有效阻拦风沙蔓延，同时在高速公路两边，还铺设了大量石子，并且种植了耐干旱的植物。在多种措施的配合下，我国成功在高速公路两旁构建起阻沙带，如图 4-29 所示。短的阻沙带数十米，长的则达到上百米，在很大程度上解决了风沙问题。

图 4-29　高速公路两旁的阻沙带

　　戈壁生态环境脆弱，在施工的同时，设计方注重环境保护问题。工程队在固沙方格内种上了花棒、红柳、白蜡等沙漠植物，道路两旁形成植被群，有效治理了路基的扬沙问题。在戈壁，施工修路需要先从荒秃的山包取土，随后整理、复垦成平地，撒种适应当地气候的草籽培植植被，取土的同时增加了牧场。线路设计特别注意合理避让，途经哈腾套海、东阿拉善、乌力吉等自然保护区的尽量从试验区穿过，胡杨林自然保护区段从距保护区外围 1 km 穿过。途经 70 km 长的额济纳绿洲段，路基采用了整体式断面。为减少对戈壁、沙漠、绿洲等景观破坏，沿途设置了必要的观景台。

　　为保护野生动物，沿线专门修建了供野骆驼等野生动物迁徙的过道桥涵、环保隔离栅栏和大量野生动物饮水点，尽量减少对环境的影响。为保护野生动物迁徙，临白段建设过道桥涵 450 多座、环保隔离栅 300 多千米。明水(甘新界)至哈密项目段，专门修建了 20 多条野生动物迁徙通道，如图 4-30 所示，并开展了荒漠戈壁高速公路建设野生动物保护关键技术研究。为方便相关区域野驴、马鹿等动物迁徙，梧桐大泉至木垒段施工共设计 62 处动物迁徙通道，其中包括两处铁路桥在最上方、动物迁徙通道位于中间、高速公路在最下方的三层立体交叉通道。

图 4-30　野生动物迁徙通道

课 后 任 务

任务一　基础任务

1. 监控与调度系统主要由＿＿＿＿＿＿＿＿＿、＿＿＿＿＿＿＿＿＿、＿＿＿＿＿＿＿＿＿和

_____组成。

2. 智能公交系统的子系统中，最核心、最关键的子系统是(   )。

A. 监控与调度子系统   B. 信息服务子系统

C. 营运信息管理子系统   D. 辅助决策子系统

3. BRT 相对于普通公交车来说，有什么优势？

任务二　能力提升任务

公众使用公共交通的出行需求限制着公共交通的发展，你对于自己家乡的公共交通情况满意吗？你认为自己家乡的公共交通存在哪些需要改进或改善的地方？试针对这个目标设计一份调查问卷。

任务三　专创融合任务

通过各种渠道随机发放调查问卷，回收至少 30 份以上的有效答卷。根据调查问卷的回答情况，通过信息检索的方式收集相关资料，撰写一份调查分析报告，评价家乡的公共交通发展水平，分析公共交通的缺陷和需要改进的地方，并尝试探讨改进公共交通服务质量的方法。

任务五　智慧高速公路

2022 年，上海市正式发布《上海市智慧高速公路建设技术导则》(以下简称《导则》)，积极响应《交通强国建设纲要》《数字交通发展规划纲要》《长江三角洲区域一体化发展规划纲要》等国家战略布局。《导则》中明确上海市智慧高速总体发展目标和发展要求，创新提出 L1～L4 的智慧高速建设等级，规范了上海市智慧高速建设的整体架构。同时，上海已经启动 S32 公路、G60 公路上海段、G15 公路嘉浏段等智慧高速示范工程的建设。什么是智慧高速公路？它的基本特征是什么？它和传统高速公路有什么区别？

本任务要求学习者了解智慧高速公路的发展背景、基本特征，认识智慧高速公路的关键技术，结合智慧高速公路的架构及功能需求，分析如何通过网联化和智能化关键技术实现智慧高速的功能，进一步思考和讨论不同场景下智慧高速公路的架构及实现方式。

任务目标

1. 了解智慧高速公路的关键技术；
2. 分析智慧高速公路的发展趋势；
3. 探讨未来智慧高速公路的架构以及实现方式。

主要知识点

1. 智慧高速公路的发展背景；
2. 智慧高速公路的特点及技术体系；
3. 智慧高速公路的应用场景及关键技术。

5.1　智慧高速公路的发展背景

受限于土地供给、环保要求等刚性约束条件，我国东部地区已不可能再继续采用大规模建设高速公路的发展模式，避免经济发展再次遭遇"瓶颈制约"，是整个交通运输行业需要面对的难题。建设智慧高速公路，有效提升高速公路通行能力，成为当前和今后一个阶段我国高速公路建设的必然选择和重要方向。

2018 年 2 月，交通运输部正式在北京、河北等 9 省市开展了智慧公路试点工程建设，在国家层面拉开了智慧公路建设的序幕。2019 年 9 月，中共中央、国务院印发的《交通强国建设纲要》明确提出推动新一代信息技术、人工智能、大数据等前沿科技与交通行业深度融合式智慧交通发展的方向，《国家综合立体交通网规划纲要》以及交通运输部印发的《数字交通"十四五"发展规划》《交通运输领域新型基础设施建设行动方案(2021—2025年)》《公路"十四五"发展规划》等，都把数字化、信息化和智慧交通作为重要的发展方向，江苏、吉林、四川等省份在智慧高速公路的建设过程中，也提出了地方性的智慧高速公路建设指南。近期智慧高速公路建设的重点方向是依据车路协同技术开展自动驾驶示范工程建设，这不但需要满足高等级网联车辆的自动驾驶测试需求，而且需要提高高速公路管理水平和服务质量。

智慧高速公路是指在高速公路沿线布设相应的设施设备，并建有交通运行控制中心，集成应用感知、通信、信息、云计算、大数据、人工智能和绿色能源等先进技术，实现汽车更加安全、快速和绿色行驶的高速公路。《智慧高速公路建设总体技术要求》(征求意见稿)中关于智慧高速公路建设总体框架的要求如图 5-1 所示。

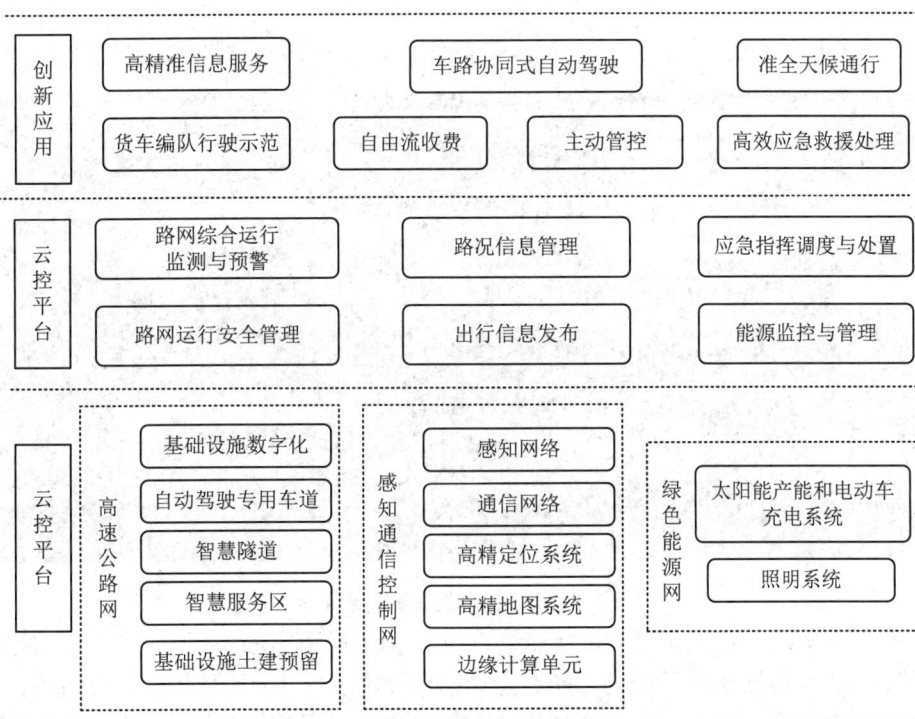

图 5-1 智慧高速公路建设总体框架

值得注意的是，智慧高速公路的基础和本质是高速公路，不是一个管理控制系统或者管理服务体系。智慧高速的概念是在智能交通综合定义的基础上，针对高速公路管理与运营服务水平提升而提出的概念，是随着互联网、大数据、云计算等现代信息技术的发展，以及高速公路信息化的不断演进逐渐形成的，其本质是利用现代信息技术赋能公路基础设施。

5.2 智慧高速公路的特征及技术体系

国内高速公路经历了数字化、网络化阶段，正在迈向智能化的大门。与传统道路管理相比，智慧高速公路最大的特征在于以实现更加安全、快速、绿色的公众出行和货物运输为根本目标，这也是智慧高速公路的根本性特征。强调对现有技术的集成应用，通过集成应用感知、通信、信息、云计算、大数据、人工智能和绿色能源等先进技术，来实现其整体智慧能力，是智慧高速公路在技术支撑方面的最显著特征。对正在发生的道路交通颠覆性变革具有先导和引领作用，具体表现在智慧高速公路支持自动驾驶技术应用落地，探索车、路、云协同，网联与智能的结合，智能的车与智慧的路的结合，从而构建立体的智能交通体系，这是对智慧高速公路的时代性要求，也是智慧高速公路表现出具有先导和引领道路交通颠覆性变革的鲜明特征。

5.2.1 智慧高速公路的技术特点

智慧高速公路的技术特点包含全面感知、智能分析、协同运行、自主决策、瞬时响应和精准管控，如图 5-2 所示。

图 5-2 华为提出的智慧高速愿景

(1) 全面感知：具备对高速公路及沿线设施、承载车辆、运行环境、作业活动等进行全面、智能、实时、准确感知的能力，能够主动感知设施设备、交通环境、作业活动、交通流运行状况等，为后续的自主决策、瞬时响应和精准管控提供数据支撑。

(2) 智能分析：具备对各种感知手段获取的群体信息与个体信息、历史信息与实时信息等多源信息，在一定准则下进行智能融合分析的能力，有助于识别异常，并支撑后续的自主决策。

(3) 协同运行：具备高速公路路段内不同业务之间、高速公路路段之间、高速公路与普通道路之间、高速公路与载运工具之间，以及高速公路与交通参与者之间实现互联与协同联动的能力，有助于提升管理效率和服务水平。

（4）自主决策：具备利用机器学习技术开展高速公路异常事件自主学习的能力，针对高速公路运行异常进行实时运算，精准推测发展轨迹和结果，快速提出最有效的行动方案的能力，全面提升高速决策水平。

（5）瞬时响应：具备实时感知应急事件的发生、迅速判断应急事件的级别、瞬时生成详细处置方案、快速调动应急处置资源的能力，全面提升高速公路的应急处置水平。

（6）精准管控：具有高速公路全面的感知能力和路网异常运行的识别能力，具备主动开展路段级、车道级、车辆级精准化管控的能力，全面提升高速公路的管控水平，使车辆安全、有序、畅通地运行。

5.2.2　智慧高速公路的技术体系

智慧高速公路的技术内涵，集中体现为如何建设"三网合一"智能基础设施和云、边、端协同的云控平台。其中"三网合一"智能基础设施是指高速公路网、感知通信控制网、绿色能源网三个网络化基础设施叠加融合所行车的高速公路基础设施。

智慧高速公路技术架构包括云(云控平台)、边(边缘计算设施)、端(路侧设施)三个层次。

（1）区域或路段级智慧高速的技术架构"云"即基于云计算技术构建的路网级和区域或路段级的云控平台，包括云控平台的计算机系统设备，如计算、存储、网络、安全设施等，以及智慧设施、智慧管控、智慧服务和智慧决策等相关应用。华为提出的一体化视频云联方案如图5-3所示。

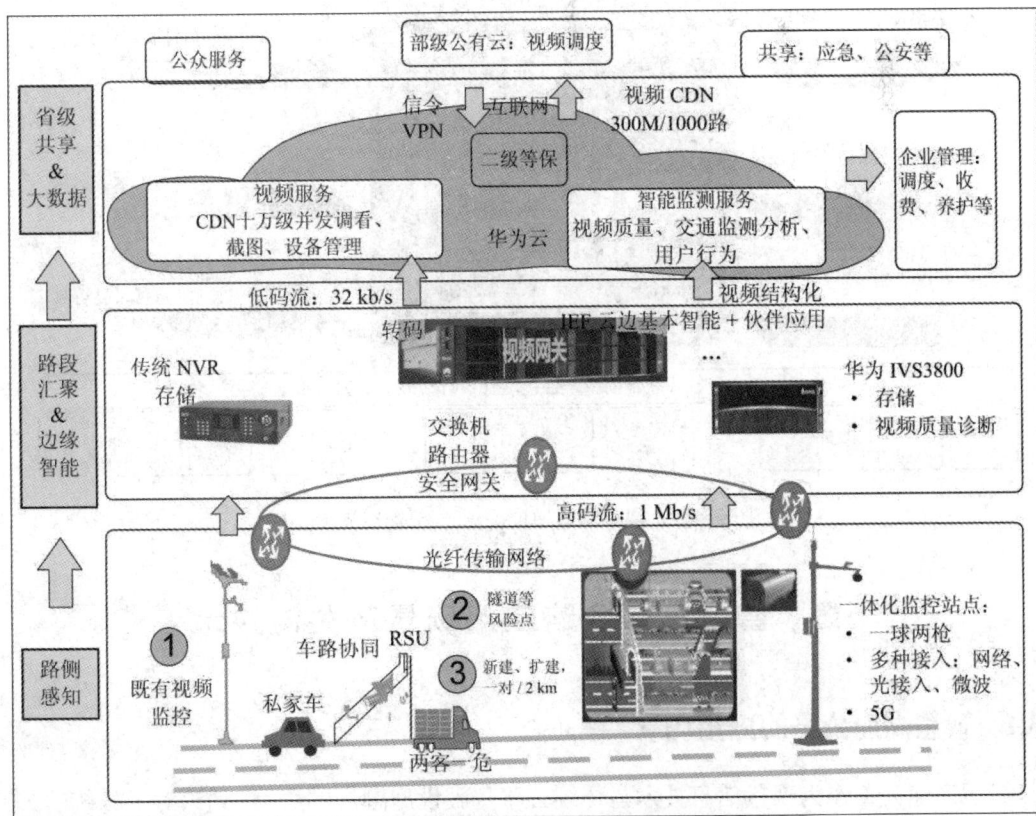

图 5-3　华为提出的一体化视频云联方案

智慧高速云控平台应用包括但不限于：

① 智慧设施应用包括路面病害识别、桥梁健康监测、隧道健康监测、设施运行监测、养护作业监管等；

② 智慧管控应用包括事件动态监管、动态车道管控、平滑限速调节、出入协同控制、重点车辆监管、应急处置管理、车路协同等；

③ 智慧服务应用包括 ETC 联网收费、伴随信息服务、公路行车安全引导、智慧服务区等；

④ 智慧决策应用包括政策辅助决策和业务辅助决策等。

(2) "边"即边缘计算设施，可用于路侧视频、微波检测器、雷达等感知设施的信息汇聚和处理，可变信息发布牌、RSU 等设备的控制，也包括收费站系统。

(3) "端"即路侧设施，包括感知设施、出行服务设施、收费设施等 3 类：

① 感知设施用于对人、车、路、环境、设施等感知，包括视频、雷达、气象与环境监测设施、路面病害监测设施、桥梁健康监测设施、隧道监测设施、作业车辆监管设施、作业人员监管设施和"四类设施"监管设施等。

② 出行服务设施主要包括可变信息发布牌、公路行车安全引导装置、RSU 发布设施、车载终端和其他信息服务终端等。

③ 收费设施主要包括 ETC 门架及收费车道的各类收费设施。华为提出的集成型一体化路侧感知智慧杆如图 5-4 所示。

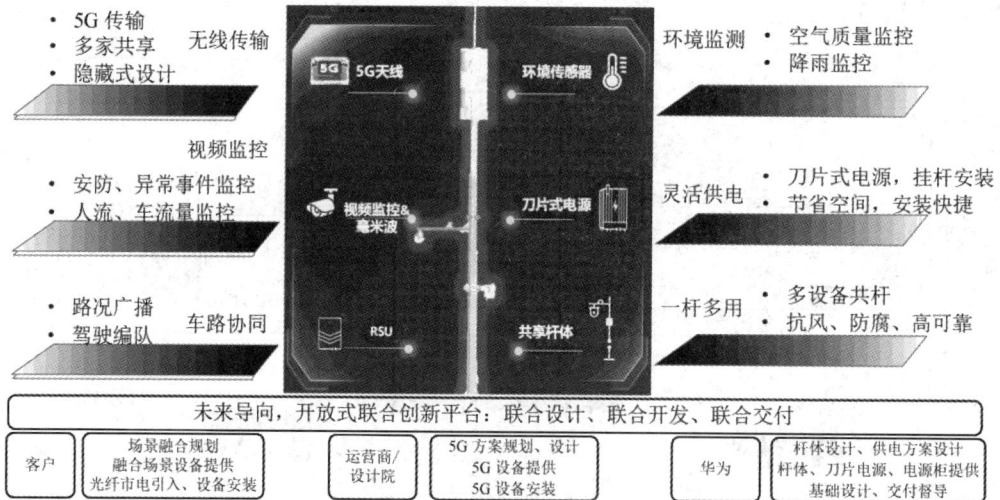

图 5-4　新型路侧感知设备——一体化智慧杆

5.3　智慧高速公路应用场景及关键技术

5.3.1　智慧高速公路的应用场景

智慧高速公路作为现代信息技术与传统公路基础设施融合的产物，无论对于传统的公路行业从业者还是新兴的信息技术企业，都是新的挑战。各地对智慧高速公路的理解和认识存在较大差异，建设过程中采用的技术路径、建设方案和建设内容也不尽相同。经过几年的探索，目前各地智慧高速公路建设方案有优化升级的趋势，开始从最初各自侧重于专项试点向综合性整体示范转变，逐渐形成了包括全要素感知、全天候通行、全过程管控、全方位服务，以及车路协同与自动驾驶等建设内容。

1. 全要素感知

全要素感知包含公路主体及附属设施监测、交通运行状态监测和公路气象环境监测，主要是融合应用多种监测设备实现人、车、路、环境的状态感知，为全天候通行、全过程管控、全方位服务，以及车路协同与自动驾驶提供数据支撑。图 5-5 给出了全要素感知的框架。

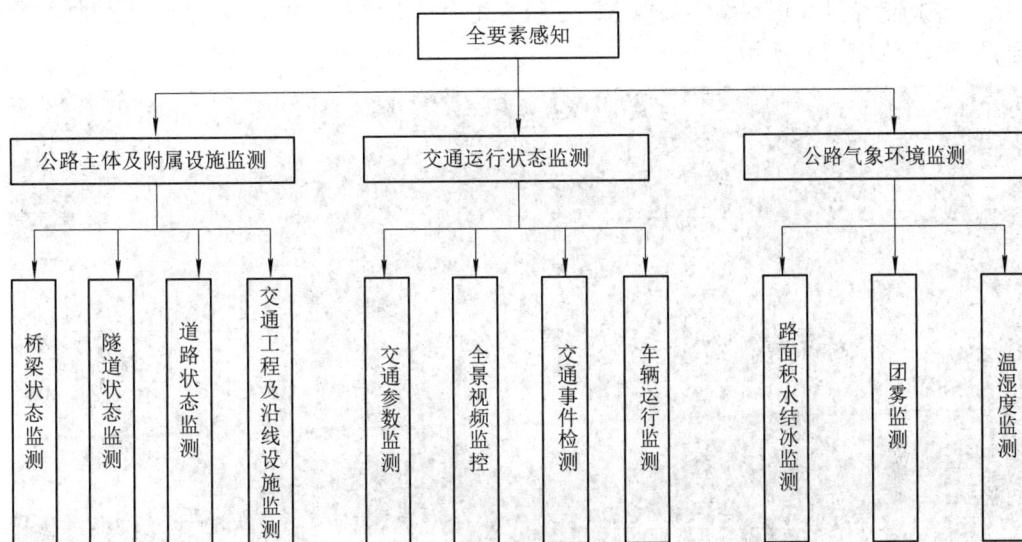

图 5-5　全要素感知框架

(1) 公路主体及附属设施监测主要包含基础设施状态监测(桥梁状态监测、隧道状态监测、道路状态监测等)、交通工程及沿线设施状态监测，此类数据主要为开展公路主体及附属设施的养护和运维提供数据支持。

(2) 交通运行状态监测主要包含交通参数监测、全景视频监控、交通事件检测及车辆运行监测，此类数据主要为制定路网管理措施、开展指挥调度与应急救援、发布交通信息等提供数据支持。

(3) 公路气象环境监测主要包含路面积水结冰监测、团雾监测以及温湿度监测等，此类数据主要为恶劣天气预警、安全信息提示等提供数据支持。

2. 全天候通行

雾天行车引导系统，通过控制车辆间距和行车速度保障雾天行车安全。雾天行车引导系统由引导装置、交通数据采集设施、能见度监测设备等组成。引导装置含发光显示组件，交通数据采集设施可集成至引导装置中，布设在易发生团雾且道路线型较差的路段。引导装置应安装于公路两侧护栏上，交通流量较大时可安装于车道线上。雾天行车引导系统应具有公路轮廓或车道线强化显示模式、行车主动引导模式和防止追尾警示模式。

在冬季易积雪结冰且容易引发交通事故的路段布设智能消冰除雪装置，该系统根据气象监测数据、路面温湿度监测数据自动开启工作模式，实现路面冰雪快速融化。系统主要采用特殊路面材料降低路面结冰点、埋入发热电缆装置(埋入式)或配备自动喷洒融雪剂装置(路侧式)实现智能消冰除雪的功能。

3. 全过程管控

全过程管控能面向公路全寿命周期实现建设管理、运行监测、应急指挥、养护管理、收费管理、决策支持等主要功能，相关功能可集成至云控平台。基于 GIS+BIM 技术、远程监控量测设施和大数据分析技术，通过数字模型实现道路状态监控、设备管理、场景仿真，为道路后续运行、改进和维护提供精准、实时、个性化的决策，实现道路系统全生命周期管理。典型的智慧高速管控系统如图 5-6 所示。

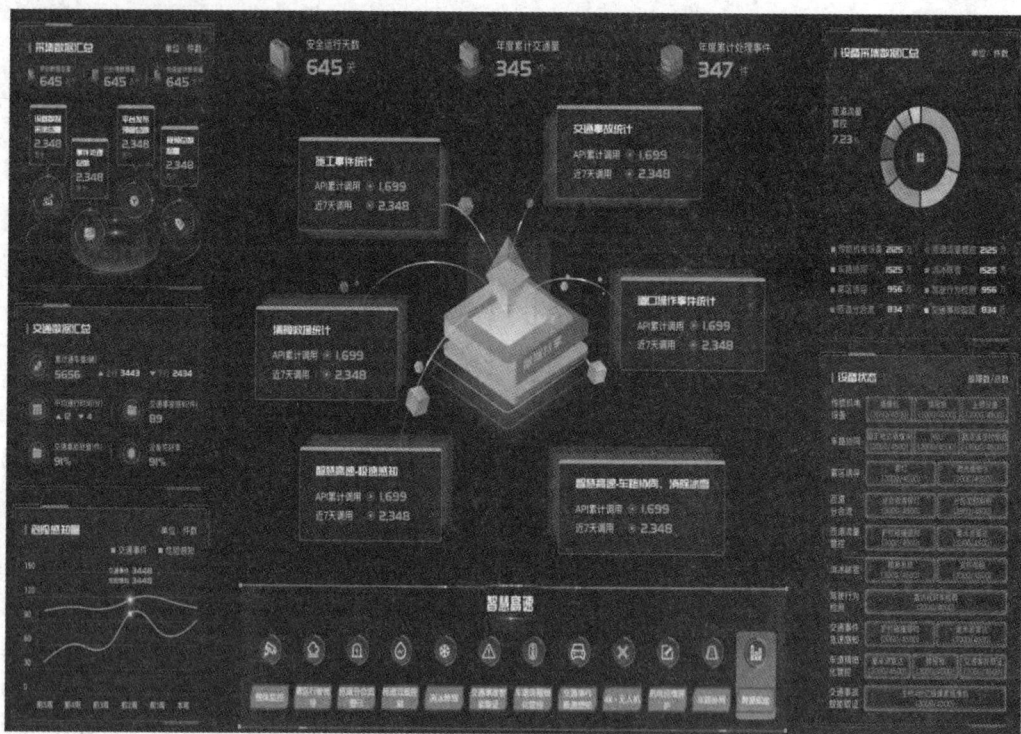

图 5-6　智慧高速管控系统

4. 全方位服务

全方位服务主要包括：

(1) 车道级服务：通过主线控制、匝道控制、匝道分合流服务等功能，实现车道级服务，用于解决特殊时段主线和匝道拥堵严重、影响车辆正常行驶的问题，实现车辆运行效率的最大化，提高关键路段和节点的通行能力与安全性。

(2) 自由流收费：对原有的高速公路收费系统进行技术革新，提高收费便捷性。

(3) 出行信息发布：通过智能终端实现伴随式信息服务，实时发布交通引导、管控措施方案，为车辆提供沿线服务区服务信息，提高管控措施实施效果、信息服务水平，主要用于实现出行前、出行中、出行后的全出行链服务，提升公众获得感。

(4) 智慧服务区：依托智慧高速数据采集和分析能力，深度挖掘用户对服务区的需求，打造智慧型服务区一体化的管理平台，通过信息推送手段向公众提供路况、预约、便捷服务等，满足公众出行服务需求。智慧服务区通过实现智慧停车、智慧餐厅、智慧厕所、新能源供电等功能，提升公众在服务区的出行体验，如图 5-7 所示。

图 5-7 智慧服务区

5. 车路协同与自动驾驶

智慧高速公路近期建设重点之一是实现车路协同，即在路段沿线配置智能感知设施和车路通信设施，支撑安全辅助驾驶，不仅能提高自动驾驶车辆的安全性，还能提高道路运输效率。车路协同是一个广义概念，包含了车路(含车车)间信息或能量交互，及其所支撑的信息服务、交通管理以及车辆调度与控制功能。自动驾驶汽车已成为全球发展趋势，自动驾驶汽车将带动我国整个汽车行业发生改变，颠覆性地重构消费者的出行体验。自动驾驶中的感知、规划和控制等技术的发展将掀起一场交通变革的技术革命，但单车智能设备过于昂贵难以大面积推广，因此业界普遍认为"聪明的车"+"智慧的路"是可行的解决方案，即车路协同式自动驾驶是高速公路实现自动驾驶的可行路径。

5.3.2 智慧高速公路的关键技术

智慧高速公路的解决方案是面向需求的，不同的发展阶段、不同的方案采用的技术存在差异，当前应用的技术包含从感知、信息传输、数据融合到云平台搭建等多个方面，涉及大数据、物联网、云计算及人工智能等多个领域。由于篇幅有限，本书仅介绍部分关键技术。

1. 毫米级微波雷达

在高速公路、公路隧道、高速收费站、城市路口等多个业务场景中，特别是在雨雪雾霾等恶劣天气条件下，采用毫米级微波雷达波束获取道路交通车流、人员等目标的相对距离、速度、角度及运动方向等物理信息，对目标进行分类和跟进。毫米级微波雷达具有穿透雨雪烟雾、不受光线和光照影响、测量精度高、探测距离远的特点，具备全天候全域探测和多目标连续跟踪能力。

2. 车路协同

车路协同系统采用 5G、云计算、大数据、物联网、人工智能等先进信息技术手段，实现车路、车车之间的实时动态信息交互，目标是通过协同人、车、路与环境，保障交通安全，提高交通效率，构建高效、环保、安全的道路交通体系。车路协同技术是智慧高速系统的有机组成部分，是未来智慧高速的重要发展方向。

3. 数字孪生技术

数字孪生技术通过前端海量感知设备对数据进行采集，对源数据进行融合分析，以 GIS 地理信息图像为基础，通过高分辨率大屏显示环境，整合高速公路外场设备、道路信息、数据等资源，以可视化的方式将高速公路交通运行状况、突发事件、设备运行情况等通过"一张图"的方式呈现，为建设、运营、服务全生命周期的场景应用提供统一服务。

(1) 在规划设计阶段，主要结合 BIM＋GIS 技术，依托智能三维模型提供更加优化的设计方案、更加精准的工程量核定与预算核定，同时支持对相关设计方案的实时模拟应用，有效提高规划设计质量。

(2) 在工程建设阶段，结合 BIM 模型进行在线施工模拟，提供更加优化的施工方案与施工计划，同时支持全方位的智能监测应用，为工程建设保驾护航。

(3) 在综合管养阶段，结合先进的人工智能(Artificial Intelligence, AI)技术提供桥梁、隧道、机电设备等养护分析数据，进行智能运维诊断、智能监测预警、智能评定决策，打造高效协同的运维管理手段。

(4) 在交通运行管控阶段，深度结合物联网技术，对交通运行状态进行全息感知、精准管控，为交通事故风险提供有效的应急协同及决策支持。

(5) 在公众服务阶段，为行驶车辆提供更加便捷的车路协同应用，构建更加多维的 AI 信息服务和智能控制体系。

4. 边缘计算

随着视频云联网、路面全息感知业务的发展，在智慧交通路侧的数据量越来越大，处理延迟和数据隐私越发敏感，因此需要在终端设备或网络边缘侧就近分析处理，这就催生了边缘计算技术的发展。边缘计算的出现使得在边缘可以进行更多的数据处理，从而减少向云侧传输信息，它既能大大减少传输到云侧的网络流量和相关成本，也能保证数据传输效率。此外，它还能通过中心云对边缘设备进行配置、部署和运维，并能够根据设备类型和场景分配智能的能力，从而让智能在云和边缘之间合理分配和流动，促进资源的有效利用。

5.4 我国智慧高速试点现状

国内智慧高速公路尚处于起步探索阶段，试点多聚焦于新建高速，落地项目少，成熟、可快速落地的经验还很少。2017 年 2 月，交通运输部正式启动"新一代国家交通控制网和智慧公路示范工程"，决定在北京、河北、吉林、江苏、浙江、福建、江西、河南、广东九省(市)加快推进新一代国家交通控制网和智慧公路试点。

2018 年 2 月，交通运输部发布《关于加快推进新一代国家交通控制网和智慧公路试点的通知》，提出试点主题重点但不限于基础设施数字化、路运一体化车路协同、北斗高精度定位综合应用、基于大数据的路网综合管理、"互联网+"路网综合服务、新一代国家交通控制网等六个方向。

在试点主题的要求下，各省份结合自身特色，务实拓展试点内容，积极推进智慧公路试点建设工作，试点工程清单如表 5-1 所示，具体试点任务如表 5-2 所示。

表 5-1　试点工程清单

试点方向	试点省/市(区)	试点路段	建设思路
基础设施数字化	北京、河北、河南、浙江	延崇高速(北京)、京雄高速(河北)、机西高速(河南)、杭州绕城西复线(浙江)	公路设施资产动态管理系统；基础设施智能监测传感网
路运一体化车路协同	北京、河北、广东	延崇高速(北京)、京雄高速(河北)、广乐高速(广东)	路侧系统智能化升级；5G/5.8G无线通信技术；探索路侧智能基站应用
北斗高精度定位综合应用	江西、河北、广东	昌九高速(江西)、京雄高速(河北)、广乐高速(广东)	建设北斗高精度基础设施；高速公路收费应用研究；应急救援一体化管理系统
基于大数据的路网综合管理	福建、河南、浙江、江西	大数据中心(福建)、机西高速(河南)、杭州绕城西复线(浙江)、昌九高速(江西)	智能化管理决策平台；运行监测和应急反应能力；互动式现场信息采集；路网运行监测系统建设
互联网+路网综合服务	吉林、广东	珲乌高速(吉林)、广乐高速(广东)	不停车移动支付技术；服务区增值服务；高速公路动态充电示范；精准气象感知及预测
新一代国家交通控制网	江苏、浙江	常州城市路(江苏)、杭州绕城西复线(浙江)	城市公共交通及复杂交通；安全辅助驾驶、车路协同；封闭测认区和开放测试区

表 5-2　具体试点任务清单

省/市(区)	试点路段	智慧高速试点任务
山东	济青中线高速公路	1. 充分利用 OBU(On Board Unit，车载单元)卡、龙门架、ETC 系统等设备设施，加强交通运输大数据开发应用； 2. 建设感知系统、决策系统、管理服务系统，推动高速公路车路协同、信息交互、数据共享
雄安新区	京雄高速公路	1. 建设数字化智能交通基础设施； 2. 探索电动汽车无线充电； 3. 打造适应自动驾驶、车联网技术的智慧高速公路
浙江	杭州绕城西复线、沪杭甬等高速公路	1. 充分利用现有高速公路联网收费系统，探索研究基础设施数字化、车路协同设施建设、云控中心接口、高速行驶专用车道建设等领域； 2. 建设深度泛在的全息感知系统、立体快速的通信网络系统、新型多元的能源供给系统，加强 ETC 车载设备在智慧高速中的应用； 3. 搭建智慧云控中心，打造交通安全精准管控系统、车道运输组织创新系统，探索货车编队运输、雾天行车引导等

省/市(区)	试点路段	智慧高速试点任务
江苏	沪宁高速公路、五峰山高速	1. 加快建设车路协同、自动驾驶封闭和开放测试区，推动智能网联汽车、自动驾驶相关产业发展； 2. 打造智慧交通基础设施，加大5G、高分辨率遥感等新技术在交通运输领域的应用力度； 3. 加强智慧管控力度，构建覆盖全省的"智慧路网"云控中心。研究建立高可靠性公路货运系统，推动自动驾驶、自动编队等技术应用，加快运输组织模式创新
贵州	贵安复线	1. 通过1~2年，完成贵安复线智慧高速建设方案，发布贵州智慧高速公路建设指南； 2. 通过3~5年，构建一张智慧高速车路信息感知交互网，构建一套智慧高速大数据支撑平台，构建分别面向管控决策、出行服务、建设养护、车路协同的智慧高速公路应用系统； 3. 编制贵州智慧高速公路设计、建设、运营养护技术标准体系
广西	南宁沙井至吴圩公路	1. 积极开展车路协同及自动驾驶技术应用，构建云控中心及交通控制平台； 2. 建设智慧服务区。以5G泛在物联为重点，利用边缘计算、云计算、人工智能等技术，汇聚、分析以视频图像释义为主的服务区全态势大数据； 3. 形成公路智慧监测体系。通过高分辨率遥感、无人机、机器视觉、交通传感等监测方式，推动公路网基础设施、运行状况等全领域监测； 4. 打造5G公路专用通信网络和混合云雾计算平台，构建"智能交通大脑"，高效提供云端和边缘端应用，打造基础设施建管养运全寿命周期应用
吉林	珲乌高速	1. 近期形成客货车辆自动防碰撞系统、货运车辆超限超载自动熄火系统的关键技术及其产品； 2. 近期实现基于毫米波雷达、GIS和BIM技术的"两客一危"车辆安全数据分析及主动管控； 3. 远期实现高边坡、重点桥梁和长大隧道基础设施使用状态的实时监测及安全风险预警和管控。完成车辆自动防碰撞系统和货运车辆超限超载自动熄火系统试运营。形成成套的双重预防机制技术、工具和配套措施。完成弯陡路段外场终端实施，实现季冻区弯陡路段重载车辆安全行车主动管控，形成车辆安全智能管控相关技术应用指南等政策性成果
安徽	宁芜智慧高速	1. 基本实现主动式安全预警、伴随式信息服务、准全天候安全通行、可视化智能管控； 2. 在智慧港口和智慧高速公路的设计、建设、运营上取得典型经验； 3. 形成相关意见指南、标准规范
四川	成都绕城高速、成宜高速、成绵(扩容)高速	1. 积极推进智慧高速建设，提升区域高速公路智慧管理和智慧服务水平； 2. 开展智慧高速全路段车路协同应用； 3. 建设智慧高速云控平台，提升车路协同支持能力

从目前发展现状来看，我国智慧高速公路建设重点聚焦于交通安全、出行效率和节能环保方面，在建设理念上，更侧重于"服务"，更强调数据"共享"，更关注"质量"。如何利用先进的理念和技术提高存量高速公路的管理水平、应急处置能力、道路服务水平，我国在

这方面的探索工作做得比较少，尚未形成高速公路智能化提升的标准体系，需要社会多方参与，共同打造智慧公路服务体系。智慧高速发展依然任重道远。

5.5　应用案例——江苏省智慧高速建设试点工程

自 2020 年起，江苏省围绕《江苏智慧高速公路应用技术研究与工程示范》，已布局了342 省道无锡段、524 国道常熟段、沪宁高速、五峰山高速等一批智慧公路试点工程，围绕"全要素感知、全方位服务、全天候通行、全过程管控、全数字运营"，推动人、汽车、基础设施、环境等要素协同运行。江苏省智慧高速场景如图 5-8 所示。

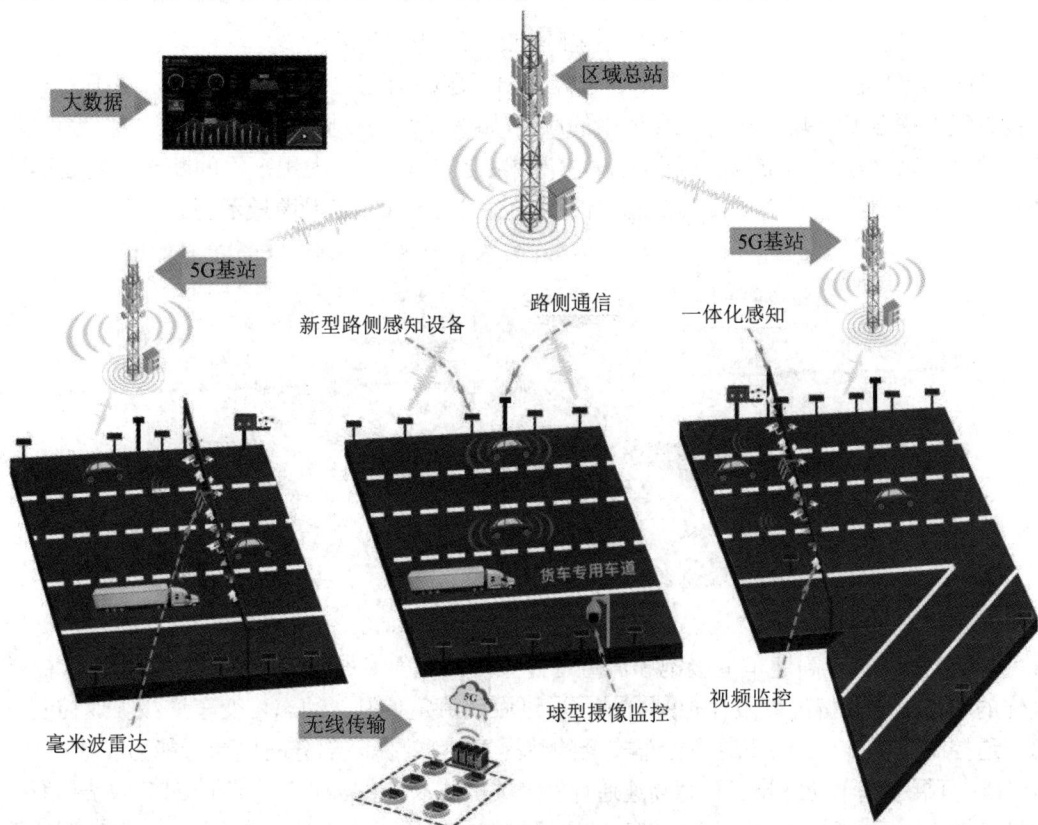

图 5-8　江苏省智慧高速场景示例

《江苏智慧高速公路应用技术研究与工程示范》主要开展八大专题研究：

(1) 开展"江苏省智慧高速公路建设规划"专题研究，明确江苏省智慧高速公路的分级标准和分阶段建设目标，提出和自动驾驶车辆 L0～L5 级相匹配的智慧公路基础设施发展阶段体系，从顶层谋划江苏省智慧高速发展路径及发展方向。

(2) 开展"智慧高速细颗粒度全景感知体系与基础设施数字化关键技术"专题研究，提出智慧高速公路路侧设施设备布设原则，同时考虑面向未来车路协同自动驾驶的智能路侧设备一体化布设方法，以便全面地将高速公路运行状态、道路环境、基础设施状态数据相融合，为驾驶人、车辆及道路管理提供数据服务支撑，图 5-9 给出了智能路侧设备应用场景示例。

图 5-9   智能路侧设备应用场景示例

(3) 开展"基于新一代通信技术智慧高速出行服务关键技术"专题研究，明确 5G 基站布设方案，探索 5G 技术在智慧高速中的应用(如保障路侧设施设备数据高效传输等)，研究基于移动互联网和车载 ETC 终端的公众信息精准发布单元，为用户不间断提供交通基础设施状况、交通引导、安全预警等信息，图 5-10 给出了 ETC 应用场景示例。

图 5-10   ETC 应用场景示例

(4) 开展"智慧高速车道级饱和流量管控关键技术"专题研究，提出基于路段通行能力最优的动态车道低偏离度限速控制方法，通过匝道流量控制、动态可变车道级限速控制、应急车道控制等措施，在保证道路行车安全的前提下，有效提高部分路段通行能力和通行效率。

(5) 开展"基于动态收费智慧高速通行保障关键技术"专题研究，基于 ETC 收费体系构建差异化收费体系，在流量大、饱和度高的区段实施高峰通行高费率，在流量小、饱和度低的区段实施平峰通行低费率，引导对价格敏感性高的车辆的行驶路径，实现路网流量均衡的效果。

(6) 开展"货车专用道及货车自动驾驶关键技术"专题研究，设置自动驾驶车辆专用车道，探索货车自动驾驶与编队驾驶的实现路径，如图 5-11 所示。

(7) 开展"车辆危险行为感知与识别关键技术"专题研究，构建路段主动安全管理体系，利用机器学习算法、边缘计算的方式建立高速公路车辆危险驾驶行为库，在事故未发生之前提前干预，保证路段交通事故下降。

(8) 开展"面向车路协同的沪宁智慧高速公路工程示范"，提出"基础设施网联化、出行服务定制化、货物运输自动化、营运管理智慧化"4 大类 19 项实施项目，全面推动智慧高速创新样板工程，支撑交通强国的发展。

图 5-11　货车自动驾驶与编队驾驶示例

通过建设，到 2022 年，江苏智慧高速公路示范路段通行效率提升 10%，交通事故下降 10%，路侧感知探测覆盖率达 20%，初步实现可感知、车道可控制的智慧高速公路；到 2025 年，路段通行效率提升 15%，交通事故下降 20%，货车通行速度提升 5%，能初步具备货车进行 L3 级别自动驾驶的行驶条件，具备路侧与车辆通信交互的条件，实现更高质量的智慧高速。

拓展阅读　沪杭甬智慧高速

沪杭甬高速公路是浙江开建的第一条高速公路，全长 248 km，于 1998 年全线建成通车，素有"浙江第一路"之称。自建成通车以来，沪杭甬高速公路浙江段的车流量以年均约 20% 的速度增长，日均通行车辆接近 6 万辆次，成为全国最繁忙的高速公路之一。2000 年，为缓解日益紧张的交通状况，并且为杭州亚运会提供一条顺畅的过江通道，浙江省作出了改建沪杭甬高速的决策。同时，启动沪杭甬高速智慧化提升改造工程，建成浙江省首个智慧高速大数据分析平台及配套应用场景智慧算法，在试点路段基本实现了主动发现、主动管控。

沪杭甬高速计划首先打造智慧高速大数据云平台，在部分路段试点开展基础设施数字化、车路感知协同化、数据处理智能化、出行服务精准化、客货运输绿色化、关键技术产业化等改造，突出道路信息、智能、智慧引领，进一步提升驾驶员的获得感、舒适感和安全感。

2018 年，"沪杭甬高速智慧化提升改造项目"正式启动，到 2020 年底项目一期基本建成通车。其中，智慧高速云控平台运用多流计算引擎、算法引擎，整合高速路网、收费网、能源网、互联网等信息，与交警、路政、消防、医疗等多个部门快速联动处理，有效实现"一张网、一流程，一平台、多融合"的一体化协同管控平台。图 5-12 所示为沪杭甬高速指挥调度系统。

同时，智慧高速云控平台，通过智能分析决策引擎和交通态势感知系统，以及离线计算、流计算、机器学习，搜索引擎、对象存储、云关系型数据，满足沪杭甬大数据处理、分析、挖掘、管理和应用等需求；通过虚拟化管理平台建设，满足对计算和存储资源的动态需求；通过与第三方大数据平台的数据对接，实现人、车、路数据的互联共享；通过利用沪杭甬高速公路各类数据开发构建沪杭甬高速公路的公共中间数据层，实现数据的清洗和预处理，并完成沪杭甬高速公路行业人、车、路等主题库建设等内容。平台集成交通态势感知、应急指挥、智能管控、辅助决策等引擎服务，实现"可视、可测、可控、可服务"的闭环流转、高效管控的一站式解决方案。沪杭甬智慧高速云控平台架构如图 5-13 所示。

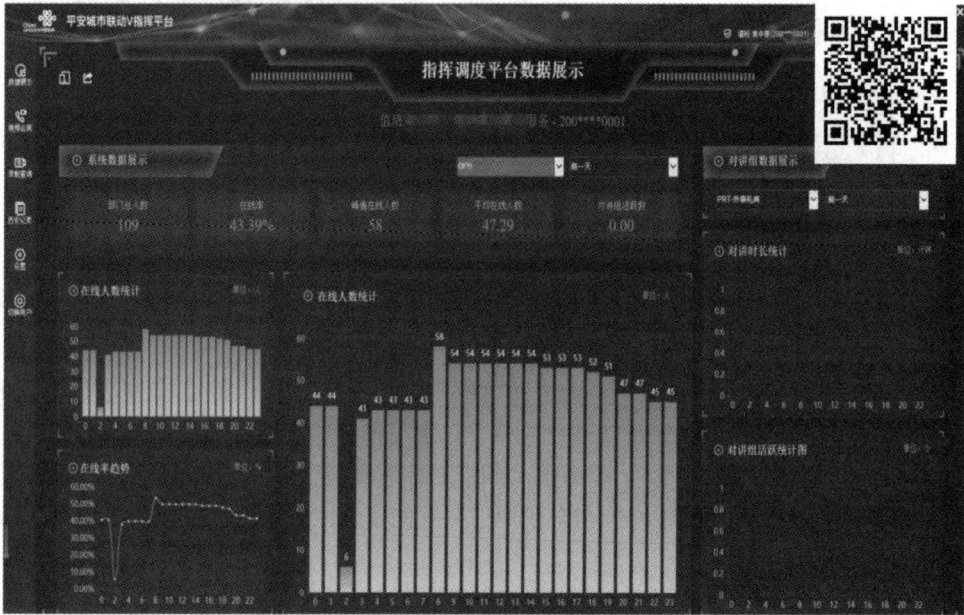

图 5-12　沪杭甬高速指挥调度系统

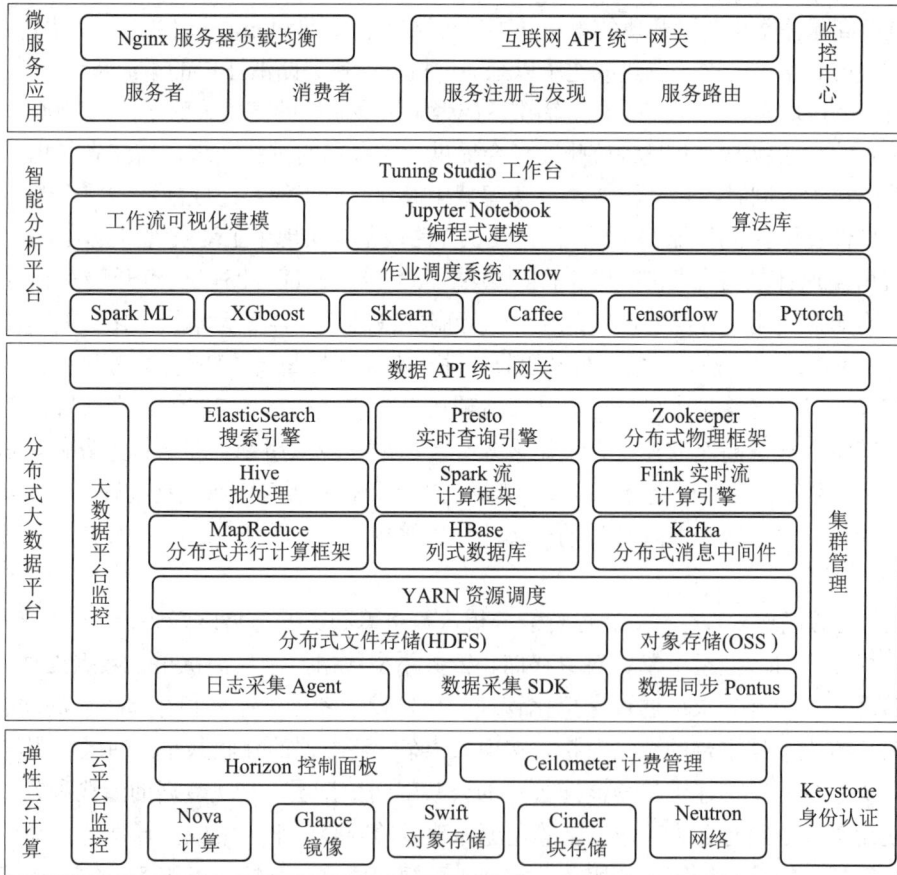

图 5-13　沪杭甬智慧高速云控平台架构

　　在具体的路段，系统通过路侧边缘计算+中心云计算部署新模式，在路侧实现数据分析，支撑路侧业务高效可靠运行，减少从路侧到云端的数据流转，提升整体系统运行效率；利用大数据实时分析技术和高效人工智能算法，自动发现交通异常事件(如拥堵、事故、违法驾驶行为等)，融合移动互联网上报事件，实现全天候事件自动监测及应急疏导和一体化施救；基于高速公路各类感知设备的实时交通信息分析全路网交通态势，实现未来交通趋势的准确预测；实时精确核算海量车辆通行记录和应收费率，使每辆车的每笔费用都应征不漏；打通公众和高速公路管理者之间的双向信息交互，实现多渠道(可变信息发布牌、高德/百度地图、短信、APP等)精准化交通信息便捷发布，优化路网的交通组织和引导，提升公众出行体验。沪杭甬智慧高速的特点如图5-14所示。

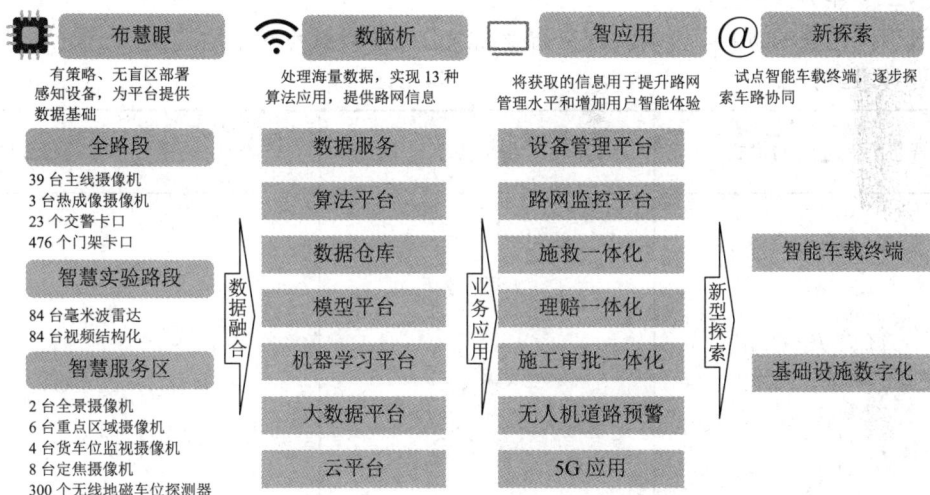

图5-14　沪杭甬智慧高速的特点

　　项目实现了人、车、路网及周边环境智能协同运转，运行路段的通行能力提升20%、道路拥堵时间降低10%、道路行车事故下降10%，道路运营环境更趋安全，交通秩序明显改善。道路设施醒目化也减少了夜间行车事故，提升了车速，夜间事故数量相比之前平均下降12.9%，夜间平均车速相比之前提升9.51%，真正做到省心、省时、省钱、省油。图5-15所示为沪杭甬高速柯桥至绍兴智慧高速试验路段。

图5-15　沪杭甬高速柯桥至绍兴智慧高速试验路段

课 后 任 务

任务一　基础任务

1. 智慧高速公路和常规高速公路有什么区别？

2. 毫米波雷达与以往的雷达产品有什么不同？

3. 你认为数字孪生技术的使用对于高速公路管理将产生什么影响？

任务二　能力提升任务

通过上网检索的方式，查找我国在智慧高速公路建设试点中采用的模式、特点，以及应用的主要技术或设备。

智慧高速公路的模式	特　点	应用的主要技术或设备

任务三 专创融合任务

设想并说明在现有技术支持下，智慧高速公路能支持的所有新的智能交通运行场景，并分析各场景下的系统构成和采用的主要技术。

运行场景	涉及的技术或设备	具体场景与功能描述
场景 1		
场景 2		
场景 3		

任务六　车路协同与自动驾驶

　　无人驾驶一直是人类的一大梦想。1989 年，我国首辆智能小车 ATB—1(Autonomous Test Bed—1)无人车在国防科技大学诞生。2011 年 7 月 14 日，红旗 HQ3 无人车(见图 6-1)首次完成了从长沙到武汉 286 km 的高速全程无人驾驶试验，实测全程自主驾驶平均时速 87 km，创造了我国自主研制的无人车在复杂交通状况下自主驾驶的新纪录。2015 年，百度无人车完成开放高速路自动驾驶测试。

图 6-1　红旗 HQ3 无人车

　　近年来，无人驾驶汽车技术的发展突飞猛进，自动驾驶汽车即将正式进入我们的生活。自动驾驶的车辆是如何运行的？车路协同与自动驾驶有什么关联？车路协同自动驾驶的关键技术有哪些？本任务要求学习者了解车路协同自动驾驶的发展情况，了解车路协同自动驾驶的关键技术，结合智能交通系统的功能需求，分析如何应用车路协同自动驾驶解决智能交通中的一些实际问题，比较车路协同与单车智能的区别，进一步思考和探索车路协同的应用场景。

任务目标

1. 了解车路协同的技术优势；
2. 了解车路协同自动驾驶的关键技术；
3. 分析车路协同在智能交通中的主要应用场景；
4. 思考无人驾驶对于汽车产业的影响和改变。

主要知识点

1. 车路协同与自动驾驶概况及技术优势；
2. 车路协同与自动驾驶关键技术；
3. 车路协同与自动驾驶的应用场景。

6.1　车路协同与自动驾驶概况

6.1.1　车路协同概况

车路协同是采用先进的无线通信和新一代互联网技术，以及传感探测等技术获取车辆和环境信息，通过车车、车路通信进行信息交互和共享，实现车辆和基础设施之间智能协同与配合，达到优化利用系统资源、保证交通安全、提高通行效率、缓解交通拥堵和环保等目标。

智能车路协同主要由智能车载系统、智能路侧系统和通信平台三部分组成。其中，智能车载系统负责对车辆自身状态、周围行车环境的感知、控制和发布；智能路侧系统负责对交通流信息的监测，对道路路面状况、道路几何状况以及道路异常信息的感知、处理和发布；通信平台则负责整个系统的通信，实现路侧设备和车载单元、车载单元之间的交互。智能车路协同架构如图 6-2 所示。

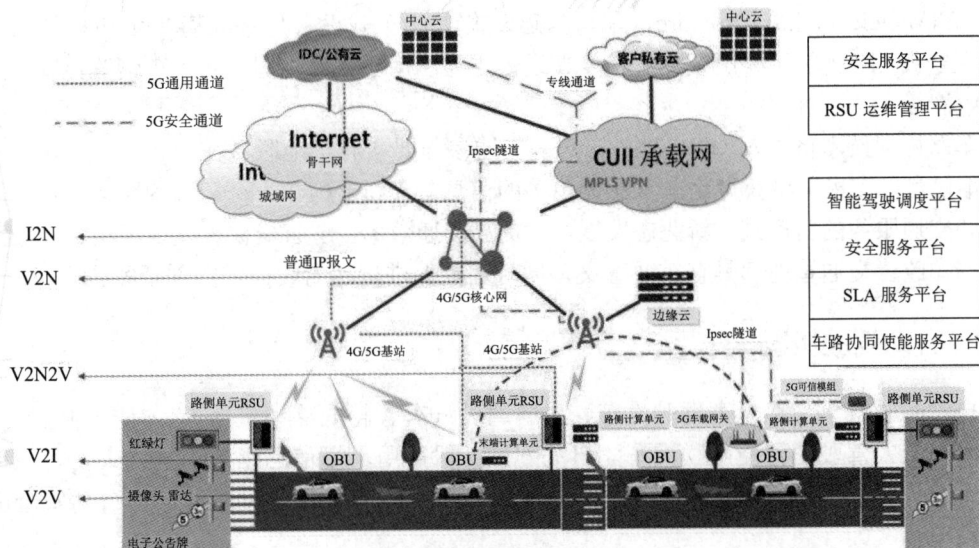

图 6-2　智能车路协同架构

车路协同技术强调交通整体集成功能实现的概念，其中包含的基础技术有车用无线通信技术、数据处理协同云计算、边缘计算、融合感知等。

V2X(Vehicle to X)是指车对外界的信息交换，这里的 X 代表 everything，包括车与车之间、车与路之间、车与人之间以及车与网络之间。V2X 是指车辆与一切可能影响车辆的实体实现信息交互，目的是减少事故发生，减缓交通拥堵，降低环境污染，提升驾驶体验和安全性，其应用场景如图 6-3 所示。

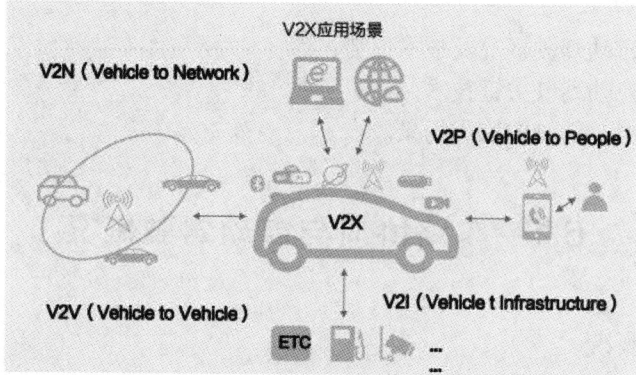

图 6-3　V2X 应用场景

V2V(Vehicle to Vehicle，车与车)是指通过车载终端进行车辆间的通信。车载终端可以实时获取周围车辆的车速、位置、行车情况等信息，V2V 通信主要应用于避免或减少交通事故、车辆监督管理等。

V2P(Vehicle to People，车与人)是指车辆与弱势交通群体(包括行人、骑行者等)间进行通信。

V2N(Vehicle to Network，车与网络)是指车载设备通过接入网/核心网与云平台连接，云平台与车辆之间进行数据交互。V2N 通信主要应用于车辆导航、车辆远程监控、紧急救援、信息娱乐服务等。

V2I(Vehicle to Infrastructure，车与基础设施)是指车载设备与路侧基础设施(如红绿灯、交通摄像头、路侧单元等)进行通信。V2I 通信主要应用于实时信息服务、车辆监控管理、不停车收费等。

车路协同技术将"人、车、路、云"等交通参与要素有机地联系在一起，其应用非常广泛，不仅可以支撑车路获得比单车感知更多的信息，有利于构建一个智慧的交通体系，促使汽车和交通服务的新模式、新业态发展，对提高交通效率、节省资源、减少污染、降低事故发生率、改善交通管理都具有重要意义，同时还能促进自动驾驶技术的创新和应用。

6.1.2　自动驾驶概况

自动驾驶汽车又称无人驾驶汽车、电脑驾驶汽车、轮式移动机器人，是一种通过电脑系统实现无人驾驶的智能网联汽车。自动驾驶一般采用环境信息感知识别、人工智能、车联网、监控装置和全球定位系统协同合作，使电脑在没有人的主动操作下，自动安全地操作机动车辆。

自动驾驶的实现需要一个过程，美国汽车工程师协会(SAE)把自动驾驶分为 L0～L5 共 6 个级别，而美国国家公路交通安全管理局(NHTSA)把自动驾驶分为 5 个级别，具体分级情况见表 6-1，美国汽车工程师协会对自动驾驶等级的解读如图 6-4 所示。

表 6-1 美国国家公路交通安全管理局对自动驾驶分级情况

NHTSA	SAE	自动化程度	具体定义	驾驶操作	周边监控	接管	应用场景
0	0	人工驾驶	由人类驾驶员负责驾驶车辆	人类驾驶员	人类驾驶员	人类驾驶员	无
1	1	辅助驾驶	车辆对方向盘和加减速中的一项操作提供驾驶,人类驾驶员负责其余的驾驶动作	人类驾驶员和车辆	人类驾驶员	人类驾驶员	限定场景
2	2	部分自动驾驶	车辆对方向盘和加减速中的多项操作提供驾驶支持,人类驾驶员负责其余驾驶操作	车辆	人类驾驶员	人类驾驶员	限定场景
3	3	条件自动驾驶	车辆完成绝大部分驾驶操作,人类驾驶员需要在适当的时候提供应答	车辆	车辆	人类驾驶员	限定场景
4	4	高度自动驾驶	由车辆完成所有驾驶操作,人类驾驶员无须对所有的系统请求做出应答,但限定道路和环境条件	车辆	车辆	车辆	限定场景
4	5	完全自动驾驶	由车辆完成所有驾驶操作,人类驾驶员无须保持注意力	车辆	车辆	车辆	所有场景

图 6-4 美国汽车工程师协会对自动驾驶 6 个等级的解读

我国 2022 年 3 月 1 日起实施的《汽车驾驶自动化分级》国家标准(GB/T40429—2021)将驾驶自动化等级划分成 0~5 级,基本对应 SAE 自动驾驶等级 0~5 级,如表 6-2 所示。

表 6-2　我国对汽车驾驶智能化的分级

分级	名　称	车辆横向和纵向运动控制	目标和时间探测与响应	动态驾驶任务接管	设计运行条件
0 级	应急辅助	驾驶员	驾驶员及系统	驾驶员	有限制
1 级	部分驾驶辅助	驾驶员及系统	驾驶员及系统	驾驶员	有限制
2 级	组合及时辅助	系统	驾驶员及系统	驾驶员	有限制
3 级	有条件自动驾驶	系统	系统	动态驾驶任务接管用户(接管后成为驾驶员)	有限制
4 级	高度自动驾驶	系统	系统	系统	有限制
5 级	完全自动驾驶	系统	系统	系统	无限制

实现自动驾驶或无人驾驶,要解决的问题有两个:

(1) 整车装备的多传感器。完成毫米波、激光雷达以及摄像头等高效融合工作的技术突破,通过电脑将传感器获得的数据结合高精度地图以及全球定位系统等来进行分析处理。

(2) 数据和地图。地图要支持无人驾驶,需要高清晰、高分辨率、高精度的数据,包括道路的弯度、坡度、高度,因此存储量和传输量会大幅增加。例如,一级、二级、三级甚至乡村道路的交通设施、地理环境、气候条件等路况,数据量之大是非常惊人的。多传感器设备融合数据及高精地图数据接入汽车电脑系统后,通过 AI 技术自动驾驶算法,识别周围环境实现智能自动控制,从而实现自动驾驶。

自动驾驶技术不只是传统汽车的一项升级,更是一项大工程,包含汽车改造、交通设施的改进、社会基础设施的建立、智能网联技术的成熟应用、法律法规的推动,甚至还包括驾驶人的责任认定变迁及行为习惯的改变等,会有一个逐渐被接受的过程。自动驾驶作为整个交通产业的升级,未来将改变人们的出行方式。

6.1.3　车路协同自动驾驶发展背景

自动驾驶经过这几年的发展,取得了显著的成效,并逐渐演化出两条发展路线:一是以汽车制造商为代表的先进的辅助驾驶系统(Advanced Driving Assistance System,ADAS)和单车智能技术阵营,二是以互联网企业为代表的人工智能和网联化技术阵营。由此,自动驾驶分别走向了单车智能自动驾驶(AD)方向和车路协同自动驾驶(VICAD)方向。

1. 单车智能自动驾驶

顾名思义,单车智能自动驾驶是指车辆利用多传感器融合技术进行感知,通过雷达系统(激光雷达、毫米波雷达和超声波雷达)和视觉系统(摄像头)对周围环境进行数据采集,在决策层面通过车载计算平台及合适的算法对数据进行处理,并作出最优决策,最后执行模块将决策的信号转换为车辆的行为。

　　单车智能自动驾驶要实现规模化和商业化仍然面临着诸多挑战。

　　(1) 安全问题。安全问题主要包括：软硬件系统出现错误或漏洞；感知容易受到遮挡、恶劣天气等环境影响出现失效；目标运动行为出现预测能力不足、决策时间超时和生成轨迹错误的现象；车辆难以高效准确获取道路设施提供的交通规则、交通状态等信息。

　　(2) 单车智能化的经济成本高昂。为了实现高等级自动驾驶，车载传感器的数量需要显著增加，硬件成本过高，难以保证车辆的经济性。另外，为了确保自动驾驶安全，会在车端部署冗余传感器系统、高精度地图，以及相应的软件系统，这些也大大增加了自动驾驶车辆的成本。自动驾驶单车智能路线需在车辆上安装多个激光雷达、毫米波雷达、超声波雷达、摄像头以及 IMU 等传感器设备，因而其平均价格高达 20 万美元。图 6-5 给出了专家根据阿里数据估算的单车智能设备的成本。

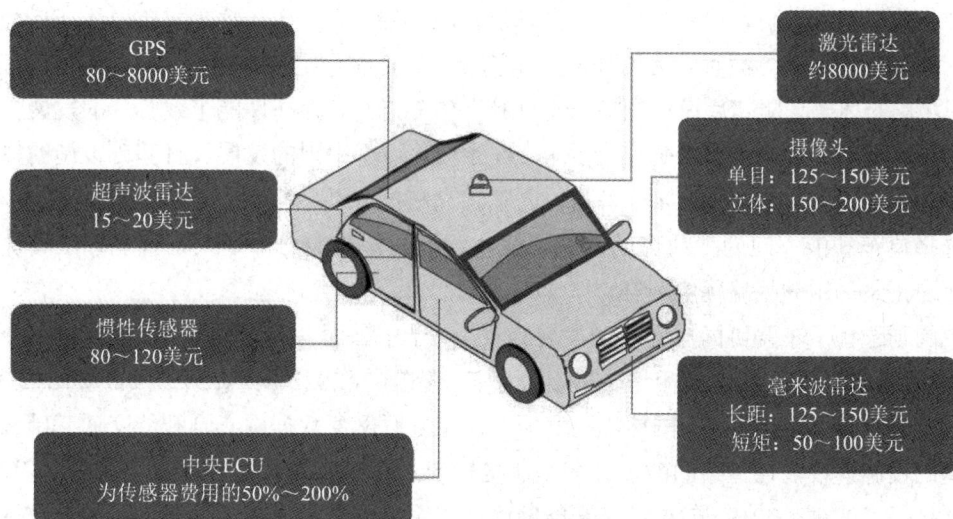

图 6-5　根据阿里数据估算的单车智能设备的成本

2. 车路协同自动驾驶

　　车路协同自动驾驶(Vehicle Infrastructure Cooperated Autonomous Driving，VICAD)是采用先进的无线通信和新一代互联网等技术，全方位实现车与车、车与路、车与人之间动态的、实时的信息交互，并在全时空动态交通信息采集与融合的基础上开展车辆主动安全控制和道路协同管理，充分实现人、车、路的有效协同，保证交通安全，提高通行效率，从而形成安全、高效和环保的道路交通系统。

　　具体来说，车路协同自动驾驶是在单车智能自动驾驶的基础上，通过先进的道路感知和定位设备(如摄像头、雷达等)对道路交通环境进行实时高精度感知定位，按照约定协议进行数据交互，实现车与车、车与路、车与人之间不同程度的信息交互共享(网络互联化)，并涵盖不同程度的车辆自动化驾驶阶段(车辆自动化)，以及考虑车辆与道路之间协同优化问题(系统集成化)。通过车辆自动化、网络互联化和系统集成化，最终构建一个车路协同自动驾驶系统。

相对于单车智能自动驾驶技术，车路协同自动驾驶能够弥补单车车载设备感知不足，有效扩大单车智能的安全范围。路侧的协同感知设备能够扩展车辆的感知范围、能力和场景，从而扩展单车的运行设计域，进一步提升自动驾驶的点到点能力。此外，车路协同提供的路侧设备感知冗余，不仅复用率高，还能极大降低单车的成本，对实现自动驾驶车辆规模化和商用化落地有着不可估量的作用。

3. 世界各国对于自动驾驶发展方向的抉择

对于自动驾驶发展路线的抉择，世界各国从各自国情出发，基于相关产业的发展情况与核心能力，整合各自的战略优势，将选择适合自身的发展道路。

对于美国而言，人工智能领域全球领先，人才储备充足，基础科研实力强，其人工智能企业数量位居全球首位，遍布基础层、技术层和应用层。其中，谷歌等科技巨头在自动驾驶领域的人工智能算法方面有较为深厚的技术积淀，保持着一定的优势。同时，美国拥有发达的集成电路技术，高端芯片设计领域一直保持着领先态势，为高性能车载芯片的发展打下了良好基础。另一方面，美国在通信行业和 5G 领域落后于中国的发展，且基础设施的投资一般由市场主导而非政府主导，导致车路协同基础设施投资不足，网联化推动进程缓慢。所以，美国选择单车智能方向为主的自动驾驶路线，背后的核心能力都是人工智能算法和决策芯片，而这正是美国的战略优势所在。

中国则选择了车路协同自动驾驶发展路线。对于中国而言，以华为为代表的通信企业在5G 技术方面世界领先，且 4G 和 5G 基站数量多、覆盖广，2022 年年底中国 5G 基站数达 231万个。中国政府大力推行 5G 网络、物联网、卫星互联网、数据中心、智能交通基础设施等新型基础设施建设，在道路的改造方面坚决推行 5G LTE-V2X 技术标准，支持 LTE-V2X 向5G-V2X 平滑演进。2019 年 9 月《智能网联道路系统分级定义与解读报告》的发布标志着中国有了清晰的道路智能分级标准，对智慧道路建设形成了明确指引。2020 年 2 月发布的《智能汽车创新发展战略》预计到 2025 年，智能交通系统和智慧城市相关设施建设取得积极进展，车用无线通信网络(LTE-V2X 等)实现区域覆盖，新一代车用无线通信网络(5G-V2X)在部分城市、高速公路逐步开展应用，高精度时空基准服务网络实现全覆盖，意味着中国有望率先在网联化维度取得突破。

4. 车路协同自动驾驶的发展趋势

车路协同自动驾驶的发展，从整体来看取决于 3 个维度的进步：

① 车辆自动化，是车路协同自动驾驶系统中智能网联汽车的发展维度；

② 网络互联化，是车路协同自动驾驶系统中智能网联通信的发展维度，以实现人、车、交通环境之间的协同和互联；

③ 系统集成化，是车路协同自动驾驶系统的集成性发展维度。

车路协同自动驾驶系统三维体系发展架构如图 6-6 所示。

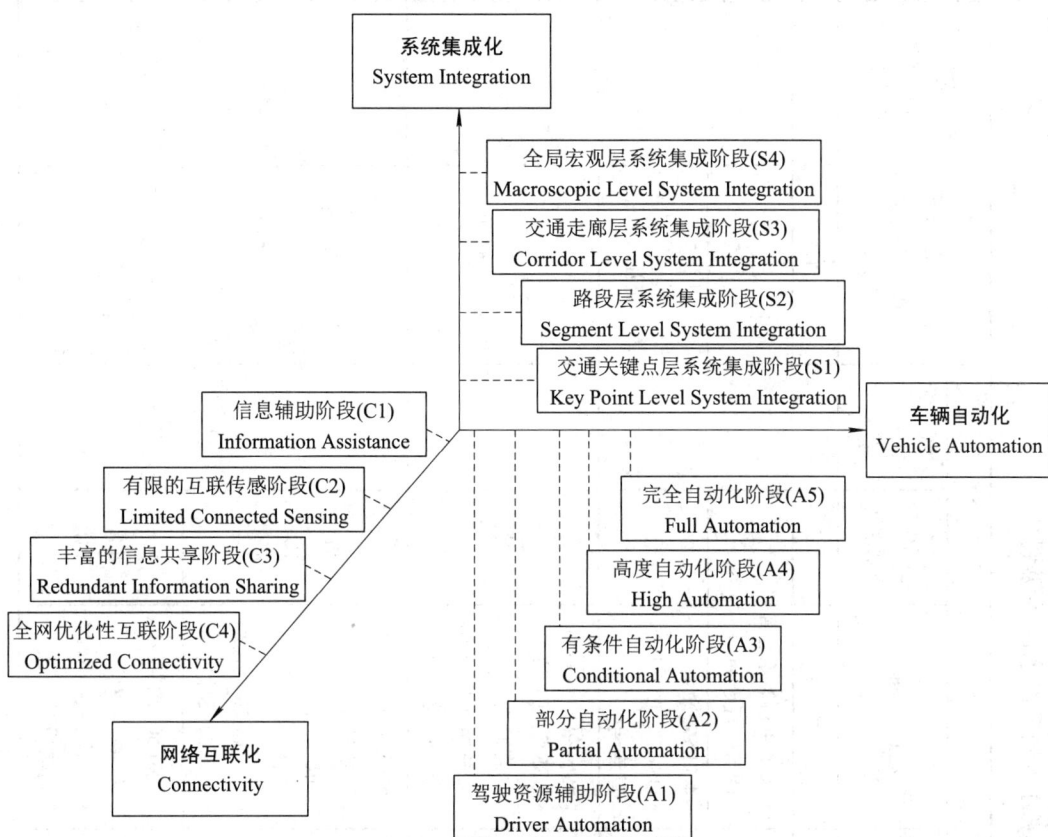

图 6-6　车路协同自动驾驶系统三维体系发展架构

6.2　车路协同自动驾驶关键技术

6.2.1　车路协同自动驾驶组成

车路协同自动驾驶主要由智能道路和智能车辆两大关键部分组成。

1. 智能道路

智能道路涉及的关键技术分别是感知技术、通信技术和边缘计算。其建设过程中涉及以下设备设施：道路工程及配套附属设施；智能感知设施(摄像头、毫米波雷达、激光雷达等)；路侧通信设施(直连无线通信设施、蜂窝移动通信设施)；计算控制设施(边缘计算节点、MEC或各级云平台)；高精度地图与辅助定位设施；电力功能等配套附属设备等；智能路侧感知系统等。针对自动驾驶分级的智能道路等级划分如表 6-3 所示。

车路协同中智能道路的核心是利用路侧、路中、路内传感器实现车辆探测、道路质量检测、能量收集、信息交互等一系列功能，即车路协同系统通过道路外部感知和内部感知的双感知互动，实现人—车—路协同。车路协同涉及的感知技术如图 6-7 所示。

表 6-3　针对自动驾驶分级的智能道路等级划分

道路智能等级	等级名称	道路附属设施	道路+云的能力				功能安全与SOTIF体系	与VICAD发展阶段对应情况	可配套实现L4闭环的车辆要求
			地图	协同感知定位能力	网络通信能力	协同决策控制能力			
C0	无	无	无	无	无	无	无	无	无
C1	较低智能化	• 基础交通安全设施 • 基础交通管理设施	导航SD地图	无	• 3G、4G峰窝通信 • DSRC直连通信	无	无	无	
C2	初级智能化	• C1所有设施 • 直连通信设施	导航SD地图（车道级）	无	• 4G峰窝通信 • DSRC、LTE PC5直连通信	无	可选	阶段1：信息交互协同	• L5 限定环境下的L4
C3	部分智能化	• C2所有设施 • 感知设施（单一传感器） • 辅助定位设施、计算设施		• 机非人环境感知识别 • 米级定位	• 4G、5G峰窝通信 • DSRC、LTE PC5直连通信 • 全链路500 ms端到端较低时延	无		阶段2.1：初级协同感知	
C4	高度智能化	• C3所有设施 • 高精度融合感知定位设施 • 高精度辅助定位设施 • MEC、区域级云控平台	HD地图（静态+动态）	• 全量交通要素实时感知 • 多特征精准识别 • 分米级定位	• 5G Uu峰窝通信 LTE-V2X、NR-V2X直连通信 • 全链路200 ms端到端超低时延	有（限定场景）	必须满足	阶段2.2：高级协同感知；阶段3.1：有条件协同决策控制	• L2+ • L3 • L4 • L5
C5	完全智能化	• C4所有设施连续部署 • 跨域协同MEC、云控平台		• 全时空全量感知 • 厘米级定位	• 支持5G、NR-V2X、6G等 • 全链路100 ms端到端极低时延	所有环境		阶段3.2：完全协同决策控制	

外部感知技术　感知外部信息，如车、人，以检测车辆信息为主的系列技术

✔ **线圈检测技术**

当车辆处于感应线圈检测范围时，线圈内的磁通量会发生变化，由此判断是否有车辆经过

✔ **视频检测技术**

采用摄像头对检测区进行拍摄，通过图像提取技术将图片中的车辆提取，主要技术有背景差法和帧差法

✔ **红外检测技术**

通过检测红外波的方式来感知车辆，有主动检测和被动检测两种形式

✔ **微波检测技术**

通过对接收到的单频连续回波进行多普勒频率分析，以获得通过车辆的速度

✔ **超声波检测技术**

通过对接收到的反射回波进行分析判断

✔ **压力传感器检测技术**

利用材料的压电效应感知是否有车辆通过

内部感知技术　感知道路的实时服务状态、服务性能，针对道路结构设施运行状态和损坏情况进行检测和监测的技术

✔ **超声波检测技术**

针对结构内部的裂缝进行检测的技术

✔ **弹性波检测技术**

可对结构内部的裂缝损坏发射的弹性波加以接收和分析，进而对波源的状态作出评估

✔ **射线检测技术**

根据 X 射线投影图像的颜色深浅和形状大小对缺陷加以分析

✔ **光纤传感技术**

以光为载体、光纤为媒质，感知和传输外界信号的新型传感技术

✔ **图像识别技术**

利用图像处理及算法从图像中获得损伤信息，主要针对道路表面已形成的裂缝加以识别

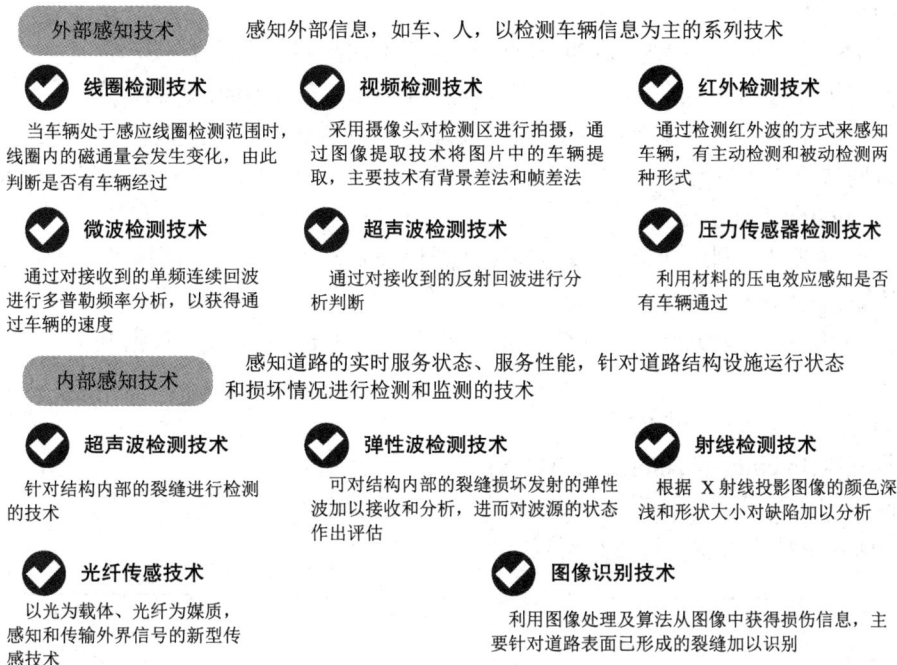

图 6-7　车路协同涉及的感知技术

车辆和路侧设备之间的通信包括 DSRC 和 C-V2X 两种技术，其具体内容将在任务七中进行介绍。

传统智能交通系统建立在中心云计算的基础上，其前端实时采集的数据需上传至云端统一实现计算，再将结果发布至路口信号机和移动终端上。但随着车路协同系统的推进，智能交通系统需要处理的实时数据呈指数型增长，且车辆行驶安全服务需在毫秒级延时的情况下通知驾驶员或控制车辆采取措施，因此原来的中心云计算方式不再适用于此情况。

边缘计算可将云端的计算负荷下沉至边缘层(路端/车端)，在边缘计算节点(ECN)完成80%的计算，并通过 LTE-V/5G 等传输手段，实时将结果发送给 OBU，满足车路协同的超低时延需要。华为提出的车路协同解决方案如图 6-8 所示。

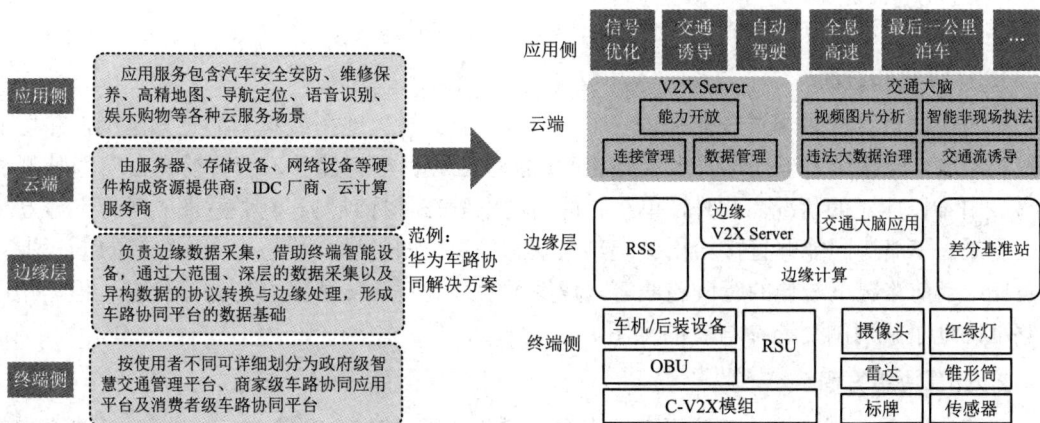

图 6-8　华为提出的车路协同解决方案

2. 智能车辆

智能车辆可以是不同网联等级和自动化程度的车辆，其关键技术包括：

(1) 协同感知技术(传感器高精度标定技术、环境感知技术和融合与预测技术)；

(2) 高精度地图与高精度定位技术(高精度地图和路侧辅助定位技术)；

(3) 协同决策与协同控制技术(意图预测、博弈仲裁、引导调度等协同决策，以及车辆、设施、人类等协同控制引导)；

(4) 高可靠低时延网络通信技术(直连无线通信技术、蜂窝移动通信技术、交通系统集成优化与有线网络传输技术等)；

(5) 云计算技术(边缘计算 MEC 技术、多级云控平台技术和大数据和人工智能平台技术)；

(6) 功能安全与预期功能安全；

(7) 物联网(Internet of Things, IoT)技术；

(8) 网络安全技术。

VICAD 汽车技术方案如图 6-9 所示。

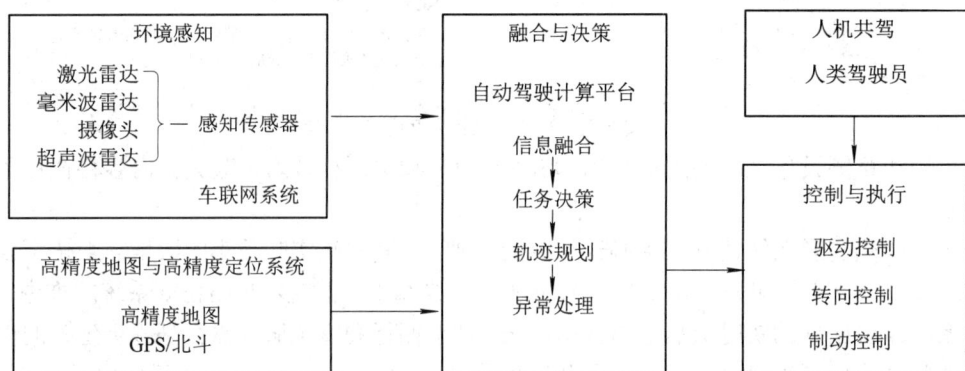

图 6-9　VICAD 汽车技术方案

6.2.2　车路协同自动驾驶的技术优势

车路协同自动驾驶的技术优势体现在以下 3 个方面。

1. 环境感知方面

车路协同自动驾驶通过车路协同、车车协同，能够极大地拓展单车的感知范围，并且不受遮挡限制，能够让单车提早发现未知状况，能够应对目标突然驶入等目前在自动驾驶测试和事故中难以应对的状况。此外，单车智能自动驾驶在目标预测、驾驶意图"博弈"等方面存在困难。车路协同能够直接给出关键结果状态信息，如信号灯状态、周边车辆的下一步动作意图、当前路况下最佳的行驶路线等，减少了复杂的基于传感信息的计算处理过程，并且能够准确地了解周围交通参与者的意图。

2. 计算决策方面

车路协同系统可以借助云控平台给出全局最优的驾驶策略，弥补单车算力消耗过大的缺陷。在算力方面，一是车路协同作为"超级传感器"能够直接给出感知的目标结果，省去了对传感器信号的复杂的计算分析过程(如红绿灯的判断),从而大大减轻了单车的算力需求;二是能够借助云计算、边缘计算等能力,有望将路侧的算力引入,如在路侧安装视觉传感器、激光雷达等传感器,将路侧感知结果进行下发等。在驾驶策略方面,在特定场景下,车路协同能够集中采集其范围内的交通参与主体,根据所有主体的目的和状态,给出全局最优的解决方案,无须再通过"试探"和"博弈"给出决策规划。

3. 控制执行方面

车路协同在控制执行方面能够提供远程遥控驾驶、协同驾驶的应用模式。例如,在某些危险或不适合人类进入的场合,需要通过 5G 远程遥控驾驶来操作远端的车辆进行作业,目前在无人矿山等场合下已得到应用。在车辆编队行驶等方面,借助头车和后排车辆的控制执行信息交互,后排车辆能够按照头车的统一命令进行驾驶,减轻后排车辆的感知计算任务负载。

6.3　车路协同的应用场景

车路协同除了能够支持自动驾驶的实现,还能在交通的多种场景中应用。中国汽车工程学会发布的《合作式智能运输系统　车用通信系统应用层及应用数据交互标准》中提出了车路协同的 17 个应用场景,如表 6-4 所示。

表 6-4　车路协同的 17 个应用场景

序　号	类　别	主要通信方式	应用名称
1	安全	V2V	前向碰撞预警
2		V2V/V2I	交叉路口碰撞预警
3		V2V/V2I	左转辅助
4		V2V	盲区预警/变道预警
5		V2V	逆向超车预警
6		V2V-Event	紧急制动预警
7		V2V-Event	异常车辆提醒
8		V2V-Event	车辆失控预警
9		V21	道路危险状况提示
10		V2I	限速预警
11		V2I	闯红灯预警
12		V2P/V2I	弱势交通参与者碰撞预警
13	效率	V2I	绿波车速引导
14		V2I	车内标牌
15		V2I	前方拥堵提醒
16		V2V	紧急车辆提醒
17	信息服务	V2I	汽车近场支付

下面介绍车路协同的具体应用。

1. 智慧停车

利用车路协同在智慧停车场形成区域车位协同调控机制，提升停车自动化水平，提升停车位利用率，控制人工和时间成本，包括车位状态监控、车位引导与反向寻车、全自动泊车、远程遥控驾驶协助入位、自动识别、自动收费等具体应用。

以自主泊车为例，车辆进入智慧停车场合，启动自动驾驶泊车模式，当接收到边缘云下发的指定空闲车位信息和准确的定位导航路径坐标信息集时，车辆便沿着规划路径行驶，并结合路侧高精度定位进行实时路径校正。同时场端感知单元可检测行人和障碍物，并通过网络控制车辆进行制动及避让，待障碍物消失，车辆恢复行驶状态，最终到达指定位置后自主停入车位。在智慧停车场场景中，边缘云实现感知融合、导航和消息分发，实现障碍物超低时延的实时感知。此外，边缘云的超大算力可支持车辆进行轨迹对比，实现自动循迹驾驶。

自主泊车系统架构如图 6-10 所示。

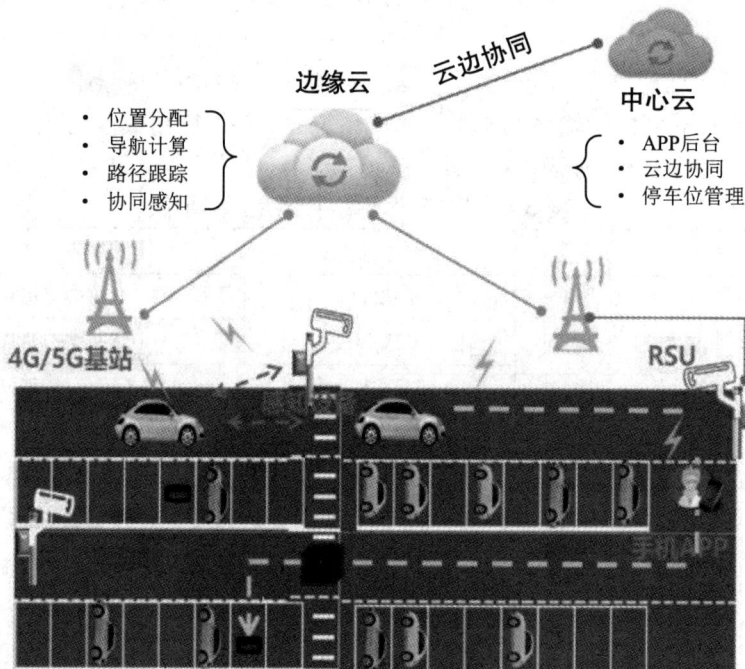

图 6-10 自主泊车系统架构

2. 城市智能网联路侧设施集成系统

利用车路协同在城市环境事故易发处加强应用，针对交叉路口设计红绿灯协同服务以及加强安全预警服务，构建城市智能网联路侧设施集成系统，实现城市交通整体增效，减少车辆通过红绿灯的时间，缓解早晚高峰，提升交通安全，包括左转辅助、碰撞预警、盲区检测、紧急刹车预警、行人横穿预警、闯红灯预警、信号灯相位提醒、特殊车辆优先通行等具体应用场景。

场景一：行人闯入预警/对向车辆预警。行驶中的车辆在被前方遮挡情况下，来不及对行人闯入、对向驶入车辆等进行准确感知和预判决策，容易出现交通事故。路侧系统对道路全量交通参与者(包括但不限于车辆、行人、骑行者等目标物)的位置、速度、轨迹等信息进行感知识别，通过 V2X 发送给周围车辆，收到此信息的其他车辆可提前感知到不在自身视野范围内的交通参与者，辅助车辆及早作出正确的驾驶决策。该场景的原理示意图如图 6-11所示。

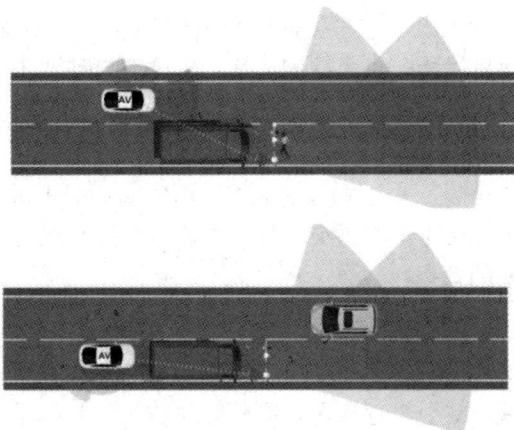

图 6-11 基于车路协同的行人闯入预警/对向车辆预警

场景二： 事故预警。前方事故，前车突然避让。由于前车处置突然，对于跟驰的后车来说，前车前方的区域在后车的盲区里使得后车无法提前发现前方有事故，来不及反应，所以导致出现二次交通事故。

路侧系统可通过路侧感知系统，对环境状况和事故进行实时感知识别，即使是在前车所遮挡的盲区里，只要有对象出现就可及时通过 V2X 将事故信息发送给车辆，从而可以控制车辆避让障碍物。事故预警的原理示意图如图 6-12 所示。

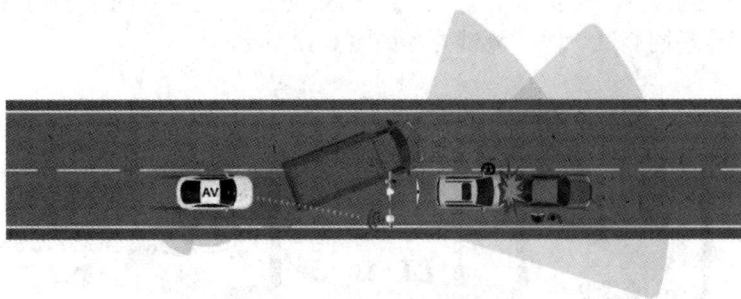

图 6-12 事故预警的原理示意图

3. 城市智能网联公交系统

依托智能网联能力，提升公交车辆安全水平和自动驾驶能力，节能降耗，公交优先，推动城市大运量公共交通运输效率的提高，节能增效，涉及盲区探测、安全提醒、路况提醒、信号灯相位提醒、优先通行、智慧公交站台、智能调度等具体应用。

场景： 公交优先。公交车在经过有信号控制的交叉口时，车辆与路侧系统之间自动发生信息交互，通过发送优先通行请求使信号灯主动调整，路侧系统识别请求车辆为需要优先通行的车辆，授权优先通行权，对路口信号灯进行相位触发"信号优先"干预，信号优先策略主要采用红灯早断和绿灯延长的方式，保证主车快速、便利地通行。当车载系统识别到公交车通过交叉口后，将自动发送优先通行结束信息至路侧系统，路口信号控制方案则恢复为正常状态。

4. 特定场景的无人驾驶示范

通过车路协同技术，为无人驾驶车辆提供基于 V2X 的安全提醒和信息服务，保障无人车驾驶安全，涉及安全信息提醒、盲区探测、基于轨迹的自动驾驶等应用。通过特定场景的无人驾驶示范，提升固定线路短途接驳车车辆安全水平及自动驾驶能力，以提供方便的摆渡服务，控制成本。

场景：园区、机场、港口应用。通过装载 RSU(Road Side Unit，路侧单元)及 OBU，实现 V2V、V2I、V2N 的互联互通，进而实现对单车的运行控制及区域车辆的协调管理，优化运行路线，提高货物运输的效率。

5. 特种车辆安全监控及道路协同管理

搭建特种车辆统一管理平台，实现车辆实时位置、车速、司机驾驶行为等的统一监管，实现特种车辆的精准管理，减少管理盲区，提升管理的效率和质量，增强营运车辆安全提醒服务，涉及高精度定位安全预警、两客一危预警、全程监管、特殊车辆优先通行、应急处置等应用。

6.4   自动驾驶的发展现状

我国积极推进智能网联汽车测试示范区建设工作，各地区结合智能网联汽车发展状况，依托地区优势、特色资源，积极探索和建设示范区。北京—天津—河北、上海、重庆、浙江、长春、武汉、无锡等地已建设智能网联汽车测试示范区，积极推动半封闭、开放道路的测试验证。

自动驾驶汽车不同测试阶段的测试内容如图 6-13 所示。

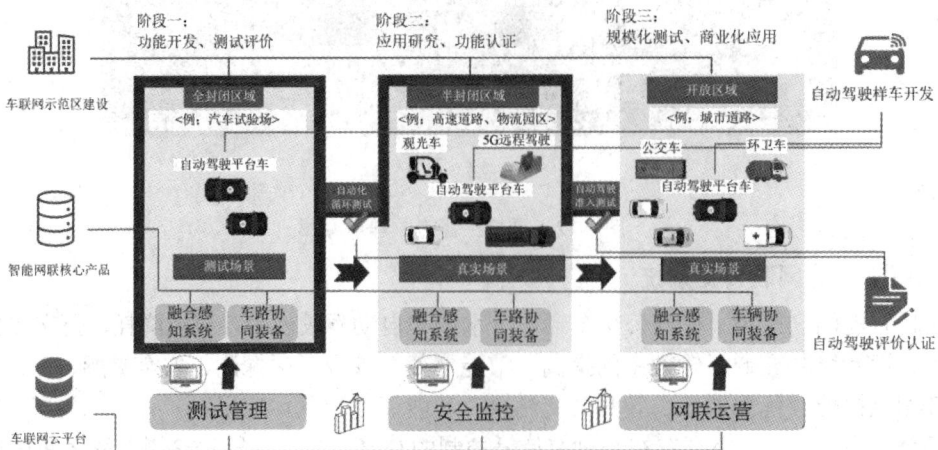

图 6-13   自动驾驶汽车不同测试阶段的测试内容

自动驾驶汽车测试涉及的具体场景包括车辆编队、盲区探测、安全信息提醒、路况提醒、气象提醒等。在智能网联汽车测试示范区建设路侧单元，形成无线覆盖的测试示范区，可全方位掌握测试车辆位置、速度、驾驶操作信息，可与无人驾驶车辆传感器信息互相印证，促进自动驾驶快速落地，提高无人驾驶汽车的安全性。下面介绍国内几个比较具有代表性的智能网联汽车测试示范区。

1. 京冀智能汽车与智慧交通产业创新示范区

京冀智能汽车与智慧交通产业创新示范区拥有两个自动驾驶封闭测试场(包括工信部支持建设的 T5 级测试场)，如图 6-14 所示。其中，亦庄基地占地 433 335.5 m^2，覆盖京津冀地区 85%以上城市场景、90%高速公路以及乡村场景，除了可提供常见的测试场景外，还可提供隧道、雨雾、模拟光照、湿滑路面、收费站、服务区、铁路道口等特殊场景。截至 2022 年 2 月，该示范区开放测试道路 278 条，道路里程共计 1027.88 km。

图 6-14　京冀智能汽车与智慧交通产业创新示范区现状

V2X 潮汐开放试验道路位于北京经济技术开发区荣华中路至博大大厦路段，道路全长 12 km，含公交专用道、潮汐车道、主辅路等复杂交通环境，在 7 个路口部署了 20 余套设备，并与交通信号灯、路侧标示标牌、可变信息发布牌、施工占道标示等互联。具有车联网功能的汽车在该路段行驶，可实现盲区提醒、紧急车辆接近、行人闯入、绿灯通过速度提示、优先级车辆让行等功能，可使驾驶人员更加安全高效地通过。

2. 上海智能网联汽车试点示范区

上海智能网联汽车试点示范区是工信部批准的我国首个智能网联汽车示范区，示范区以服务智能汽车、V2X 网联通信两大类关键技术的测试及演示为目标，根据产业技术进步需求,分 4 个阶段展开建设——封闭测试与体验区、开放道路测试区、典型城市综合示范区和城际共享交通走廊,从而逐步形成系统性评价体系和综合性示范平台。其发展规划及试验内容如图 6-15 所示。

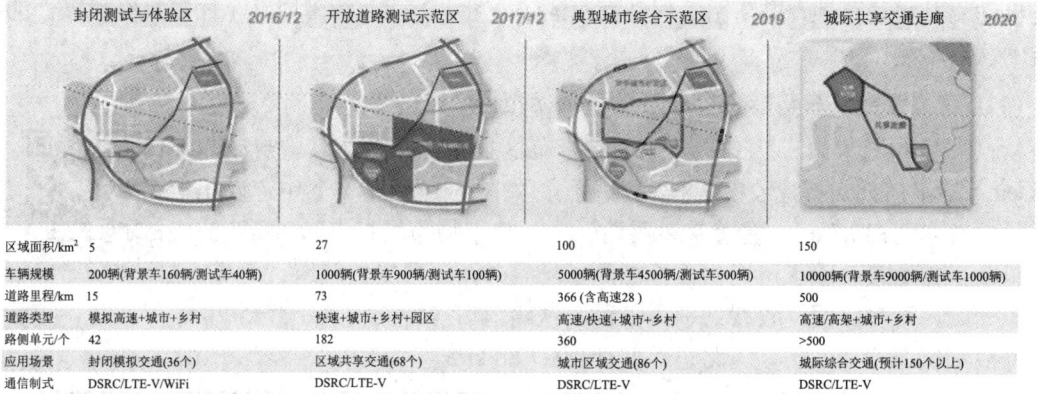

	封闭测试与体验区 2016/12	开放道路测试示范区 2017/12	典型城市综合示范区 2019	城际共享交通走廊 2020
区域面积/km²	5	27	100	150
车辆规模	200辆(背景车160辆/测试车40辆)	1000辆(背景车900辆/测试车100辆)	5000辆(背景车4500辆/测试车500辆)	10000辆(背景车9000辆/测试车1000辆)
道路里程/km	15	73	366 (含高速28)	500
道路类型	模拟高速+城市+乡村	快速+城市+乡村+园区	高速+快速+城市+乡村	高速/高架+城市+乡村
路侧单元/个	42	182	360	>500
应用场景	封闭模拟交通(36个)	区域共享交通(68个)	城市区域交通(86个)	城际综合交通(预计150个以上)
通信制式	DSRC/LTE-V/WiFi	DSRC/LTE-V	DSRC/LTE-V	DSRC/LTE-V

图 6-15　上海智能网联汽车试点示范区发展规划及试验内容

一期测试场地(封闭测试区)建有 1 座 GPS 差分基站、2 座 LTE-V 通信基站、16 套 DSRC 和 4 套 LTE-V 路侧单元、6 套智能红绿灯和 40 个各类摄像头,可以为无人驾驶、自动驾驶和 V2X 网联汽车提供 29 种场景的测试验证。

上海智能网联汽车试点示范区现拥有 549 km 的开放测试道路,主要服务于智能网联商用车的测试与应用,并依托临港得天独厚的区位优势,深入探索高度智能网联产品及相关新业态的先行先试。

3. 浙江 5G 车联网应用示范区

浙江是中国首个开展部省合作推进 5G 车联网应用示范的省份。浙江省有两个地方开展了项目试点,一处在嘉兴市桐乡市乌镇,另一处在杭州市西湖区云栖小镇。2016 年 7 月,云栖小镇初步建成 5G 车联网应用示范;2016 年 11 月,乌镇示范试点项目进入试运行。云栖小镇 5G 车联网示范工程具体试验情况如图 6-16 所示。

图 6-16　云栖小镇 5G 车联网示范工程

浙江 5G 车联网应用示范区将充分利用 C-V2X 车路协同技术、智能路侧检测技术、5G

技术和天翼云 MEC(Mobile Edge Computing,移动边缘计算)能力等,重点实施危险场景预警、连续信号灯下的绿波通行、路侧智能感知、高精度地图下载、5G 视频直播和基于 5G 的车辆远程控制六大场景应用。

浙江车联网应用示范区同时进行智慧路网的基础设施建设,包括信号灯、停车场、充电桩、移动通信网络等;投入一批互联网汽车,车上安装阿里巴巴的 YunOS 智能操作系统以及高精度的"千寻北斗"定位系统。此外,还会建设一个大数据平台,为车辆提供"智能大脑",能精准定位车辆位置、距离等,对周围的车流、道路交通状况及交通标志进行分析判断,并提供一个最适宜的行驶方案等。

4. 湖南湘江新区智能系统测试区

湖南湘江新区智能系统测试区位于湖南湘江新区核心区的长沙岳麓科技产业园,项目分两期建设:一期用地面积为 821 337.44 m^2,总投资约 18.96 亿元,分为管理研发与调试区、越野测试区、高速公路测试区、乡村道路测试区和城市道路测试区 5 个主要功能分区;二期规划控制范围约为 8 806 710.7 m^2,为远景规划区域,致力于打造为技术先进、产业配套、国际领先的智能系统创新园地。

测试区建设 8 条主要测试道路和场地工程,12 km 测试里程,228 个智能网联汽车测试场景,国内唯一的高速公路及无人机测试区。其中高速区横跨长潭西高速,全长 3.6 km,双向 6 车道,用作全封闭式的高速测试,可实现进出服务区、进出收费口、路边紧急停车等 6 个高速环境模拟测试。测试区内建设国内首条开放式智慧公交示范线,全长约 7.8 km,共设置 11 组站点,可实现"车—路—云"一体化协同车层面,部署基于 L3 级别的自动驾驶公交车辆路层面,实现全息乘客信息感知;首创数字化虚拟公交站点,引导智能公交车安全平稳停靠公交站点;运营全周期视频监控,实现全方位立体监管。云端建立综合一体调度平台,开发智能公交状态及道路网联信息共享发布系统。

测试区已为 38 家企业的 86 款车型提供 1800 余场测试服务,累计测试里程达 60 000 km,成为国内测试场景复杂程度最高、测试道路总里程最长、研发办公配套最齐全、5G 覆盖范围最广的测试区。测试区内无人驾驶公交车试验场景如图 6-17 所示。

图 6-17 测试区内无人驾驶公交车试验场景

6.5　应用案例——湖南省智慧高速项目

自 2018 年起，百度与湖南省签订了智慧高速项目。该项目为湖南省湘江新区"双一百"项目(100 km 智慧高速和 100 km 城市智慧开放道路)的高速路段部分，路段覆盖长常北线高速长益段、绕城高速西南段、绕城高速西北段，全程约 93 km。智慧高速打造了共计 98 个智能网联汽车相关场景，主要满足智慧交通管理、智能网联汽车测试及网联辅助驾驶等功能。智慧高速分为标准段、测试段和示范段。

标准段全线 93 km，可满足网联辅助驾驶和高速公路运营监管需求。其中，长常北线高速长益段标准段匝道的每个节点都部署智能路侧系统，包括一套视觉感知设备、一套 V2X 通信设备和一套边缘计算单元，外场设备安装如图 6-18 所示。

图 6-18　外场设备安装示意图

测试段从观音岩至乌山互通满足自动驾驶车辆测试、网联辅助驾驶、高速公路运营监管需求。测试段在观音岩互通到乌山隧道高密度覆盖智能路侧系统，每 150 m 部署一台边缘感知设备，每 450 m 部署一套边缘计算单元。

示范段从梅溪湖隧道南出口到学士路收费站共计 3.5 km，可满足网联辅助驾驶、高级别高速公路监管需求。

2020 年，该项目中的 G5517 长常北线高速长益段(又称长益复线)正式通车。该智慧高速路段覆盖了干线、互通、隧道、桥梁、服务区等典型的高速公路场景，该项目是国内首条 L4 级高速示范样板，可为 880 万当地用户提供车路协同即时服务，也是"1 对 N"的基础底座集约化应用方案。

在该高速路段中，依托路侧先进的面向自动驾驶的全量感知能力和强大的云平台处理能力，并且利用 C-V2X 和 5G 通信能力，长常北线高速长益段能够支持 L4 级别自动驾驶。路侧和云平台系统采用了百度 Apollo 车路协同方案，百度 Apollo 是全球最大的自动驾驶开放平台。百度 Apollo 与福特合作的第六代探险者等车型，成为首批支持长常北线高速长益段智慧高速公路 V2X 车载应用的量产车型。该路段的车路协同设备还与百度(度小镜)等厂商的车载后装智能终端打通应用。长常北线高速长益段自动驾驶路段的具体场景如图 6-19 所示。

图 6-19　长常北线高速长益段自动驾驶车路协同路段

拓展阅读　天空之桥——平塘特大桥

中华人民共和国成立 70 多年来，为了打通对外连接通道，贵州交通建设者们攻坚克难，砥砺奋进，建起了 2.3 万座共 3176 km 的公路桥梁。一座座桥梁让贵州"高原变平原"，实现了由"地无三里平"到"世界桥梁博物馆"的华丽转身，成为"山地公园省·多彩贵州风"最具代表性和里程碑意义的标志。

平塘特大桥位于中国贵州省黔南布依族苗族自治州平塘县平里河村，大桥西起通州镇，上跨越槽渡河大峡谷，东至牙舟镇，线路途经大冲村、达傲村、通州服务区停车场、落印村等，为余庆—安龙高速公路(黔高速 S62)的构成部分。平塘特大桥为主跨 2 × 550 m 三塔双索面钢混组合梁斜拉桥。项目于 2016 年 4 月 29 日开工建设，2019 年 12 月 31 日建成通车，图 6-20 所示为正在合龙的平塘特大桥。

图 6-20　正在合龙的平塘特大桥

平塘特大桥全长 2135 m，桥面宽度为 30.2 m。技术标准为双向四车道高速公路桥，设计速度为 80 km/h。大桥索塔为钢筋混凝土空心薄壁结构，采用钻石形空间塔设计。其中 15 号墩位于平塘岸边，塔高 320 m；16 号墩为中塔，塔高 332 m，为世界最高的混凝土桥塔；17 号墩位于罗甸岸边，塔高 298 m。

平塘特大桥主要施工工艺：索塔为空间曲面塔，采用变形爬模施工＋模板布施工；钢锚梁施工采取山区 50 t 特重型塔吊整体吊装施工；主梁采用桥面吊机整节段纵移转体悬拼施工。

平塘特大桥设计时结合索塔受力需求，将当地少数民族独有的服饰、舞蹈等元素融入桥塔造型设计，最终选用的"裙摆"形桥塔与主梁、拉索相互结合，形成了极具动感的桥梁整体造型；施工中研发了新型的建造装备，钢梁整节段纵移转体悬拼工艺为世界首创；配套运营的"天空之桥"观光服务区创造了数百个就业岗位，在给过往旅客提供高质量通行服务的同时，也促进了当地民族地区的经济发展。平塘特大桥兼具力与美，并将人类、桥梁、自然环境和谐融为一体，堪称世界峡谷桥梁建设的典范之作。大桥全貌如图 6-21 所示。

图 6-21　平塘特大桥全貌

在瑞士苏黎世国际桥梁与结构工程协会(International Association for Bridge and Structural Engineering，IABSE)2022 年度大会上，平塘特大桥荣获 2022 年度国际桥梁与结构工程协会(IABSE)最佳基础设施奖。这是平塘特大桥继获得国际桥梁大会(International Bridge Conference，IBC)"2021 年古斯塔夫·林德撒尔奖"(Gustav Lindenthal Medal)以及国际咨询工程师联合会(Fédération Internationale Des Ingénieurs Conseils，法文缩写 FIDIC)"2021 年 FIDIC 特别优秀奖"后荣获的第三个国际大奖。

2019 年年底，平塘特大桥所属的平罗高速公路全线建成通车，平塘至罗甸两地之间行车时间将从原来的 2.5 小时缩短至 1 小时左右，形成了贵州南部地区横向连接的运输大通道，改善了沿线老百姓的生产生活条件，带动了地方旅游业大增长，助推区域经济社会大发展，对精准扶贫、开发开放和同步建成小康社会意义重大。

课 后 任 务

任务一　基础任务

通过上网检索的方式，进一步了解车路协同和自动驾驶，说明单车智能模式和车路协同的区别。

任务二　能力提升任务

通过查找资料，举例说明车路协同和自动驾驶的具体应用场景，并分析需要用到的关键技术。

任务三　专创融合任务

1. 通过网络检索资料，了解自动驾驶汽车的发展进程，分析自动驾驶汽车行业发展目前的痛点，以及制约自动驾驶车辆真正投入市场的因素。

2. 通过各种渠道收集资料，思考无人驾驶汽车的出现将对整个汽车产业造成的影响。

下篇　认识智能交通中的重要技术

任务七　智能交通中的物联网技术

任务八　智能交通中的无人机技术

任务九　智能交通中的地理信息系统

任务十　智能交通中的人工智能

任务十一　智能交通中的大数据技术

任务七　智能交通中的物联网技术

虎门大桥是中国广东省境内一座连接广州市与东莞市的悬索式跨海大桥，东起东莞市太平立交，上跨狮子洋入海口，西至广州市南沙立交；主桥全长 4.6 km；桥面为双向六车道高速公路，设计速度为 120 km/h。虎门大桥于 1992 年 10 月 28 日动工建设，1997 年 6 月 9 日建成通车，1999 年 4 月 20 日通过竣工验收。虎门大桥全貌如图 7-1 所示。

图 7-1　虎门大桥全貌

通车后发现，这座大桥在大风天气下桥梁的震动幅度很大，从安全角度需要确定应该在什么条件下中断交通，这个给大桥管理者带来了很大的困扰。当时的管理部门在缺乏有效检测技术的条件下只能采用笨办法：让管理处司机开车从虎门桥上来回走，如果司机开不了，就马上中断交通。在此情况下，清华大学的过静碧教授团队为虎门大桥集成开发了一套桥梁检测系统，在桥梁关键位置安装 GPS 设备，利用设备检测大风天气下大桥的位移，结合传输技术将检测数据传输到后台，判断桥梁是否需要中断交通。这也几乎可以说是物联网技术在桥梁检测中的首次应用。

那么，你了解什么是物联网技术吗？物联网技术有什么特点？物联网技术使用了哪些新技术？除了用于桥梁监测外，物联网技术还在智能交通中发挥着什么作用？

本任务要求学习者了解物联网的发展历程和关键技术，结合智能交通系统的功能需求，分析如何利用物联网技术进一步促进交通的智能化发展，进而思考和探索物联网技术与智能交通相结合的新应用场景。

任务目标

1. 了解物联网技术；
2. 了解物联网涉及的关键技术；
3. 能够分析物联网技术在智能交通中的主要应用场景；
4. 探索未来智慧交通条件下物联网技术的新应用场景。

主要知识点

1. 物联网技术的概念；
2. 物联网的关键技术；
3. 物联网的应用场景。

7.1　物联网概述

7.1.1　物联网的概念

物联网(Internet of Things，IoT)是在互联网基础上的延伸和扩展的网络，其目标是将各种信息传感设备与网络结合起来而形成的一个巨大网络，实现任何时间、任何地点，人、机、物的互联互通。

物联网是新一代信息技术的重要组成部分，简而言之，物联网就是物物相连的互联网。具体有两层意思：第一，物联网的核心和基础仍然是互联网，是在互联网基础上的延伸和扩展的网络；第二，其用户端延伸和扩展到了在任何物品与物品之间，进行信息交换和通信。因此，我们可以认为物联网就是通过射频识别、红外感应器、全球定位系统、激光扫描器等信息传感设备，按约定的协议，把任何物品与互联网相连接，进行信息交换和通信，以实现对物品的智能化识别、定位、跟踪、监控和管理的一种网络。

目前世界各国对物联网的具体定义各不相同。我国 2017 年颁布的物联网术语国家标准GB/T 33745—2017 对物联网的定义是：通过感知设备，按照约定协议，连接物、人、系统和信息资源，实现对物理和虚拟世界的信息进行处理并作出反应的智能服务系统。欧盟对于物联网的定义是：物联网是未来互联网的一部分，可以被定义为基于标准和交互通信协议的具有自配置能力的动态全球网络设施，在物联网中，物理和虚拟的"物件"具有身份、物理属性、拟人化等特征，它们能够被一个综合的信息网络所连接。目前认同比较广泛的是国际电信联盟(International Telecommunications Union，ITU)发布的 ITU 互联网报告里对物联网作出的定义：物联网是通过二维码识读设备、射频识别(RFID)装置、红外感应器、全球定位系统和激光扫描器等信息传感设备，按约定的协议，把任何物品与互联网相连接，进行信息交换和通信，以实现智能化识别、定位、跟踪、监控和管理的一种网络。

7.1.2   物联网的发展历程

1995 年，比尔·盖茨在《未来之路》(*The Road Ahead*)一书中提及物联网的概念，但受限于当时无线网络、硬件和传感器的发展，并没有引起太多关注。1999 年，在美国召开的移动计算和网络国际会议上，麻省理工学院的凯文·阿什顿教授(后被称为"物联网之父")提出：基于互联网、RFID 技术、EPC 标准，利用射频识别技术、无线数据通信技术等，构造出一个实现全球物品信息实时共享的实物互联网"Internet of Things"的方案。此后，物联网得到了学术界的充分肯定。

2005 年，国际电信联盟发布《ITU 互联网报告 2005：物联网》，其中物联网的定义已经发生了变化，覆盖范围有了较大的拓展和延伸。报告指出，无所不在的"物联网"通信时代即将来临，世界上所有的物体都可以通过因特网进行交互，射频识别技术、传感器技术、纳米技术、智能嵌入技术将得到更加广泛的应用。通过在物品上嵌入一种转移收发器将建立一种全新的信息与通信沟通维度，从任何时间任何地点的人与人之间的沟通扩展到人与物和物与物之间的交互连接。

1999 年，中国国内提出与物联网相似的传感网的概念。中国科学院早在 1999 年就启动了传感网的研究和开发。2009 年 8 月，温家宝总理在无锡视察时提出"感知中国"战略，物联网被写进政府工作报告，正式列为国家五大新兴战略性产业之一。2009 年 10 月，中国第一颗自主研发的物联网芯片——"唐芯一号"亮相。2010 年，中国政府将物联网列为关键技术，并宣布物联网是其长期发展规划的一部分。

2016 年，中国边缘计算产业联盟正式成立。2017 年，工信部发出《关于全网推进移动物联网(NB-IoT)建设发展的通知》，要求到 2020 年 NB-IoT 基站规模要达到 150 万个。"十三五"以来，工业和信息化部大力推进物联网产业发展，取得积极成效。印发《信息通信行业发展规划物联网分册(2016—2020 年)》，引导物联网技术研发、应用落地和产业发展。启动基地建设，推动杭州、无锡、重庆、福州、鹰潭等 5 个物联网示范基地加快产业集群发展。2021 年，工业和信息化部、中央网络安全和信息化委员会办公室、科技部、生态环境部、住房和城乡建设部、农业农村部、国家卫生健康委员会、国家能源局八部门针对当前物联网产业发展现状，以及未来发展趋势和技术创新方向，联合印发了《物联网新型基础设施建设三年行动计划》。计划提出了未来三年物联网的发展重点：一是突破关键核心技术，鼓励和支持骨干企业加大对高端传感器、物联网芯片、新型短距离通信、高精度定位等关键核心技术的攻关力度；二是推动技术融合创新，加强 5G、大数据、人工智能、区块链等新技术与物联网融合发展，提升物联网终端感知能力与应用平台数据处理能力和智能化水平；三是构建协同创新机制，鼓励地方联合龙头企业、科研院所、高校建立一批物联网技术孵化创新中心，调动物联网产业技术联盟、基金会、开源社区等机构协同创新形成合力。

随着信息科技的发展，物联网的外延不断扩大，也在持续的发展中不断完善，在交通、物流、金融、工业控制、环境保护、医疗卫生、公共安全等领域已有了初步应用，出现了"农业物联网"和"车联网"等延伸概念。

7.2　物联网的关键技术

物联网由三大部分组成，即感知层面、网络层面和应用层面。物联网技术体系框架如图7-2 所示。

(1) 在感知层面，我们在需要监控的实物上或监控目标周边安装传感器，感知实物目标的存在，利用转换后的网络信号在感知网络中传输。这个层面也是物联网技术中最核心也最困难的一步。实物感知的程度或数据将直接影响之后的输出结果。

(2) 在网络层面，将感知层面收集的数据汇集到一起，通过原有的互联网技术进行储存、传输、调用、处理。目前来看，5G 网络的兴起，使无线网络运营商在物联网的网络传输层面占有了一席之地。

(3) 在应用层面，主要是利用各种终端设备，包括手机、电脑、平板电脑等，通过互联网读取整个网络的数据和信息、人工决策或智能决策反馈网络，根据反馈达到反向控制的目的。

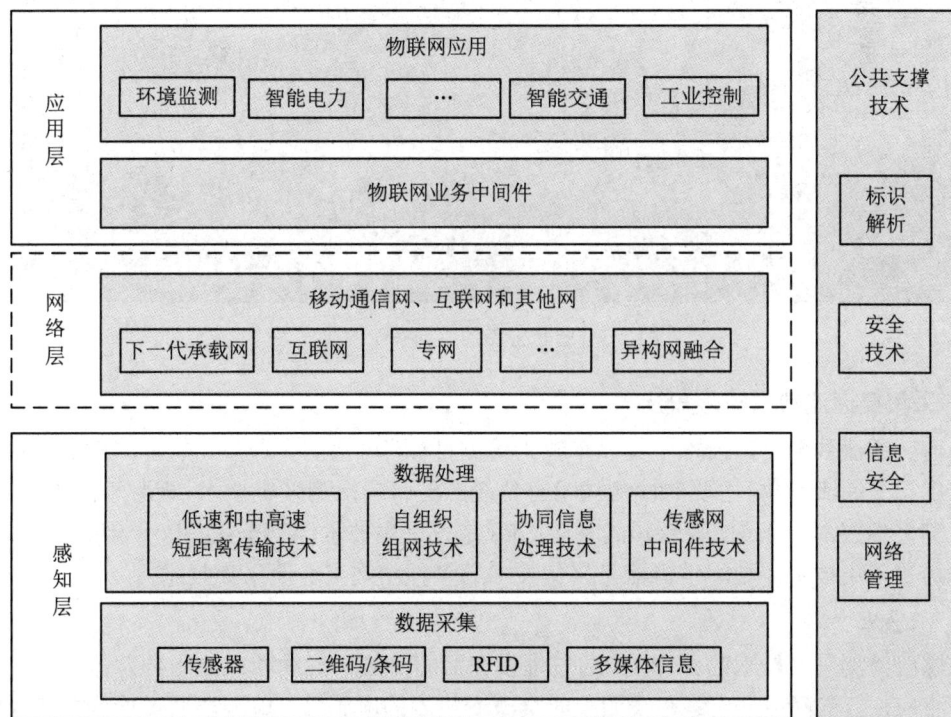

图 7-2　物联网技术体系框架

接下来，我们将从服务交通的角度出发，一起探讨和智能交通有关的物联网关键技术——感知技术与网联技术。

7.2.1　感知技术

智能交通系统是建立在大量的交通数据上的，因此及时获取道路交通有关信息对于智能交通系统的正常运转就显得尤为重要。ITS 中涉及的主要信息包含四类：第一类是交通流数据，如道路实时交通量、车速、延误、车头时距等；第二类是道路基础设施运行状态数据，如桥梁、边坡、隧道的结构和运行情况；第三类是交通事件数据，如交通事故、车辆排队、车辆违章、货物散落等；第四类是交通环境数据，例如阴晴雨雪、路面湿度、道路积雪结冰等。智慧公路的监测系统构成如图 7-3 所示。

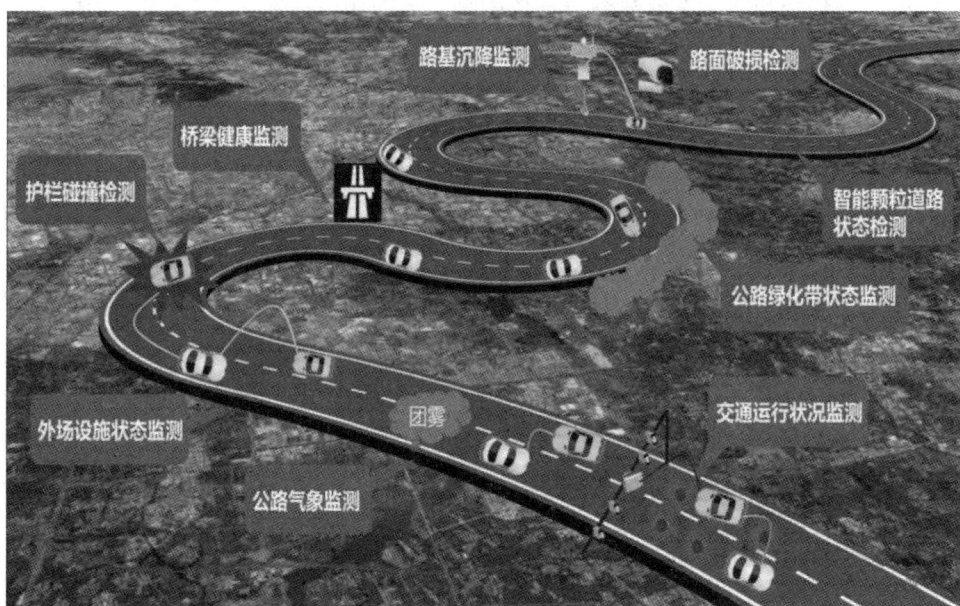

图 7-3　智慧公路的监测系统构成

1. 采集交通流数据的感知技术

当前交通流数据感知技术主要以车辆为检测目标，可检测交通量、车速、车型、占有率、排队长度等交通流参数，主要的检测技术有传统的磁感应检测采集技术、视频检测采集技术、波频检测采集技术，以及比较新颖的基于 GPS 定位采集技术浮动车法、基于 RFID 技术的车载电子标签采集技术、利用手机信号采集技术等多种新型交通流采集技术。

1) 磁感应检测采集技术

磁感应检测采集技术的原理是：通过埋设在路面下的环形线圈或磁阻传感器连接电源产生电磁感应，当车辆通过或停在线圈上时会改变线圈的电感量，检测器通过检测电感量的变化，从而检测到通过或停在线圈上的车辆。通过这项技术可以采集交通量、车速、车道占有率等交通信息。环行线圈施工如图 7-4 所示。

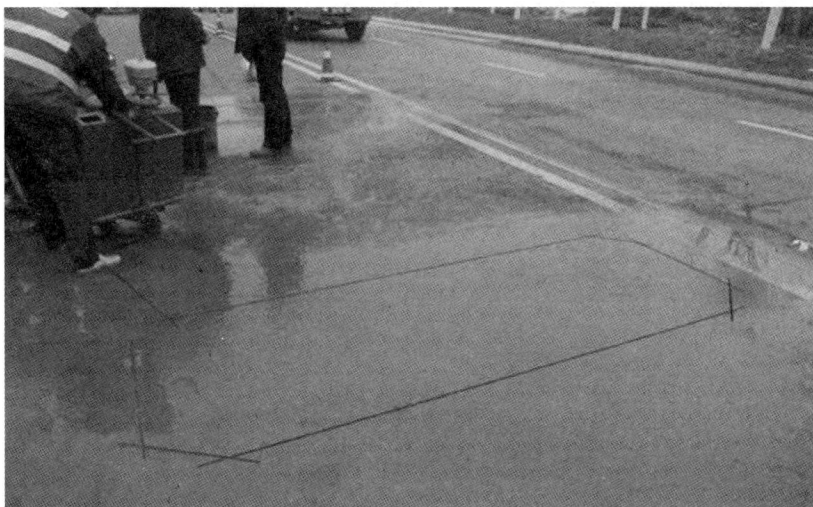

图 7-4 环行线圈施工

2) 视频检测采集技术

视频检测采集技术是一种非接触式检测技术。其技术原理是：通过视频监控设备获取道路交通的图像或视频，利用运动目标检测技术和图像识别技术对图像或视频进行处理和分析，实现交通流信息的采集。

3) 波频检测采集技术

波频检测采集技术的原理是：向检测区域的车辆发射各种电磁波，通过识别车辆反射回来的电磁波信号来检测交通流数据。其主要类型有红外线检测、超声波检测、雷达检测等。通过这项技术可以采集交通量、道路占有率、平均车速等交通信息。图 7-5 为激光采集技术示意图，图 7-6 为微波检测示意图。

图 7-5 激光采集技术示意图

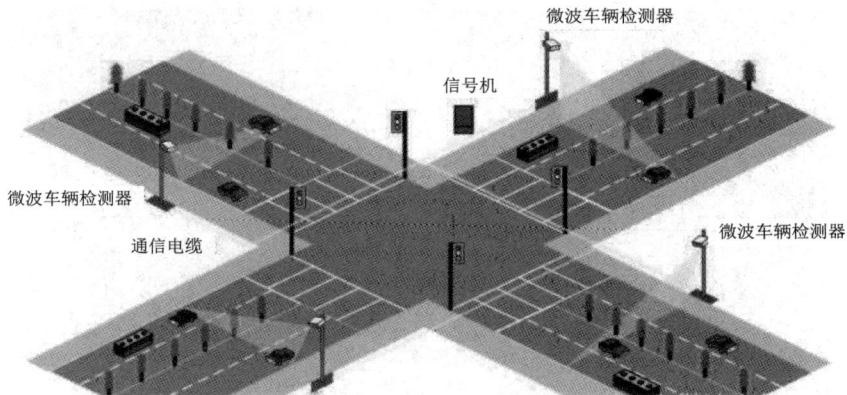

图 7-6　微波检测示意图

不同检测技术的优缺点对比如表 7-1 所示。

表 7-1　不同检测技术的优缺点对比

类　型	优　点	缺　点
感应线圈检测器	检测精度高，技术成熟，易于掌握，成本较低，环境适应能力强，功耗低	需封闭车道破路进行安装，维护成本高，使用寿命短
地磁检测器	检测精度高，使用寿命长，环境适应能力强，成本较低	需封闭车道进行安装
雷达车辆检测器	环境适应能力强，检测范围大，能同时检测几条车道	在车辆拥堵、车型分布不均匀时检测精度一般，需要有经验的人员建设与维护
视频车辆检测器	安装方便，检测区域大，检测信息多，可视化，软件控制，便于升级	受天气、积水、亮度影响大，车辆遮挡易漏检
浮动车法	轨迹类数据，连续数据，对分析交通状态比较友好	难以进行实时控制，采样比例通常偏低，融合分析、处理的技术难度较大

除以上几种检测方式外，交通状态还可通过电信大数据或互联网大数据获得，但这种方式的准确性和置信度依赖于数据产生端定位的精度和路段中样本数据的规模，并且结果数据需要通过分布式处理海量数据获得，时间上有一定的滞后，虽能满足路网或通道级交通流调控的需求，但难以满足路段/路口级交通管控的需求。

ITS 的基本要求是，交通信息采集必须满足精细化、实时性、全天候、无盲点等特征，为了克服单一交通流数据感知技术的缺点，视频检测结合微波、红外线等波频检测的融合感知方式也逐渐成为感知技术的研究重点。

2. 采集道路基础设施运行状态的感知技术

采集道路基础设施运行状态的感知技术主要用于对道路基础设施的运行状态进行智能化监测，及时发现公路基础设施的结构稳定性、完整性等特征信息的变化，对异常现象进行预警和预报，从而协助养护工作的开展，减少安全事故的发生。常见的有针对公路中的桥梁、隧道、道路边坡等基础设施进行检测的技术，针对收费站、服务区、停车区等道路附属设施进行检测的技术，针对护栏、标志标线、视线引导设施、防眩设施等交通安全设施进行检测的技术。

1) 桥梁智能监测

桥梁健康监测系统是集结构监测、诊断评估和维护管理于一体的综合监测系统，主要实现对桥梁结构振动、变形、位移、转角等架构稳定性信息的监测。从系统结构来看，桥梁健康监测系统一般由以下几部分组成：

(1) 实时在线监测模块：主要对桥梁的工作环境、桥梁的结构状态、桥梁在车载等各类外部荷载因素作用下的响应进行实时监测，包括数据采集、数据信号处理与分析等子系统。

(2) 诊断与评估模块：该模块通过一定的分析技术，对已获得的数据进行处理，与结构系统特征联合，应用各种有效的手段识别结构损伤，完成损伤预警、损伤定位、损伤定量，并对结构的健康状态作出评价，分析结构的强度贮备，评价结构的可靠度，计算分析结构投资—寿命关系，为后续模块提供桥梁健康维护决策支持。

(3) 控制与维护管理模块：根据系统监测到的有效信息和诊断与评估模块提供的桥梁状况生成对应的维护决策支持，从而实现系统的整体控制维护和信息管理。

如图 7-7 所示，基于北斗的高精度桥梁智能监测系统采用的智能检测设备主要有位移传感器、加速度传感器、温度传感器、应力传感器、风速传感器等。基于物联网和 GIS 的桥梁健康监测系统框架如图 7-8 所示。

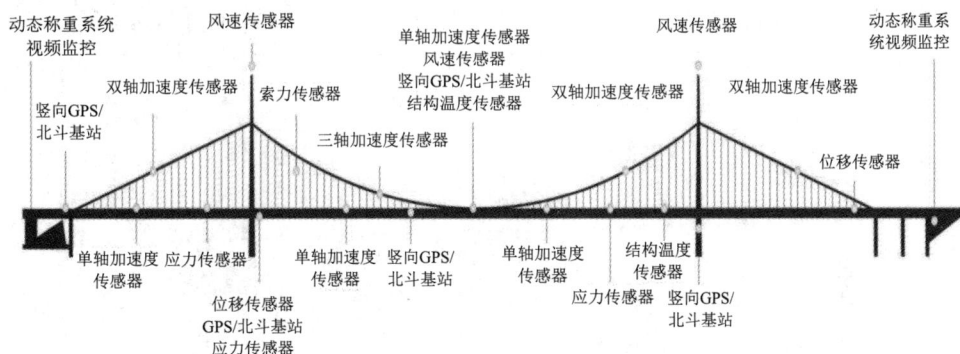

图 7-7 基于北斗的高精度桥梁智能监测系统

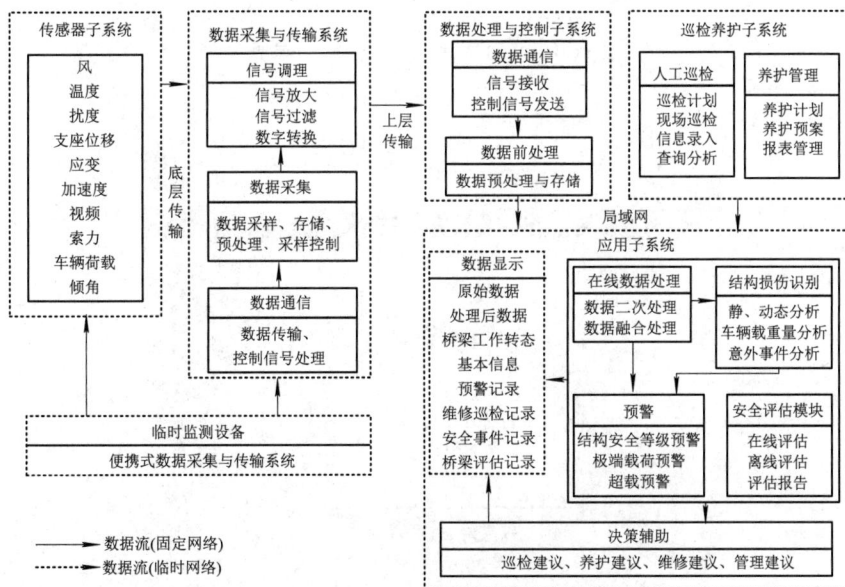

图 7-8 基于物联网和 GIS 的桥梁健康监测系统框架

2) 隧道智能监测

隧道智能安全监测系统通过部署于隧道相应部位的监测设备，用物联网技术完成对隧道应变、振动、温度、沉降等动态响应信号的实时远程采集，对隧道进行 24 小时在线监测，实时掌握隧道的运动形变状态，当隧道形变达到预警值时自动报警，便于及早发现问题，排除隐患。

系统一般分为感知层、网络层、平台层和应用层。

(1) 感知层：实时感应隧道监测参数传感器的状态，如变形监测、地表沉降、土体位移、土壤含水率、土压力、渗压计等前端感知设备。

(2) 网络层：支持数据通信，可上、下双向通信，支持无线蜂窝网络、短信、北斗、PSTN、超短波、ZigBee 等通信方式。感应设备可通过监测预警平台的通信方式，上行发送至监测控制中心平台。

(3) 平台层：整合各层设备和系统功能，通过信号的连接，下发平台对前端感应器的命令，上传监测数据的采集、处理、存储和分析，实时联动前端各大监控设备。

(4) 应用层：开启信息发布途径，实时展示信息数据和预警信息。

隧道智能监测系统框架如图 7-9 所示，典型隧道感知系统部署如图 7-10 所示。

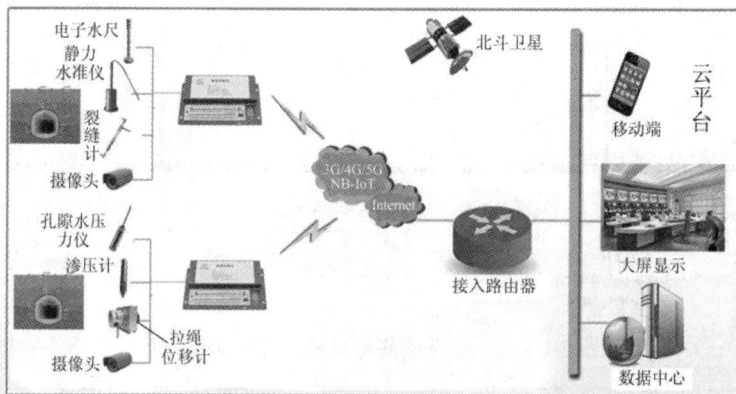

图 7-9   隧道智能安全监测系统框架

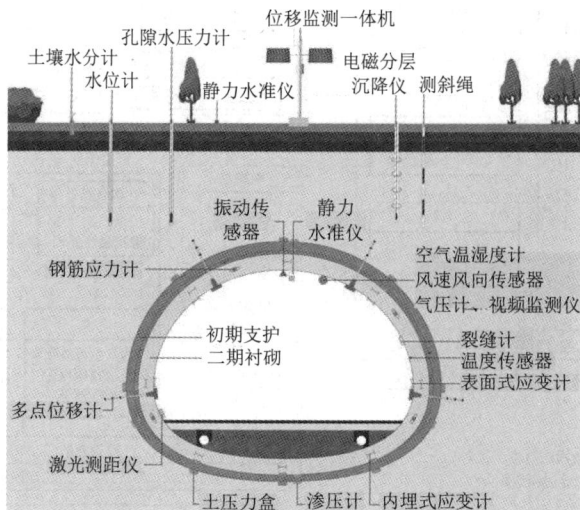

图 7-10   典型隧道感知系统部署

3) 道路边坡监测

道路边坡监测的主要目的在于确定道路边坡的结构稳定性，监测支撑结构的承载能力、耐久性能。智能边坡监测系统主要是以物联网、大数据、北斗定位等技术为基础，综合利用 BIM 技术、GNSS 技术、光纤光栅技术、亚像素定位技术等检测技术，建立地表和地下深部的边坡监控物联网络，对边坡滑坡进行系统、可靠的安全监测。边坡监测使用的典型感知设备主要有位移监测计、渗压计、土壤水分传感器、雨量计等，典型边坡感知设备部署如图 7-11 所示，边坡智能安全监测系统框架如图 7-12 所示。

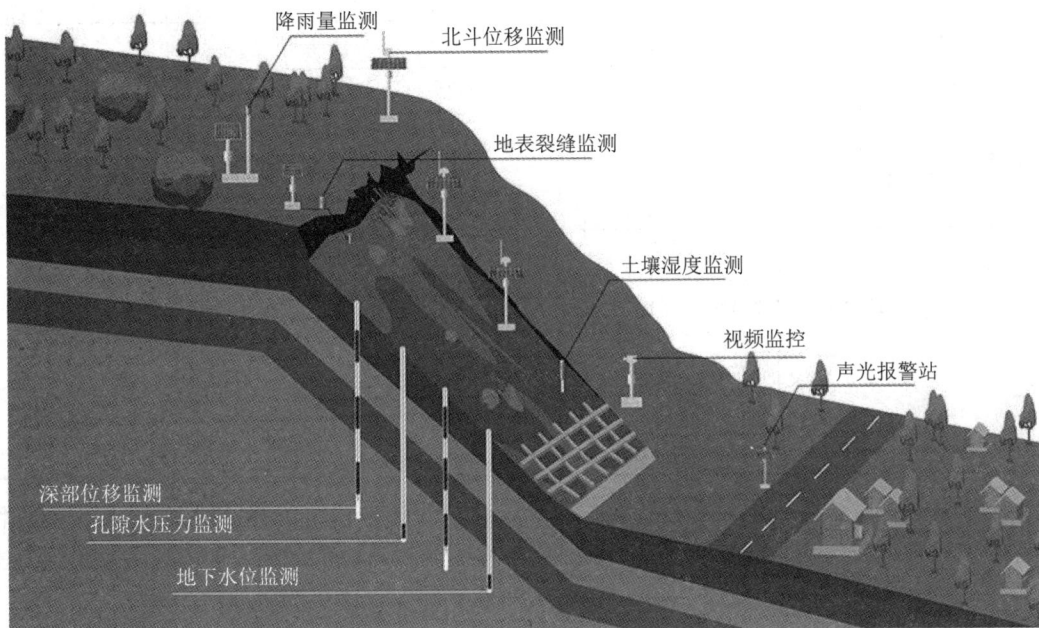

图 7-11 典型边坡感知设备部署

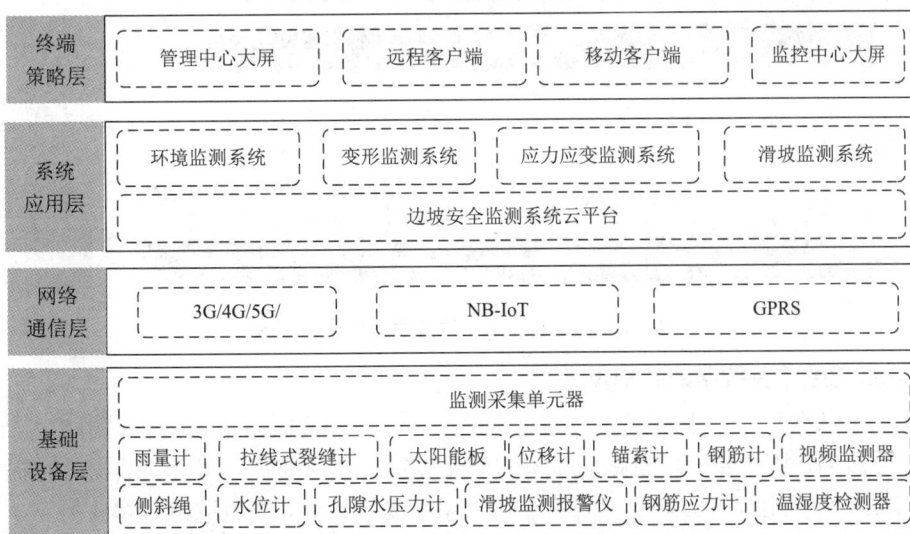

图 7-12 边坡智能安全监测系统框架

3. 采集交通事件的感知技术

采集交通事件的感知技术主要是指利用道路沿线的设施进行交通事件的检测,及时发现如车辆碰撞、货物散落、行车违章等不可预测且影响交通安全和通行能力的事件。最传统的手段主要是靠交警巡查和市民报警来解决,同时也可以通过交通流的检测来间接研判是否有事故发生,但效果都不理想。目前应用最广泛的是通过摄像机采集的视频信号进行数字化处理,采用运动检测、图像处理、图像识别和目标跟踪等技术发现交通事件。常见事件感知检测技术对比如表 7-2 所示。

表 7-2　常见事件检测技术对比

检测技术		检测方法	优　点	缺　点
人工检测	市民报警、巡逻人员、交警报告	报警电话、巡逻车	方便、直接、经济	市民报警误报率高,需要接警人员处理;巡逻人员和交警管理则需要大量人员投入,实时性不够强
自动检测(AID)	间接检测	线圈、雷达、红外线、微波检测等	技术成熟,运营成本较低,不需要密集安装外场设备,不易受天气影响	误报率高、实时性不够强
	直接检测	视频图像识别	检测精度高、实时性强	需要密集安装设备,初期投入高,技术难度大,易受天气影响

近年来,行业正在推出将视频检测技术和雷达检测技术相结合的设备(雷视一体机),将两者的优点相结合,既达到降低误报率、提高事件检测实时性的效果,又可达到不受天气影响、全天候 24 小时工作的效果。图 7-13 所示为基于雷视一体机的事件检测系统。

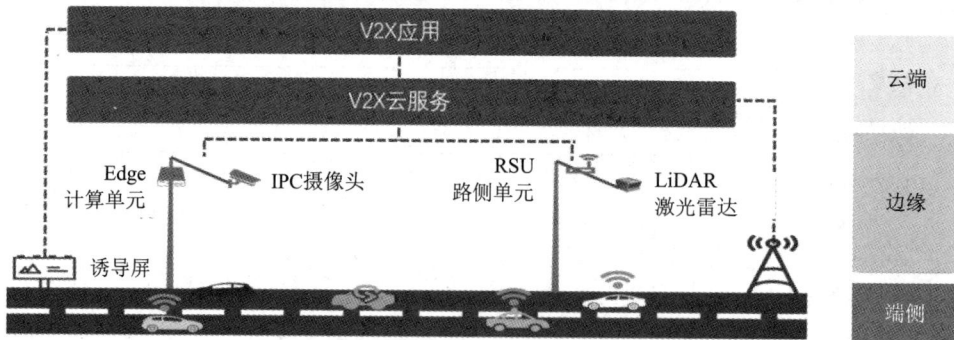

图 7-13　基于雷视一体机的事件检测系统

4. 采集交通环境数据的感知技术

恶劣的气象条件是引发交通事故的重要原因之一。因此公路交通需要对周边大气温度、相对湿度、风力、降水量,以及路面状况和能见度进行实时监测,将必要数据及时提供给交通管理部门和道路出行者。除了传统的道路气象监测设备外,在物联网技术支持下,依托光电探测、光电感知、热谱地图测量技术等先进科技,交通部门建立了公路交通气象监测预警系统,实现对浓雾(团雾)、道面低温结冰、积雪等智能监测预警。气象监测预警平台框架如

图 7-14 所示，预警机制流程如图 7-15 所示。

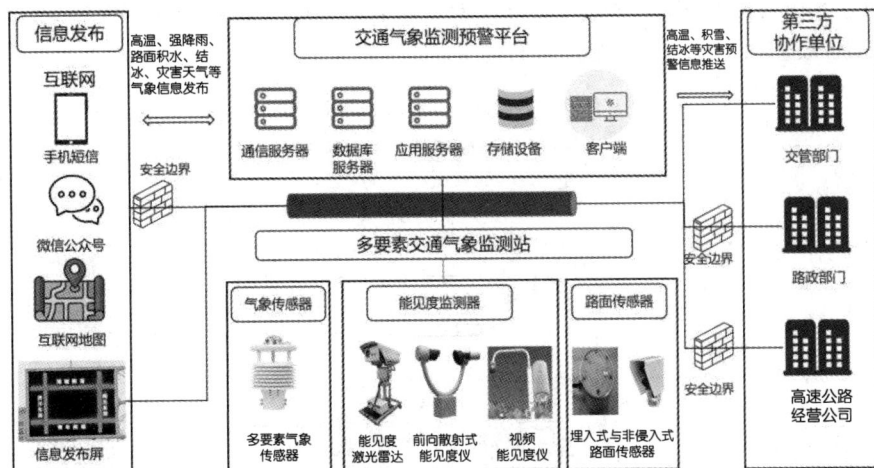

图 7-14　气象监测预警平台框架

图 7-15　预警机制流程

7.2.2　网联技术

无论是要实现智能交通还是要实现基于物联网技术的车路协同，其中最重要的一点就是通信技术的应用。要实现路侧设备、运载工具和控制中心之间的信息交互，通信技术的作用不言而喻。

1. DSRC 技术

DSRC(Dedicated Short Range Communications，专用短程通信)技术是基于长距离 RFID 射频识别的微波无线传输技术。它可以实现在特定小区域内对高速运动的移动目标的识别和双向通信，如车辆与车辆(V2V)、车辆与基础设施(V2I)的双向通信。

DSRC 系统主要包括三个部分：车载单元(OBU)、路侧单元(RSU)和专用短程通信协议，其通信系统模型如图 7-16 所示。DSRC 有主动式和被动式两种信息传输形式。主动式系统中 RSU 和 OBU 均有振荡器，都可以发射电磁波。当 RSU 向 OBU 发射询问信号后，OBU

利用自身电池能量发射数据给 RSU，主动式 DSRC 技术中 OBU 必须配置电池。被动式系统中 RSU 发射电磁信号，OBU 被激活后进入通信状态，并以一种切换频率反向发送给 RSU，被动式 DSRC 技术中 OBU 电池配置可有可无。

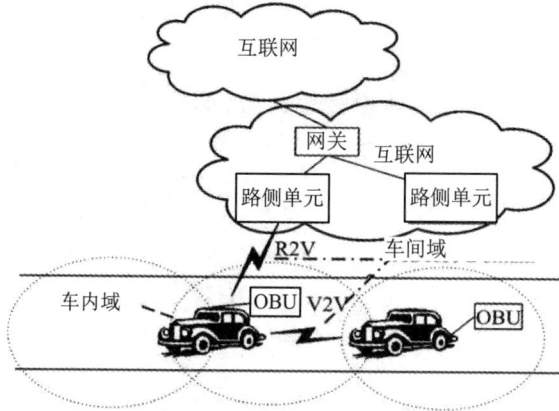

图 7-16   DSRC 通信系统模型

DSRC 技术的产生基于三套标准：

(1) IEEE 1609：即"车载环境无线接入标准系列(WAVE)"，该标准定义了网络的架构和流程。

(2) SAE J2735 和 SAE J2945：这两个标准定义了消息包中携带的信息。该数据包括来自汽车上传感器的信息，如位置、行进方向、速度和刹车信息。

(3) IEEE 802.11p：它定义了与汽车相关的 DSRC 的物理标准。

美国联邦通信委员会规定的 DSRC 信道分配如图 7-17 所示。

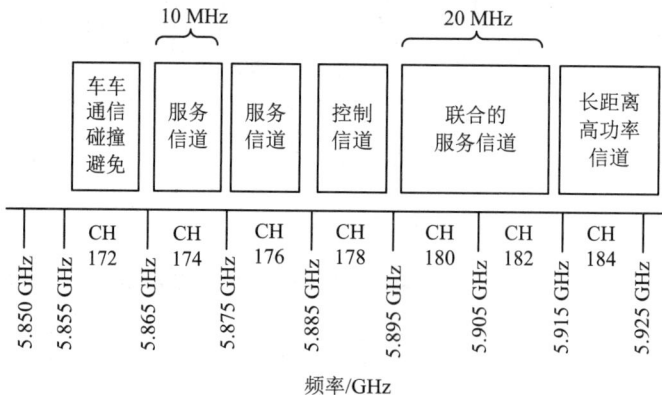

图 7-17   美国联邦通信委员会规定的 DSRC 信道分配

DSRC 技术当前应用于 ITS 系统主要提供如下服务：

(1) 信息提供服务：提供及时、具体的交通信息，满足多种服务需求，如车辆导航、安全驾驶、车辆调度、紧急车辆处理等。

(2) 数据交换服务：完成车辆身份信息、电子收费等数据传输，还可以与联网的车道工控机、收费站计算机、结算中心以及管理计算机高效率互通信息。

(3) 实时检测服务：各类特殊车辆，如违章车、盗窃车、军警车和公安车等，可能随时行驶在道路上，所有这些都需要实时检测、严密监控、妥当处理，以最大程度地保障人民生命财产安全。

(4) 数据加密服务：基于 DSRC 技术对需要保密的信息如收费、安全等进行高强度的加密处理，确保信息安全、畅通传输。

车辆与道路基础设施的双向通信原理如图 7-18 所示。

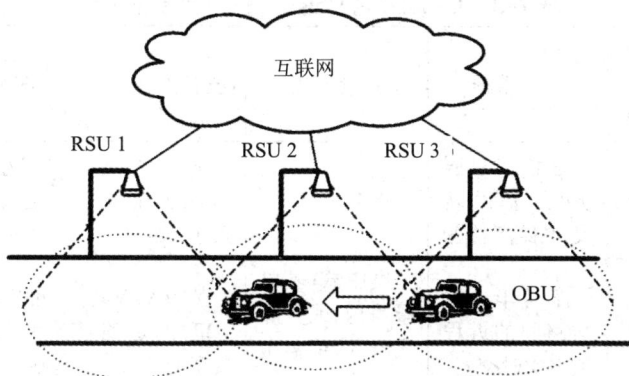

图 7-18　车辆与道路基础设施双向通信原理

2. 基于蜂窝移动通信系统的 C-V2X

V2X(Vehicle to Everything)即车与外界信息交换，也就是我们常说的车联网，主要包含车辆与车辆连接(V2V)、车辆与基础设施连接(V2I)、车辆与互联网连接(V2N)以及车辆与行人连接(V2P) 4 种技术，如图 7-19 所示。

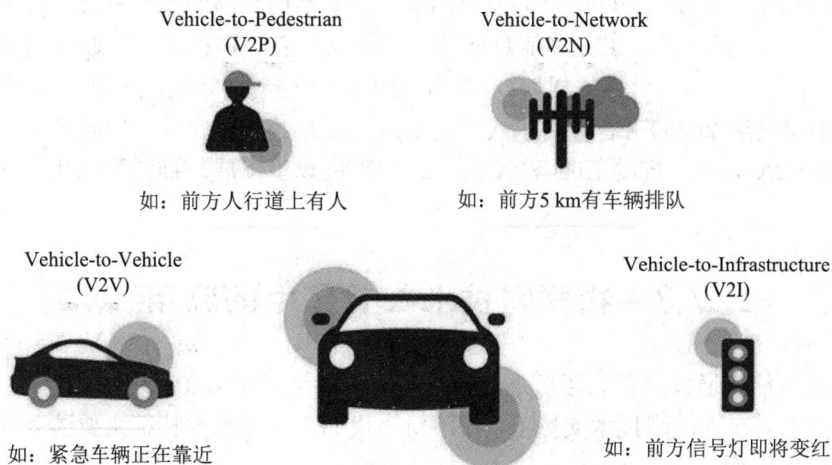

图 7-19　V2X 技术

V2X 技术是基于移动蜂窝网络的 V2X 通信技术，是融合蜂窝通信与直通通信的车联网通信技术。C-V2X 由 3GPP(第三代合作伙伴计划)组织定义，其接入层与 DSRC 有着本质上的不同，完全不兼容。C-V2X 中的 C 是指蜂窝(Cellular)，它是基于 3G/4G/5G 等蜂窝网通信技术演进形成的车用无线通信技术，包含两种通信接口：

(1) 蜂窝模式：沿用传统蜂窝通信模式，使用终端和基站之间的 Uu 接口实现 V2N 通信，并可通过基于基站的数据转发实现 V2V、V2I、V2P 通信。

(2) 直通模式：终端间通过直通链路(PC5 接口)进行数据传输，不经过基站，实现 V2V、V2I、V2P 等直通通信，支持蜂窝覆盖内和蜂窝覆盖外两种场景。两种通信方式的特征对比如表 7-3 所示。

表 7-3　C-V2X 两种通信方式的特征对比

通信方式	接口	信令建立连接	用户数据	控制方式	支持的业务	业务特征	频谱
蜂窝通信	Uu	需要	远程信息服务(经基站转发，长距离通信)	集中式	基于 V2N 的地图信息娱乐等应用	大带宽、时延不敏感业务	电信运营商的 4G/5G 频段
短距离直通通信	PC5	无须	车与车、车与路间的近程数据实时交互	集中式(基站覆盖内)或分布式(基站覆盖范围内或外)	基于 V2V、V2P 的道路安全业务	低时延、高可靠通信业务	智能交通系统(ITS)专用频段(5.9 GHz)

随着蜂窝移动通信系统从 4G 到 5G 的演进，C-V2X 又包括 LTE-V2X 和 5G-V2X。LTE-V2X 主要解决交通实体之间的共享传感(Sensor Sharing)问题，可将车载探测系统(如雷达、摄像头)从数十米的视距范围扩展到数百米以上的非视距范围，成倍提高车载 AI 的效能，实现在相对简单的交通场景下的辅助驾驶。5G-V2X 的业务场景主要是车辆编队行驶、传感器扩展、先进驾驶、远程驾驶等。

我国政府确定了 LTE-V/5G 的战略发展路线，也就是说我国的车联网技术在未来选择以 C-V2X 技术为主。国务院、工业和信息化部、发展改革委、科技部、交通运输部等相关部门颁布了《“十三五”国家信息化规划》《交通强国建设纲要》《智能汽车创新发展战略(征求意见稿)》《中国制造 2025》《智能网联汽车技术路线图》等相关文件，明确了我国车联网通信协议以 5G-V2X 为主，推动 LTE-V2X 向 5G-V2X 进一步发展，推动智能化、网联化交通的技术选择。

7.3　物联网技术在 ITS 中的应用

物联网给智能交通发展带来了机遇与挑战，将智能交通带入了新的时代。

从整体来看，在物联网技术支撑下，我国新一代 ITS 的标志性特征主要体现在技术特征和应用特征两个方面。

1. 技术特征方面

以移动通信技术、宽带网、传感器网络、云计算等为代表的新一代信息技术和高精度定位、高精度地图等相结合，将为 ITS 的应用发展提供强有力的支撑条件。从交通要素互联或连通的角度来看，ITS 将由使用专用通信网(如高速公路光纤网)转向更多地使用公网，由固网转向更多地使用移动通信网，由使用各种交通检测器转向各种传感器、新型获取方法与交通检测器同时使用且互为补充。信息采集、感知和应用正在进入更高阶段，以更为充分和全面的状态采集、交通对象身份和特征的识别与认证为突破点，构建新一代交通信息基础设施，以及综合交通运输网络状态感知和数据服务体系。

2019年9月发布的《交通强国建设纲要》针对智能交通的发展，明确要推动大数据、互联网、人工智能、区块链、超级算法等新技术与交通行业深度融合。推进数据资源赋能交通发展，加速交通基础设施网、运输服务网、能源网与信息网络融合发展，构建泛在先进的交通信息基础设施。构建综合交通大数据中心体系，深化交通公共服务和电子政务发展。推进北斗卫星导航系统应用。未来智能交通一定是更加注重各项新技术的综合集成应用。

2. 应用特征方面

物联网技术与新一代ITS相结合，可为我国构建综合交通运输体系，全面提高信息化水平，控制温室气体排放，大力推进节能降耗等战略要求的实现提供有力支撑，其应用特征鲜明。

在物联网技术下，ITS将建设全方位覆盖、全天候监控的交通状态智能感知网络；建立国家高速公路网运行云控体系，实施云-边-端协同管控；建立客流监测与动态数据服务体系，实现对公共交通的实时感知、管理和服务；建立综合交通枢纽信息系统，实现对综合交通枢纽状态信息的实时感知；通过推动安全和绿色交通(节能减排)相关项目的实施，建设安全、绿色的生态ITS。

在公众服务应用方面，我国新一代ITS将以"服务更符合人的应用需求"为导向，以"让公众享受到智能交通带来的便利服务"为目标，通过融入以新一代信息网络技术为代表的新技术要素，为智能交通服务提供必要的技术支撑手段，并通过规模扩展和应用整合，使公众享受到智能交通带来的便利服务。

具体来看，物联网技术的发展促进了智能化的交通设备和功能更加强大的交通管理与服务系统的发展。智能化的交通设备主要体现在，基于车路协同的自动驾驶汽车的出现，智能高铁以及智能船舶的研究取得一定成效，智能物流装备(无人配送车，智能集装箱等)已经在实际生产生活中取得广泛应用。在智能化的交通管理与服务系统方面主要体现在，ETC收费系统在我国高速公路的大面积推广和应用，国内众多城市的交通集成指挥系统建设取得成效，高速公路应急指挥与救援系统的建设，"两客一危"车辆的智能化管理水平取得极大提高。

7.4 应用案例——全息路口解决方案

交叉口作为城市道路的重要节点，需要具备精准的数字化感知能力，才能有效提升道路精细化治理能力。随着城市规模不断扩张，车辆保有数量井喷，形成海量交通大数据，包含人、车、路、视频、图片等各类数据。传统交通治理依赖前端摄像机抓拍图片视频，后端人工审核处理，面对道路感知信息不全，交通态势上报滞后等现实问题时，出现警情多，警力少，出警压力大等管理难题。

全息路口是运用物联网、云计算、大数据、人工智能AI等信息技术，以数据为核心的城市交通信息采集与发布的智慧载体，其基本架构如图7-20所示。全息路口解决方案采用多方向雷视拟合技术，结合高精度地图呈现路口全息视角，通过对交通事故、事件的自动感知，精准数据辅助定责，可降低事故发生率，提供精准车道级流量数据，支持路口信控自适应配时。

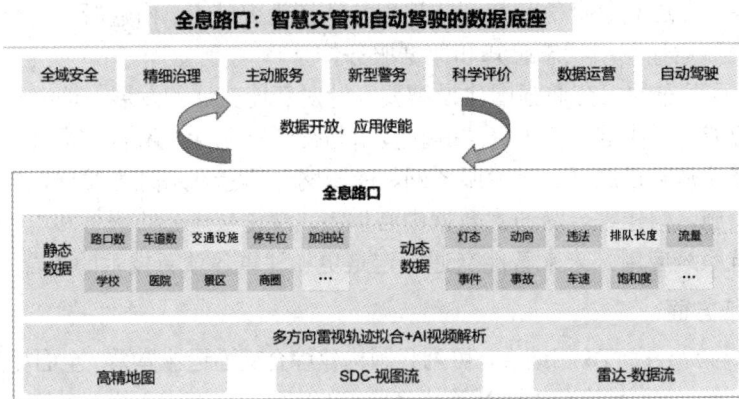

图 7-20　全息路口架构

2020 年，华为推出全息路口 1.0，率先构建路口精细化"全息视角"，实现全天候拟合、全方位感知、全要素采集、高精度定位，为精细化管理打下基础。2021 年，华为再次推出全息路口 2.0，实现覆盖场景更全面、信控更精准、行车更安全。在此基础上，华为进一步提出全息路网的概念，利用机器视觉全息感知、边缘计算、高精度定位、大数据、云计算等技术，对每一条路、每一个路口、每一条车道的交通对象及周边基础设施进行实时精准数字化感知和治理。全息路口的逻辑框架如图 7-21 所示。

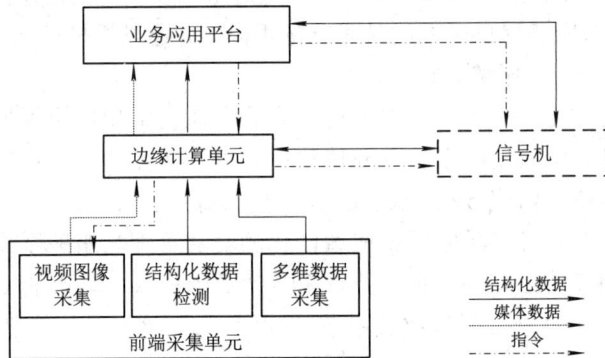

图 7-21　全息路口的逻辑框架

2022 年，由华为、北京图盟科技、北京中软政通、深圳市交警局、常州市交警支队联合编制的团标《道路交叉路口交通信息全息采集系统通用技术条件》(T/CITSA20—2022)正式发布。该标准提出全息路口系统功能应包括路网监测、路口监测、路口评价、信号评价、组织评价、安全评价、交通报告输出等内容。

1. 路网监测

路网监测应满足的要求如下：

(1) 支持实时监测路网中各路口的异常状态，包括交通拥堵、车流溢出和失衡等状态；

(2) 支持实时监测路网中的交通指标，包括平均路口流率、OD 流量、饱和度等指标；

(3) 支持实时监测路网中的交通事件，包括交通冲突、急加速、急减速、急转弯、超速、异常驾驶、交通违法等事件；

(4) 支持实时监测路网中的交通事故并实时报警，支持查看事故车辆轨迹、回放事故视频；

(5) 支持对路网中的交通事件和拥堵路况实时报警，支持跟踪事件处置过程、回放车辆轨迹和视频。

2. 路口评价

路口评价应满足的要求如下：

(1) 应支持建立路口的交通评价体系，从效率、安全、秩序等维度对路口进行评价；

(2) 宜使用延误时间、停车次数、排队长度、饱和度等指标进行效率评价；

(3) 宜使用事故率、交通违法事件统计等指标进行安全评价；

(4) 宜使用冲突率、机动车道的行人和非机动车入侵率等指标进行秩序评价。

3. 组织评价

组织评价应满足的要求如下：

(1) 支持潮汐车道分析，包括分析路口进出口流量，根据进口流量比、流量波动系数等指标判断潮汐车道设置的合理性；

(2) 支持可变车道和车道流向分析，包括分析路口进口各流向流量，根据流向流量比、流量比不均等系数、流量比波动系数等指标分析车道功能划分、可变车道设置的合理性。

4. 安全评价

安全评价应满足的要求如下：

(1) 具备疑似交通事故、异常停车、逆向行驶、超速、横穿路段、不按车道行驶、违规变道等交通违法事件的检测和分析能力；

(2) 具备交通冲突、急加速、急减速、急转弯、行人入侵机动车道、非机动车入侵机动车道、右转车辆未减速等交通安全隐患事件的检测和分析能力；

(3) 建立路口安全评价指标，评价路口的安全性，包括使用冲突率(数)、事故率(数)、危险驾驶比例、非机动车和行人入侵率、违法事件数、右转超速比例等指标分析上述各类安全事件，评估路口安全状况。全息路口控制平台界面如图 7-22 所示。

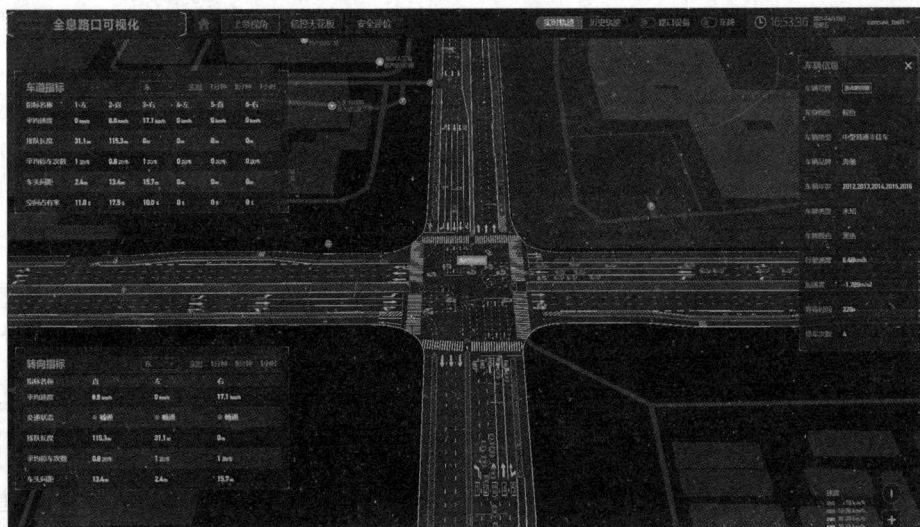

图 7-22　全息路口控制平台界面

　　在实践中，全息路口取得了不俗的成绩。以重庆全息路网联合创新为例，重庆黛山大道在全息路网解决方案实施后，实现了分米级精确轨迹，车道级流量准确率达 95% 以上，为交通信控优化、事件分析还原、道路路口评价提供精确数据支撑。同时，还能获取丰富全面的感知数据，其中包括静态渠化数据(路口基础构成、交通标线、公共交通设施、交通标志、交通设备等)和动态的态势数据(车辆轨迹、车道流量、车道饱和度、延误停车次数、排队长度等)。

　　项目投入运行以来，黛山大道南北通行优化效果明显。以黛山大道 319 至铁山路优化效果为例，北向南方向，在平峰时段行程时间由 17 min 缩短至 11 min，高峰时段的行程时间由 22 min 缩短至 15 min；南向北方向，平峰时段行程时间由 19 min 缩短至 12 min、高峰时段由 24 min 缩短至 16 min。整体通行效率提升 30% 以上，平峰期实现了一路绿波通行。

　　除此以外，重庆的两江新区金开大道与和睦路路口通过全息路网区域数据管理，信控人工干预从 16 次/天下降到 2 次/天，高峰时段拥堵指数下降 5.3%，平均车速提升 6.5%，全天平均拥堵指数下降 4.6%，平均车速提升 6%，大大提升了通行效率与出行幸福指数。

拓展阅读　中国现代公路第一人——赵祖康

　　赵祖康(1900.9.1－1995.1.19)，字静侯，男，上海松江人，中国道路工程专家，中华民国最后一任上海市代市长、中华人民共和国上海市副市长，与詹天佑、茅以升并称为"中国交通工程三杰"。

　　赵祖康，1914 年考入江苏省立第三中学，1922 年毕业于位于唐山市的交通大学土木工程系。毕业后多年从事公路建设工作。1929 年，赵祖康进入国民政府交通部工作，次年被公派往美国康奈尔大学留学，进修道路与给水排水工程。

　　1931 年赵祖康回国，不久被任命为国民政府全国经济建设委员会公路处副处长，后逐渐升迁至交通部公路总局副局长。抗日战争爆发后，赵祖康抢修了多条军用公路，并负责修建了西兰公路(西安至兰州)、西汉公路(西安至汉中)和乐西公路(乐山至西昌)。他还参与了滇缅公路、中印公路等国际通道的建设工作。

　　(1) 西兰公路，自西安到兰州，全长 706 km，大部分在黄土高原上，沟壑纵横，高低之间，相差达 2300 余米，原有道路坡陡弯急，行车异常危险；有山无石，有沟缺水，施工十分困难。赵祖康亲自上路，安排指导，根据缓急先后，采取分期通车办法。他大胆采用土质拱桥和挡土墙，节省了大量资金。为了解决修筑路面所需的砂石材料短缺的问题，曾在西安附近修建水泥稳定土试验路，但因当时无专用筑路机械，以致未能推广。该路采用边通车边施工的措施，于 1935 年全线畅通。在后来抗日战争中，作为西北国际补给运输干线，发挥了很大的作用。

　　(2) 西汉公路，自西安到汉中。新修工程由宝鸡到汉中，长 254 km。该路所经之地，就是古蜀道的北栈道部分，大诗人李白曾有："蜀道之难，难于上青天"的名句，足见其艰险程度。赵祖康从选线到施工，无不亲自过问，该公路 1934 年底动工，1936 年 5 月修建完工。

　　(3) 乐西公路，自四川省乐山至西昌，全长 525 km，穿过海拔 2800 m 的蓑衣岭和波涛汹涌的大渡河。在地形险恶、气候多变、人烟稀少、给养困难的复杂条件下，赵祖康率领全路职工，与天斗、与地斗、与人斗，用了一年五个月的时间，于 1940 年底打通，其困难远远超过了单纯公路工程，可以说是一项庞大的系统工程。赵祖康不仅是一位工程技术专家，而且是一位全能的组织者，他在主持乐西公路工程 3 年时间里，由于昼夜操劳而患咯血，生病疗养于成都。

抗战结束后，赵祖康出任上海市工务局局长，主持制定了《上海市都市计划》。1949 年 5 月 24 日，赵祖康被任命为上海市政府代理市长。次日，中国人民解放军进驻上海。赵祖康命令上海的国民党军队停止抵抗，配合解放军完成了对上海的解放工作。5 月 28 日，赵祖康正式将上海市政权移交给以陈毅为首的中国人民解放军上海市军事管制委员会。

1951 年，赵祖康加入中国国民党革命委员会，曾任民革中央副主席、上海市人民政府副市长等职，是第一至七届全国人大代表。1958 年至 1995 年赵祖康居住于上海市兴国路 324 号。1995 年 1 月 19 日赵祖康逝世于上海。

赵祖康一生致力于道路交通术语规范化的研究，并作出了突出的贡献。他在长期从事公路工程实践中，对公路定线有着较深的研究。他在编写的"公路定线之研究"中，认为定线有 3 个主要控制因素，即交通量、地形、造价，因 3 个词的英文分别是 Traffic、Topograph、Cost，都以字母"T"为首，故简称为 3T 因素；4 个定线目标即速度、安全、经济、景观，因 4 个词对应的英文分别是 Speed、Safety、Saving、Scenic，都以字母"S"为首，故又称为 4S 目标；5 个定线要目即距离、坡度、线形、宽度、排水；5 个山岭线即越岭线、山腹线、山脚线、山谷线、岭脊线；还有 2 个主要定线方法，即纸上定线、实地定线。其考虑周详，提要钩玄，对公路定线有很重要的指导意义。

课 后 任 务

任务一　基础任务

1. 物联网由三大部分组成，即_____、_____和应用层面。其中最难也是最关键的部分是_____。

2. 智能交通管理中采集的数据主要分为四类，其中实时交通量、车速、延误、车头时距等属于_____数据。

3. 交通中涉及的物联网网联技术主要是_____和_____。

4. 采集道路气象信息的感知设备主要有_____、_____和_____。

5. DSRC 系统主要包括三个部分：_____、_____和专用短程通信协议。

任务二　能力提升任务

通过网络收集资料，进一步了解 DSRC 技术和基于蜂窝移动通信系统的 C-V2X 技术，然后对比两种技术各自的优缺点。分析我国选定以 LTE-V/5G 技术作为今后我国车联网技术的主流技术的原因。

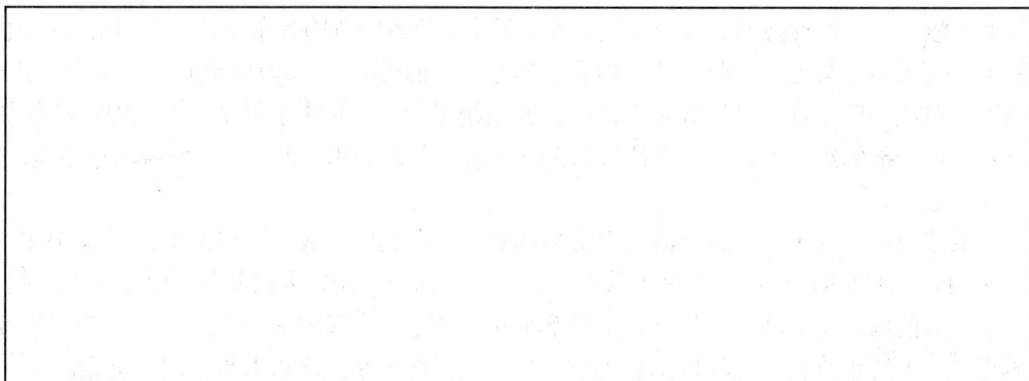

任务三　专创融合任务

1. 结合个人所学，通过信息检索的方式利用网络收集资料，思考物联网技术所能使用的交通场景及能够解决的交通问题。

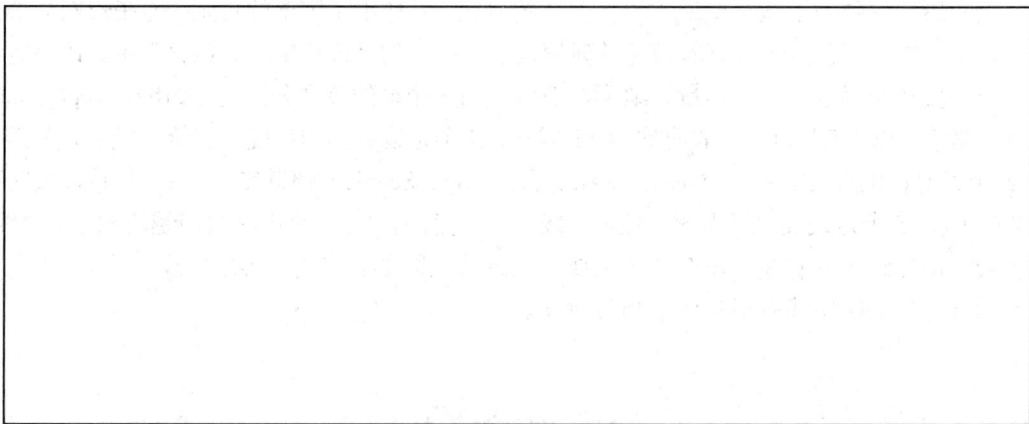

2. 随着物联网技术的进一步发展，我们的生活也变得越来越方便。例如通过物联网，我们可以在上班的时候控制家里的电饭煲开始煮饭，提前打开家里的空调等。请大家思考：物联网还能用在我们身边哪些生活场景中？产生哪些新的智能产品？

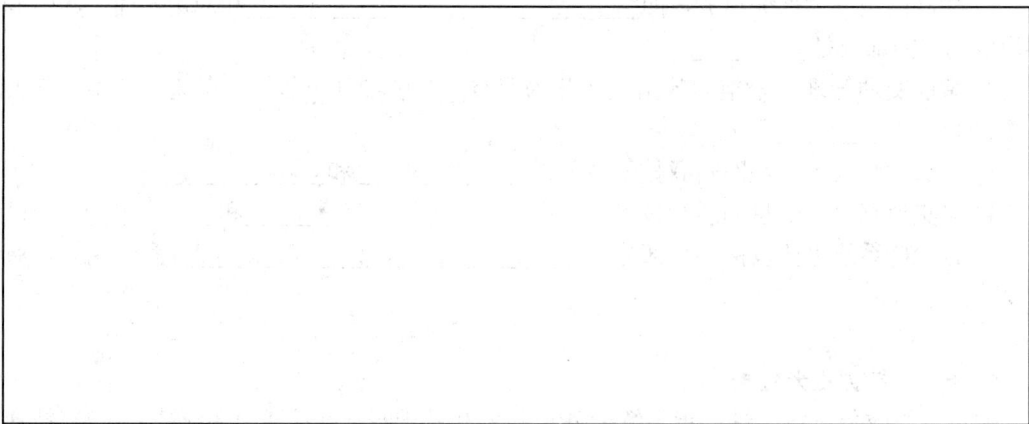

任务八 智能交通中的无人机技术

随着无人机行业的发展，无人机技术在智能交通领域的应用越来越广泛。以交通事故处理为例，传统的交通事故处置，需由交警现场拍照取证、纸上绘图的方式来建档处理，处理效率低，交警负担重。深圳交警使用无人机拍摄事故现场要素照片，通过软件高效开展定责、建档，快速处理。通过这种方式大大降低了事故现场警力部署需求，可由铁骑通过无人机拍摄事故现场要素照片，或进行现场三维建模。小事故更可以远程取证，通过喊话快速恢复交通。除此之外，交通行业在利用无人机进行道路规划、道路测绘、交通事故处理、桥梁检测、道路巡检等方面的应用也越来越深入。

你对于无人机是否了解？无人机的基本构造是什么样子的？其主要特点和优势是什么？无人机可以为智能交通系统提供哪些便利？

本任务要求学习者了解无人机的发展历程、认识无人机的技术特点，结合智能交通系统中的任务需求，分析如何运用无人机灵活机动、应用广泛的特点解决智能交通中存在的实际问题，了解无人机相对于传统手段的优势，进一步思考和探索无人机与智能交通系统的结合方式及应用场景。

任务目标

1. 了解无人机的类型与功能；
2. 了解无人机的结构和技术特点；
3. 了解无人机技术在智能交通领域中的应用场景；
4. 探寻无人机技术在未来交通中的新应用领域。

主要知识点

1. 无人机的发展历程；
2. 无人机的分类；

3. 无人机的结构与技术特点;

4. 无人机在智能交通中的应用。

8.1　无人机的发展历程

无人机是无人驾驶飞机(Unmanned Aerial Vehicle,UAV)的简称,又称远程驾驶航空器(Remotely Piloted Aircraft, RPA)。其定义是,利用无线电遥控设备和自备的程序控制装置操纵的无人驾驶飞行器,包括固定翼无人机、多旋翼无人机、单旋翼无人机、伞翼无人机、扑翼无人机、变翼无人机、太阳能无人机等。从某种角度来看,无人机可以在无人驾驶的条件下完成复杂空中飞行任务和各种负载任务,被看作是"空中机器人"。

8.1.1　无人机的起源

无人机起源于第一次世界大战期间。1917 年,皮特·库柏(Peter Cooper)和埃尔默· A. 斯佩里(Elmer A. Sperry)发明了第一台自动陀螺稳定器,这种装置能够使飞机保持平衡向前飞行,无人飞行器自此诞生。利用技术成果一架柯蒂斯 N-9 型教练机被改造成为首架无线电控制的不载人飞行器,即斯佩里空中鱼雷号(Sperry Aerial Torpedo),如图 8-1 所示。

图 8-1　斯佩里空中鱼雷号

8.1.2　军用无人机的发展历程

1935 年英国研制出了第一架可复用无人驾驶飞行器——蜂王号,如图 8-2 所示。蜂王号最高飞行高度为 5181.6 m(17 000 英尺),最高速度为 160.93 km/h(100 英里每小时),在英国皇家空军服役到 1947 年，主要执行战场侦察任务。

图 8-2　蜂王号

1951 年，由美国特里达因·瑞安飞机公司为美军研制的 BQM-34 火蜂无人机交付使用。这是世界上首架采用涡轮喷气发动机、可回收并重复使用的无人驾驶靶机，也是世界上生产数量最大的无人机之一。

1994 年，美国通用原子公司(General Atomics)研发的 MQ-1 型"捕食者"无人机，是世界上第一款具有实战意义的察打一体无人机。

2006 年 8 月，由美国工业公司下属 AAI 公司为美国陆军航空兵和导弹指挥部研制的 RQ-7B 影子无人机完成交付，它是一种小型、轻量级战术无人机驾驶飞行器系统，集成有新型高级战术通用数据链路设备，能够定位并识别战术指挥中心 125 km 之外的目标，用于执行侦察、监视、瞄准和战场评估等任务。

21 世纪初，由洛克希德·马丁公司附属公司臭鼬工厂(Skunk Works)研制的 RQ-170 哨兵无人侦察机，是第一种被证实采用隐身设计的主要用于对特定目标进行侦察和监视的隐形无人机。

2021 年，由美国国防技术公司诺斯罗普·格鲁门公司研制的 X-47B 无人机，是人类历史上第一架无须人工干预、完全由电脑操纵的"无尾翼、喷气式无人驾驶飞机"，也是第一架能够从航空母舰上起飞并自行回落的隐形无人轰炸机。

8.1.3　民用无人机的发展历程

民用无人机的发展要归功于军用技术的民用化。与军用无人机的百年历史相比，民用无人机从 20 世纪 80 年代才开始起步。民用无人机技术要求低，更注重经济性。军用技术的民用化降低了无人机市场进入门槛和研发成本，使得民用无人机得以快速发展。

1982 年，中国真正意义上的第一款民用无人机 D-4 诞生，它由陕西省科学技术委员会委托西北工业大学研发，执行航空测绘和航空物理探矿任务。

1987 年，日本山叶公司(YAMAHA 公司)开发了一种用于喷洒农药的 R-50 型无人直升机，1990 年成为第一款对外销售的民用无人机，担负着日本 35%的稻田病虫害防治工作。

1997 年，由澳大利亚 Aerosonde 公司研发的最早一款气象无人机 Aerosonde(气象侦察兵)投入使用。2001 年，美国利用该无人机进行了低空气象探测尝试，获取了进水面(约 300 m)的温度、湿度和风速等气象资料。

2008 年，无人机成功应用于汶川地震救灾行动中。由多家机构和企业联合成立"无人机遥感应急赈灾联合组"，用于抗震救人以及对堰塞湖进行动态监测和风险评估。

2012 年之前，消费级无人机市场的客户群体主要为航模爱好者、发烧友等小众群体。2012 年，深圳大疆公司研发的世界首款航拍一体机 Phantom 问世，无人机由此开始走向大众。

近年来，随着飞控系统开源、硬件成本下降、可靠性不断提高、产业链逐渐完整、无人机市场需求增加等多方面因素的影响，无人机具备了小型化、智能化、低成本的条件，无人机民用拓展迅猛。消费级无人机不断普及，工业无人机在人工影响天气、应急产业、气象监测、巡检、安防监控、农林植保、测绘与地理信息等领域得以快速发展。

那么，目前的民用无人机在向哪些方面发展呢？总结起来主要有 3 个方面。

1. 多任务载荷

随着社会经济发展与无人机产业成熟化，工业无人机执行的任务呈多样化趋势，仅搭载普通小型摄像头等任务载荷无法满足其在测绘、巡检、农林植保方面的任务执行要求。此外，无人机的任务载荷重量更是影响续航时长的重要因素之一。如何将多种载荷与无人机更好地集成，以更经济的平台来执行任务是行业研究的主要方向。

2. 任务载荷小型化

内部空间狭小是民用无人机的突出特点之一。但是随着无人机产业的发展，为执行多样化任务，需要安装的载荷也越来越多，这就导致了在无人机空间不变的情况下，载荷需要做到越来越小。未来，随着无人机技术的快速发展、任务载荷制造技术和工艺的不断提高以及新型材料的不断推出，无人机任务载荷实现小型化将成为民用无人机领域的重要发展趋势之一。

3. 智能自主化

与军用无人机类似，大型工业无人机常常应用于应急通信、气象探测等环境恶劣、复杂的工作场景，应用于海洋、山地、林地等多样化地形，人工操控稍有延迟就可能发生撞机等危险事件。此外，国家对无人机的飞行安全等问题日益关注，因此对无人机的飞行动态，包括飞行轨迹、高度、速度等信息的追踪就显得十分重要。智能自主化可提高无人机的运行效率和安全性能，是未来大型工业无人机的重要发展方向之一。

8.2　无人机的分类

无人机的应用领域非常广泛，因此，其尺寸、重量、性能及任务等方面的差异也非常大。从不同的角度考量，无人机有多种分类方法。

1. 按用途分类

按用途分类，无人机可分为军用无人机和民用无人机，其具体类型如图 8-3 所示。

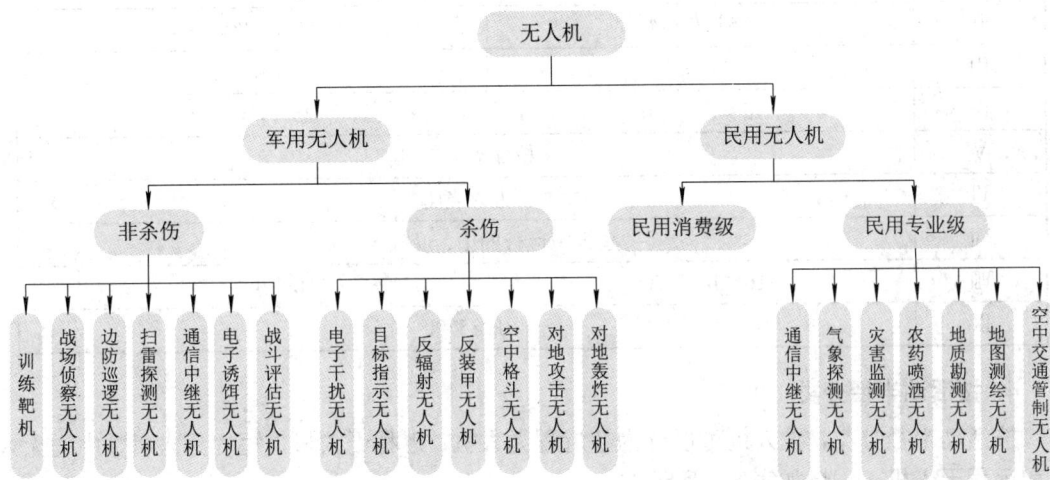

图 8-3　按用途分类的无人机

2. 按平台构型分类

按平台构型分类，无人机可分为固定翼无人机、多旋翼无人机、无人直升机、无人飞艇、无人伞翼机等，如表 8-1 所示。

表 8-1　按平台构型分类的无人机

序号	名　称	特　点
1	固定翼无人机	军用和多数民用专业级无人机的主流平台，适用于大面积、大范围巡检，能超长航时、超远距离飞行，最大特点是飞行速度较快，缺点是起降要求高，不能悬停
2	多旋翼无人机	消费级和部分民用专业级用途的首选平台，灵活性介于固定翼和直升机之间，操纵简单，成本较低
3	无人直升机	同时应用于军用和民用，不需要发射系统，还能垂直起降，更能自由悬停，是灵活性最强的无人机平台，可用各种速度、各种飞行剖面的航路进行飞行
4	无人飞艇	主要用于航拍和空中巡视的民用级飞行器，和无人直升机一样可以垂直起降和空中悬停，缺点是速度慢、灵活性差
5	无人伞翼机	优点是体积小、飞行高度低、成本低，缺点是受风力影响大、不能高空飞行

3. 按尺度分类

按尺度分类(民航法规),无人机可以分为微型无人机、轻型无人机、小型无人机、中型无人机和大型无人机。中国民用航空总局对无人机按重量(1.5 kg、7 kg、25 kg、150 kg、5700 kg)划分为Ⅰ、Ⅱ、Ⅲ、Ⅳ、Ⅴ、Ⅵ、Ⅶ、Ⅷ、Ⅸ九类,实际运行中无人机重量有交叉时,应按照较高要求一类进行分类,详情如表 8-2 所示。

表 8-2   按尺度分类的无人机

分类	空机重量/kg	起飞全重/kg
Ⅰ	$0<W\leqslant1.5$	
Ⅱ	$1.5<W\leqslant4$	$1.5<W\leqslant7$
Ⅲ	$4<W\leqslant15$	$7<W\leqslant25$
Ⅳ	$15<W\leqslant116$	$25<W\leqslant150$
Ⅴ	植保类无人机	
Ⅵ	无人飞艇	
Ⅶ	超视距运行的Ⅰ、Ⅱ类无人机	
Ⅷ	$116<W\leqslant5700$	$150<W\leqslant5700$
Ⅸ	$W>5700$	

4. 按活动半径分类

按活动半径分类,无人机可以分为超近程无人机、近程无人机、短程无人机、中程无人机和远程无人机,详情如表 8-3 所示。

表 8-3   按活动半径分类的无人机

序号	类 别	活动半径 R/km
1	超近程无人机	$R\leqslant15$
2	近程无人机	$15<R\leqslant50$
3	短程无人机	$50<R\leqslant200$
4	中程无人机	$200<R\leqslant800$
5	远程无人机	$R>800$

5. 按任务高度分类

按任务高度分类,无人机可分为超低空无人机、低空无人机、中空无人机、高空无人机和超高空无人机,详情如表 8-4 所示。

表 8-4   按任务高度分类的无人机

序号	类 别	任务高度 h/m
1	超低空无人机	$h\leqslant100$
2	低空无人机	$100<h\leqslant1000$
3	中空无人机	$1000<h\leqslant7000$
4	高空无人机	$7000<h\leqslant18\,000$
5	超高空无人机	$h>18\,000$

6. 按飞行速度分类

按飞行速度分类，无人机可分为低速无人机、亚音速无人机、跨音速无人机、超音速无人机和高超音速无人机，详情如表 8-5 所示。

表 8-5　按飞行速度分类的无人机

序号	类　别	速　度
1	低速无人机	$Ma \leqslant 0.3$
2	亚音速无人机	$0.3 < Ma \leqslant 0.7$
3	跨音速无人机	$0.7 < Ma \leqslant 1.2$
4	超音速无人机	$1.2 < Ma \leqslant 5$
5	高超音速无人机	$Ma > 5$

8.3　无人机的构造与技术特点

目前行业内无人机样式众多，由于篇幅所限，本书主要简单讲解固定翼和多旋翼无人机的构造。

8.3.1　固定翼无人机的构造

固定翼无人机是机翼固定且外端后掠角可随速度自动或手动调整的一类无人机，通常由机体结构、动力系统、航电系统、起降系统和地面控制站组成。

1. 机体结构

固定翼无人机的机体结构主要由机翼、机身、尾翼和起落架 4 个部分组成，如图 8-4 所示。

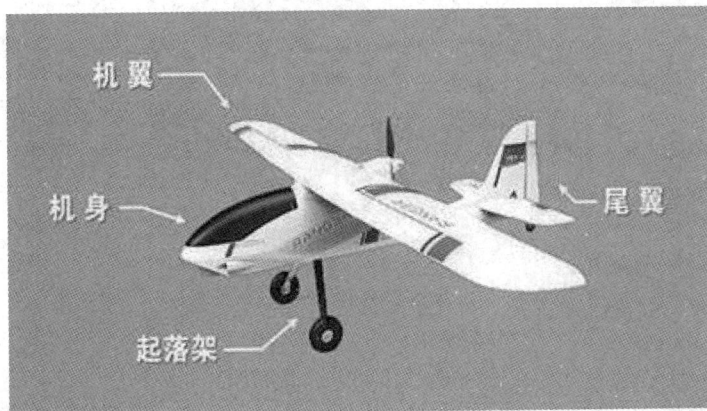

图 8-4　固定翼无人机的机体结构

1）机翼

机翼结构主要由翼梁、纵墙、桁条、翼肋、蒙皮和接头等典型构件组成，是无人机飞行时提供升力和调整飞行姿势的装置，其结构如图 8-5 所示。

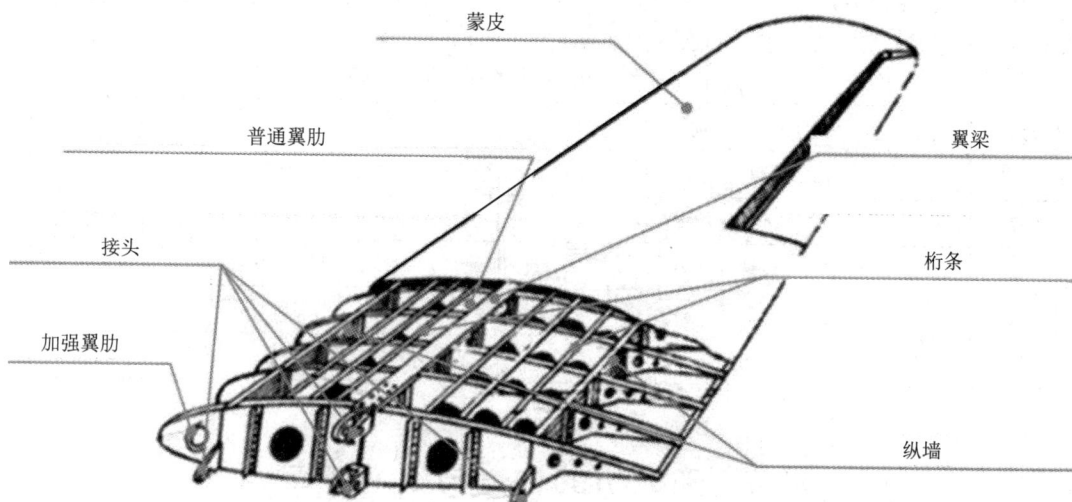

图 8-5　无人机机翼结构图

2) 机身

机身的主要功用是固定机翼、尾翼、起落架等部件，使之连成一个整体。机身主要由沿机身纵轴方向的纵向元件——长桁、桁梁和垂直于机身纵轴的横向元件——隔框以及蒙皮组合而成，其结构形式有构架式、硬壳式、半硬壳式、桁梁式和桁条式。其结构特点分别如下：

(1) 构架式机身。构架式机身的承力构架做成四橡条的立体构架。在承力构架外面，固定有整形用的隔框、桁条和蒙皮。其结构如图 8-6 所示。

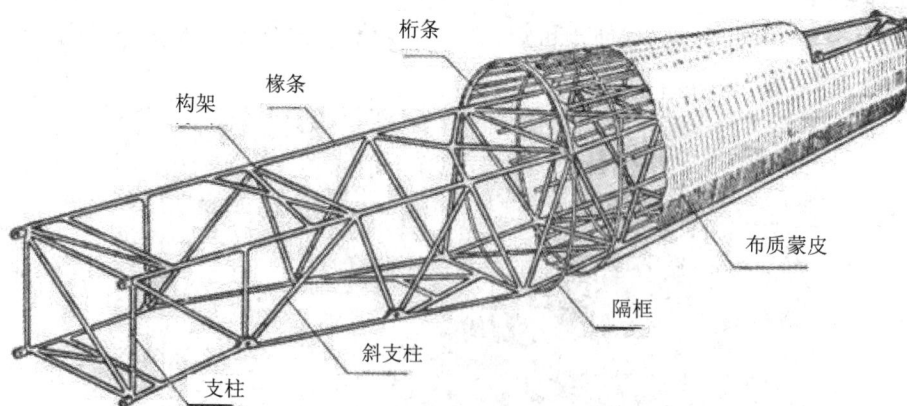

图 8-6　构架式机身的结构

构架式机身的抗扭刚度差，空气动力性能不好，其内部容积也不易得到充分利用。只有一些小型低速飞机机身采用构架式机身。

(2) 硬壳式机身。硬壳式机身结构是由蒙皮与隔框组成的，其特点是没有纵向构件，蒙皮较厚。硬壳式机身的结构如图 8-7 所示。

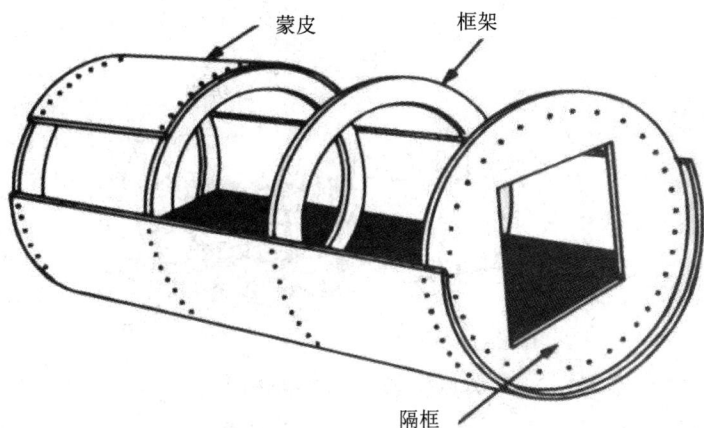

图 8-7　硬壳式机身的结构

　　硬壳式机身的优点是结构简单，气动外形光滑，内部空间可全部利用。但因为机身的相对载荷较小，而且机身不可避免要大开口，会使蒙皮材料利用率不高，因开口补强增重较大。所以这种形式的机身实际上用得很少。

　　(3) 半硬壳式机身。为了使机身结构的刚度器满足飞行速度日益增大的要求，需要使蒙皮参加整个结构的受力。因此，目前的机身结构广泛采用了金属蒙皮，并且将蒙皮与隔框、大梁、桁条牢固地铆接起来，成为一个受力的整体，通常称为半硬壳式机身。

　　(4) 桁梁式机身。桁梁式机身的结构特点是有几根桁梁，桁梁的截面积很大，其结构如图 8-8 所示。在这类机身结构上长桁的数量较少而且较弱，甚至长桁可以不连续，蒙皮较薄。在桁梁之间布置大开口不会显著降低机身的抗弯强度和刚度。因此，这种形式的机身便于开较大的舱口。

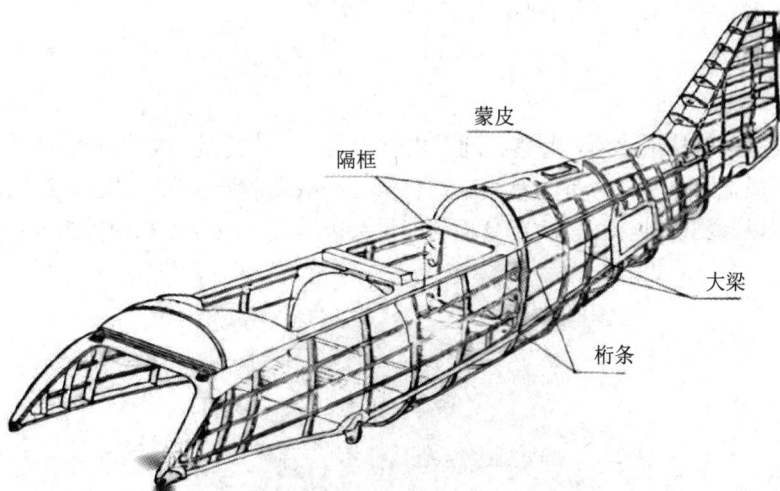

图 8-8　桁梁式机身的结构

　　(5) 桁条式机身。桁条式机身的桁条和蒙皮较强，受压稳定性好，其结构如图 8-9 所示。与桁梁式机身相比，桁条式机身更适用于较高速的飞机。但是，这种机身由于没有强有力的大梁，不宜开大的舱口，如果要开口，就必须在开口部位用专门构件加强。

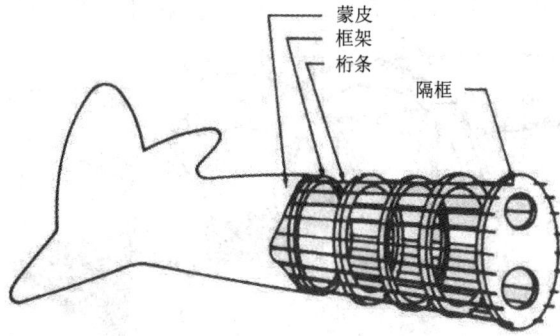

图 8-9　桁条式机身的结构

3) 尾翼

尾翼主要由垂直尾翼和水平尾翼两部分组成。垂直尾翼包含固定不动的垂直安定翼和能左右摆动的方向舵两部分，负责调整机头方向；水平尾翼包含固定于机身的水平安定翼和能上下活动的升降舵两部分，负责无人机俯仰的稳定性。其结构如图 8-10 所示。

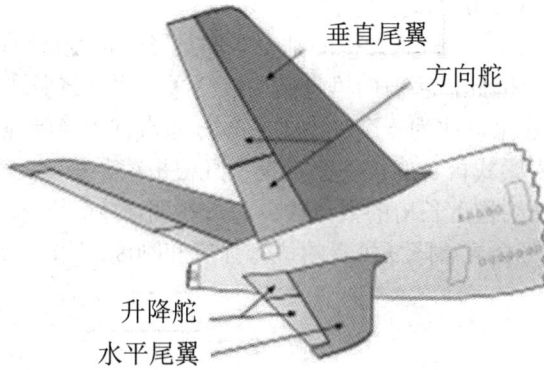

图 8-10　尾翼的结构

4) 起落架

从起落架的结构构成来看，起落架通常由承力支柱、减震器、收放机构、机轮和刹车系统、转弯系统等组成，如图 8-11 所示。承力支柱将机轮和减震器连接在机体上，在飞机着陆接地的瞬间，机轮可以起到缓冲作用，大部分撞击能量会被减震器吸收，从而减少冲击和震动载荷。

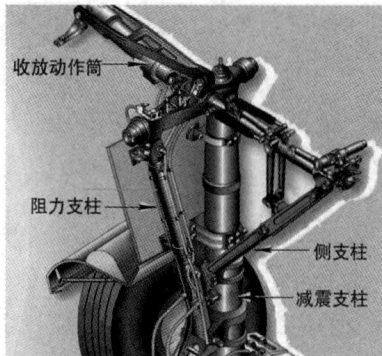

图 8-11　起落架的结构

按照起落架的结构来分，其主要有构架式、支柱套筒式与摇臂式 3 种。

(1) 构架式起落架。构架式起落架通过承力构架把机轮与机翼或机身连接起来。承载结构中的杆件和减震支柱彼此铰接，其结构如图 8-12 所示。该结构的起落架结构简单，重量较轻，广泛应用在轻型低速无人机和直升机上。

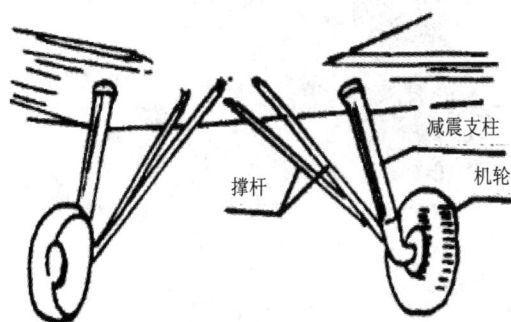

(a) 结构　　　　　　　　　　　　　　(b) 外形

图 8-12　构架式起落架

(2) 支柱套筒式起落架。支柱套筒式起落架是由外筒和活塞杆套接起来的减震支柱，机轮直接安装在支柱下端，支柱上端固定在机体骨架上，其结构和外形如图 8-13 所示。这种形式的起落架构造简单紧凑，易于放收，而且质量较小。

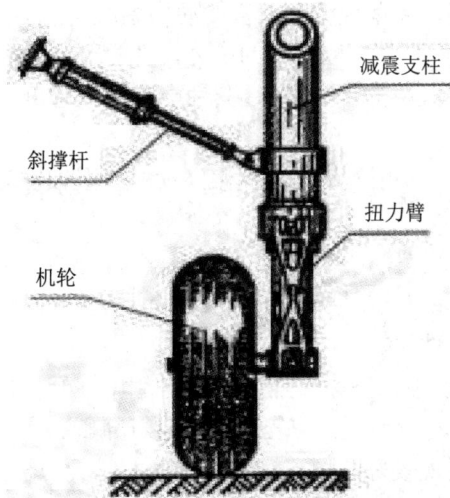

(a) 结构　　　　　　　　　　　　　　(b) 外形

图 8-13　支柱套筒式起落架

(3) 摇臂式起落架。摇臂式起落架主要是在支柱下端安装有一个摇臂，摇臂的一端和减震器相连，另一端与机轮相连，这种结构多用于前起落架。摇臂改变了起落架的受力状态和承受迎面撞击的性能，提高了在跑道上的适应性，降低了起落架的高度，其结构和外形如图 8-14 所示。

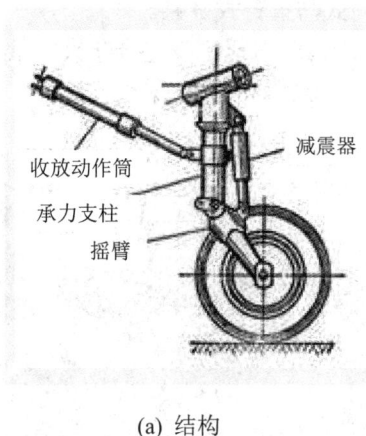

(a) 结构   (b) 外形

图 8-14   摇臂式起落架

2. 动力系统

为了满足无人机在飞行高度、航时、工作任务等方面的不同需求，无人机动力系统的功率和推力变化范围很大，但基本上属于中小型发动机的范畴。无人机动力系统分为电动动力系统、活塞动力系统和空气喷气动力系统。其中，活塞动力系统和空气喷气动力系统主要由螺旋桨、发动机和辅助系统等组成；电动动力系统主要由电池、电调、电动机和螺旋桨等组成。无人机动力系统的主要功能是产生拉力(螺旋桨式)或推力(喷气式)，使无人机产生相对空气的运动。

下面，以活塞动力系统和空气喷气动力系统为例，简单介绍无人机的动力系统构成。

(1) 发动机。发动机主要为无人机提供满足飞行速度和高度要求的推力，并为无人机航电系统和任务载荷系统提供电力及功率支持，作为无人机的"心脏"，其性能在很大程度上决定了无人机的作战性能。

无人机用发动机包括活塞式发动机、涡喷发动机、涡扇发动机、涡桨发动机、涡轴发动机和冲压发动机。

活塞式发动机是无人机最早、最广泛使用的动力装置，技术较为成熟，具有良好的经济性和可靠性，一直在中低速无人机和长航时无人机领域占据主导地位，相较汽油活塞式发动机，重油活塞式发动机具备更优异的燃油性能和高空性能。

涡轴/涡桨发动机具有功重比大、结构紧凑、振动小、高原性能好、燃料适用性好、便于维修等优点，因而成为直升机的主要动力装置。涡扇发动机具有耗油率低、寿命长、易于实现系列化等优点，其质量和推力等级能与无人机实现较好匹配，对于高空长航时无人机，涡扇发动机是最佳动力选择，世界最高水平的无人机多数配备的是涡扇发动机。

涡喷发动机具有结构紧凑、质量轻、尺寸小、推重比大、响应快和相比涡扇发动机成本低等显著优点，能使飞行器实现高速飞行。高空、高速无人机动力装置一般会首选涡喷发动机。另外在高速靶机、靶弹等特殊的应用领域，小推力涡喷发动机仍然具有独特的地位。

在飞行马赫数大于 3 的条件下使用冲压发动机，相比燃气涡轮发动机有较高的经济性，冲压发动机适合高空高速飞行，但缺点是不能自行起动，需借助其他发动机助推飞行至马赫数为 0.5 以上才能有效工作。

各种类型的发动机系统优缺点对比如表 8-6 所示。

表 8-6　不同类型发动机对比

动力装置类型		优　点	缺　点
活塞动力系统	二冲程发动机	结构简单，运动部件少，重量轻，转速高，维护性好	噪声大，污染重，耗油率较高，寿命短，工作效率低
	四冲程发动机	相对于二冲程发动机，结构复杂，成本高，重量大	排气污染低，振动小，工作效率高，还可以与增压器组合提高最大飞行高度
	旋转活塞式发动机	相比于往复活塞式发动机(二冲程/四冲程发动机)，旋转活塞式发动机结构更加紧凑、简单，具有功重比高、振动与噪声小等优点	活动部件易损耗，寿命较短，油耗高，排放特性较差
喷气式动力系统	涡轴/涡桨发动机	相比于活塞式发动机，功重比大，结构紧凑，高原性能好，振动小，燃料适用性好	与涡扇发动机和涡喷发动机相比，适航范围受限，只能应用在亚音速飞机上
	涡扇发动机	相比于涡喷发动机，推力大，推进效率高，噪声小，燃油消耗率低，飞行航程远，寿命长，易于实现系列化	相比于涡喷发动机，迎风面积大，阻力大(尤其是在高速飞行时)
	涡喷发动机	相对于涡扇发动机，结构紧凑，推重比大，响应快，适航范围极其广泛	低速飞行时油耗高，成本和技术门槛高
	冲压发动机	相比涡轮发动机，结构简单，重量轻，推重比大，成本低，在飞行马赫数大于 3 的条件下使用有较高的经济价值，适合高空高速飞行	不能自行起动，须用其他发动机作为助推器。并且只有飞行器达到一定飞行速度后才能有效工作
电动动力系统	锂电池驱动	能量密度高，平均输出电压高，输出功率大，可快速充放电，使用寿命长	充电时间长，续航时间短，过放电会导致电池性能下降，低温时电池性能下降明显等
	氢燃料电池驱动	续航时间长、环保	燃料电池体积较大，氢气难于保存和获取，成本高
	太阳能电池驱动	环保无污染	受天气状况、电池封装材料、电池封装方式、飞行条件下对发电效率的要求等因素的制约

(2) 螺旋桨。螺旋桨是指将起动机的旋转动力转化为推进力或升力的装置。螺旋桨有两个重要参数，即桨体直径和螺距。螺旋桨的桨叶是扭转的。桨叶从毂轴到叶尖，其安装角从大到小，线速度从小到大，这样保证了桨叶从毂轴到叶尖产生的升力一致。螺旋桨有定距桨和变距桨，定距桨还可分为爬升桨和巡航桨。

(3) 辅助系统。无人机辅助系统包括汽化器、增压器和点火器，主要用于协助发动机正常运行。

3. 航电系统

无人机航电系统一般是指无人机所包括的通信、导航、探测侦察、飞行控制等在内的机载软硬件设备，主要包括导航系统、测控通信与数据链系统、侦察载荷，能够为无人机执行导航引导、测控传输、飞行控制、情报侦察等多种任务提供必要的保障。

1) 导航系统

导航系统主要为无人机提供实时的高精度位置、高度、航速、姿态、航向等导航数据，一方面满足无人机安全飞行、准确抵达任务区域等要求，另一方面也为无人机执行对地跟踪、观测、成像等任务提供必要的姿态和其他运动辅助数据。当前无人机导航系统的主流是采用GPS、惯性导航系统(INS)、大气数据系统等传感器，并在此基础上实现不同形式的组合导航，从而实现更高精度的无人机导航定位。对于部分小型无人机和微型无人机，从低成本的角度考虑，一般采用 GPS、磁航向传感器、基于 MEMS 的惯性传感器等实现导航定位。

2) 测控通信与数据链系统

测控通信与数据链系统主要为无人机与地面站、中继机和其他武器系统之间提供指令交互和信息传输的无线通信链路。一般的数据链可将无人机的飞行状态参数和载荷参数实时传输到地面站，为地面任务控制站对无人机进行任务规划和实时指挥提供必要的依据。此外，它可将地面任务控制站生成的无人机飞行和任务指令上传到无人机，确保无人机接收地面的指挥。图 8-15 为无人机通信链路示意图。

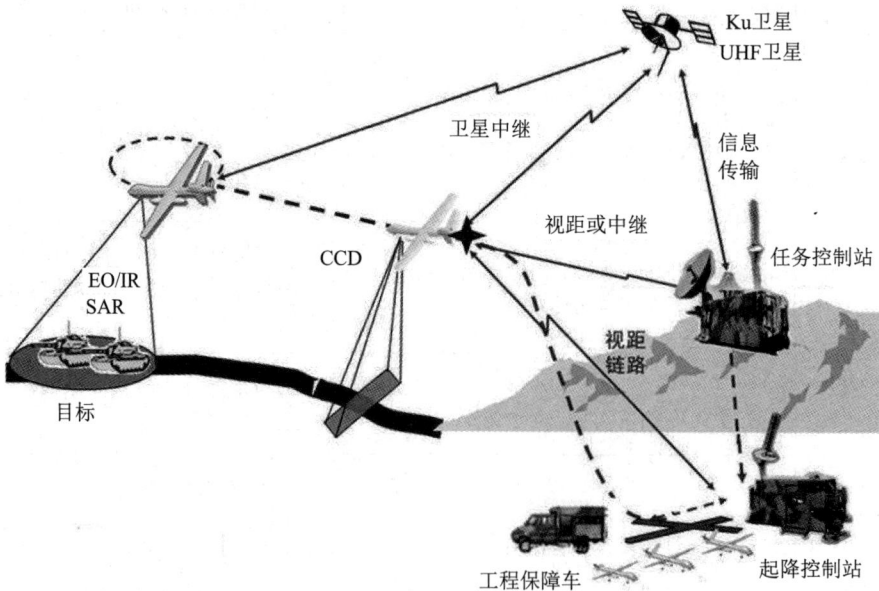

图 8-15　无人机通信链路示意图

3) 侦察载荷

侦察载荷是指无人机为完成相关情报、监视和侦察任务所携带的雷达、光电/红外、信号侦察等类型的各类载荷。从目前情况来看，无人机携带的侦察载荷主要包括光电、雷达和信号情报侦察三类载荷。图 8-16 为无人机携带的吊舱模块。

图 8-16　无人机侦察吊舱模块

4. 起降系统

起降系统主要用于无人机的起飞和着陆。根据无人机结构特点和应用场景，起飞的主要方式包括滑行起飞、垂直起飞、短距起飞、轨道弹射起飞、车载起飞、火箭助推起飞和手掷起飞，着陆方式主要包括起落架滑行着陆、垂直着陆、降落伞着陆和撞网回收。

1) 起飞方式

起飞方式主要有以下 7 种：

(1) 滑行起飞。利用起落架在机场或者公路滑行起飞，这是飞行器普遍采用的方式，适用于任何机型。在实际应用中，由于滑行起飞必须依靠机场，所以大型战略无人机和专业针对性的区域可以采用这种方式，如图 8-17 所示。

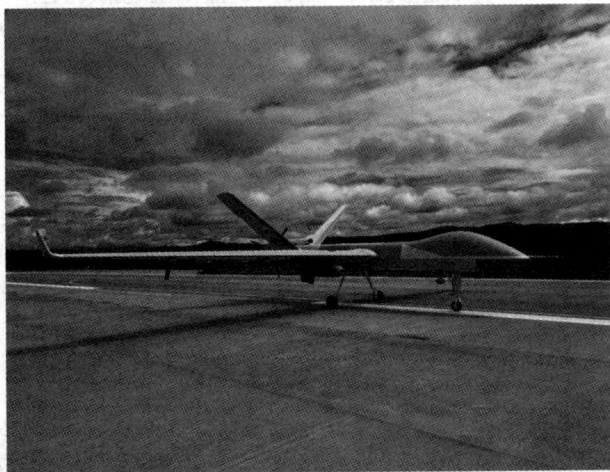

图 8-17　翼龙—2H 无人机滑行起飞

滑行起飞无须借助其他辅助设备，安全可靠性高，无人机使用维护的成本较低。但滑行起飞在机动灵活性方面不足，尤其是在民用领域，由于作业区域的不固定，起飞场地和无人机本身的性能限制了滑行起飞在民用领域中的大范围使用。

(2) 垂直起飞。固定翼无人机的垂直起降技术因结合了直升机和固定翼无人机的优点而成为各国争相探索研究的项目，如图 8-18 所示。垂直起飞的难点在于从垂直起飞到水平飞行的转变。固定翼垂直起飞方式优势明显，可以在任意地点执行任务。相对于常规布局无人机，需要增加额外的装置来达到无人机垂直起飞的目的，在安全可靠性方面相对较低，同时无人机的气动效率和飞行经济性方面较差。

图 8-18　垂直起降固定翼无人机

(3) 短距起飞。短距起飞是利用机翼增升装置或者发动机矢量装置达到缩短起飞距离的目的。这种方式仍然要借助一段跑道，适用于针对性较强的无人机(如舰载无人机)，利用面积有限的直升机甲板达到无人机起飞的条件。

短距起飞比较适合于上岛上舰型无人机，不需要修建很长的跑道。无人机的滑跑起飞距离(尤其是中小型无人机)本身不需要太长。短距起飞只适用于特定条件下。

(4) 轨道弹射起飞。轨道弹射起飞是把无人机放置在轨道滑车上，借助于外力(气/液压、电磁)，使滑车在导轨行程内加速达到无人机的起飞速度，在战术型无人机及民用无人机上被普遍采用，如图 8-19 所示。航母无人机弹射也属于轨道弹射起飞的一种形式，这种方式可以弹射大型无人机。

图 8-19　无人机轨道弹射起飞

轨道弹射起飞方式具有机动灵活的特点，无须依赖跑道，对民用无人机推广使用具有积极的促进作用。这种起飞方式需要借助弹射设备，一般设备体积较大，需要专门的运载工具，第一次弹射前准备、组装和调试时间较长。

(5) 车载起飞。车载起飞是将无人机架设到汽车顶端，通过汽车的速度达到无人机的起飞速度后释放，如图 8-20 所示。车载起飞主要由汽车、发射架和无人机三部分组成。这种起飞方式无须专用机场，在公路上即可实现起飞，适合于小型低速无人机，需要改装配套的汽车。

图 8-20　无人机车载起飞试验

(6) 火箭助推起飞。火箭助推起飞需要一个支架，将无人机放在支架上，调节成一定的起飞角度，利用固体火箭点火后产生的推力，使无人机在 3 s 内加速到起飞速度，火箭脱离。

火箭助推起飞具有很高的灵活性，广泛应用于军用领域，但普遍存在使用成本过高的问题。

(7) 手掷起飞。手掷起飞是用手将无人机快速抛向空中的起飞方式，其主要用于微型或小型无人机，如图 8-21 所示。

图 8-21　手掷起飞小型无人机

2) 着陆方式

着陆方式主要有以下 4 种：

（1）起落架滑行着陆。起落架滑行降落是利用起落架在跑道或者公路进行滑行降落，如图 8-22 所示，这种方式和滑行起飞一样需要专用跑道，存在对场地要求严格、缺乏机动灵活性等缺点。尽管如此，这种方式仍然是大多数无人机采用的方式，对于战术型无人机可以采用临时修建土跑道等方法，达到可以着陆的条件。

图 8-22 "彩虹"无人机滑行着陆

（2）垂直着陆。垂直着陆是与垂直起飞相结合的一种方式，降落过程与起飞过程是相反的。首先无人机须由平分变为悬停状态，然后由悬停慢慢进行降落，如图 8-23 所示。

图 8-23 无人机垂直着陆

垂直着陆可以在任何地点进行降落，在重量和体积上要大于常规固定翼无人机，起飞和降落阶段会消耗大量的油量，加上本身携带的油量限制，会大大缩短无人机的有效航程和载重量。

（3）降落伞着陆。无人机在任务执行完后，到达降落区域上空，自动开伞或者手动指令开伞，如图 8-24 所示。伞降方式在无人机回收中被广泛采用，降落伞还作为一种应急方式被安装在无人机内，一旦有紧急状况发生，可选择开伞，保证无人机和任务设备的完整性。降落伞打开后，下降速度可达到 $5\sim8$ m/s，对内部的设备和机体产生一定的冲击力，因此需要增加缓冲减震装置。由于风对伞的影响较大，无人机最后的着陆地点难以掌握，所以这种方式容易对无人机的机体产生损伤。

图 8-24　无人机伞降着陆

(4) 撞网回收。撞网回收是在无人机预定降落点竖立一张拦阻网，高度通常在 10 m 左右，无人机到达之后，降低高度和速度，对准拦阻网，直接撞网，撞网之前发动机需要关闭，利用机体上的挂钩挂住网绳，如图 8-25 所示。撞网系统一般由拦阻网装置、吸能缓冲装置和末端引导装置等组成，其核心技术在于如何引导无人机准确飞向拦阻网，实现成功回收。

图 8-25　无人机撞网回收

5. 地面控制站

地面控制站包括飞行控制和管理设备、集成显示设备、地图和飞行轨迹显示设备、任务规划设备、录音和回放设备、信息处理和通信设备、其他信息和通信接口等。

地面控制站是无人机执行各类作战任务的关键环节，其主要职能是完成对无人机飞行状态、载荷状态和工作状态的实时监控管理，保障无人机高效、安全、可靠地执行作战任务的系统。现代无人机任务控制系统的重点是解决无人机执行作战任务过程中所面临的信息综合与决策优化问题，主要是在复杂战场条件下，辅助无人机操作员和指挥员实现对无人机的状态监视、飞行操纵、任务规划和机载任务设备远程控制，为无人机操作人员提供必要的态势感知能力，确保无人机能够在相关人员控制下安全、高效地完成任务。

8.3.2　多旋翼无人机的构造

多旋翼无人机是一种具有 3 个及以上旋翼轴的特殊的无人驾驶旋翼飞行器，其主要由机架、动力系统(包括供电系统)、飞行控制系统、任务载荷和遥控装置 5 部分组成，如图 8-26所示。

图 8-26　多旋翼无人机的构造

1. 机架

机架指多旋翼无人机的机身，是无人机其他组成部分的安装基础。其主要由机身、机臂、起落架等组成，一般是由碳素、玻纤、碳纤、航空铝合金、钛合金等材料制成。机架的主要结构如图 8-27 所示。

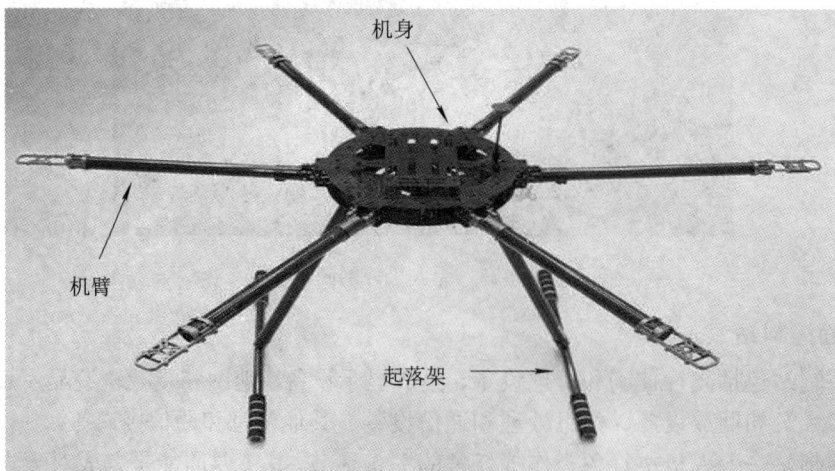

图 8-27　机架的主要结构

1) 机身

机身主要用来安装各类设备，将机臂、起落架等各部分连接成一个整体。机身分为整体式机身和分体式机身两种。机身是其他结构部件的安装基础,将机臂、脚架、云台等设备连接成一个整体。

2) 机臂

机臂是机架结构的一个延伸,用以扩充轴距以及安装动力电机。根据机臂个数不同可分为三旋翼、四旋翼、六旋翼、八旋翼、十六旋翼,十八旋翼等。根据机臂结构形式可分为可插拔式结构、折弯式结构、水平旋转式结构、固定式结构。各类机臂的优缺点对比如表 8-7 所示。

表 8-7　各类机臂的优缺点对比

项 目	描 述	优 点	缺 点
可插拔式结构	悬臂可拆卸,快速定位、锁紧	便携、快速替换受损部位,保证任务顺利进行	结构复杂,增加重量
折弯式结构	悬臂可折弯,快速定位、锁紧	便携性好、机壳安装方便	结构复杂,影响美观,增加重量
水平旋转式结构	悬臂可旋转,快速定位、锁紧	便携性好、功能易实现	结构较复杂,外壳安装困难,浪费机身空间
固定式结构	悬臂固定不变	安装简便,结构简单,稳定性最高	便携性差

3) 起落架

起落架是用于支撑无人机停放、起飞和着陆的部件,是整个机身在起飞和降落阶段的缓冲。为了保护机载设备,起落架要求强度高、结构牢固、和机身保持相当可靠的连接,能够承受一定的冲力。一般在起落架前后安装或者涂装上不同的颜色,可在远距离区分多旋翼无人机的前后。

根据起落架结构形式可分为单杆式起落架、双杆式起落架、U 形起落架、整机式起落架、多点悬臂支撑起落架、三点式起落架,如图 8-28 所示。

(a) 单杆式起落架　　　　(b) 双杆式起落架　　　　(c) U形起落架

(d) 整机式起落架　　(e) 多点悬臂支撑起落架　　(f) 三点式起落架

图 8-28　起落架样式

2. 动力系统

动力系统是指为无人机飞行提供动力的系统。目前多旋翼无人机采用的动力系统一般分为电动系统和油动系统，在民用和商用领域，多旋翼无人机常用的是电动系统。电动系统一般由电机、电调、螺旋桨和电池组成。

1) 电机

电机俗称马达，能将电能转化为机械能，带动螺旋桨旋转，从而产生推力。在微型无人机当中使用的动力电机可以分为有刷电机和无刷电机两类。其中，有刷电机由于效率较低，在无人机领域已逐渐被淘汰，而无刷电机因启停速度快、工作电压范围宽、启动扭矩大、过载能力强等特点而被多旋翼无人机广泛使用。

2) 电调

电调是电子调速器的简称，英文简称 ESC(Electronic Speed Control)，其作用是控制电机的运行。根据电机是否带物理换向器，电调分为有刷电调和无刷电调。有刷电调同有刷电机一样，已逐渐被淘汰。无刷电调因具有电机线性控制更佳、速度稳定性强、响应性高等优点而同无刷电机一样被广泛使用。

3) 螺旋桨

螺旋桨是安装在电机上，为多旋翼无人机提供升力的装置。常见的多旋翼无人机一般搭配 4 个螺旋桨，两个顺时针旋转，两个逆时针旋转。

4) 电池

电池是多旋翼无人机的动力电源，主要包括镍氢电池、镍铬电池、锂聚合物和锂离子动力电池。目前多旋翼无人机主要采用锂聚合物电池作为动力电源，锂聚合物电池具有电压高、循环寿命长、安全性能好、应用灵活等特点。

3. 飞行控制系统

飞行控制系统是多旋翼无人机的控制核心，主要用于对无人机动力系统进行实时调节，具备飞行导航、安全冗余、飞行数据记录、飞行参数调整和自动飞行优化等功能，主要由飞行控制器、IMU(惯性测量单元)、GPS 指南针模块、指示灯模块等多部件组成。

1) 飞行控制器

飞行控制器是飞行控制系统的核心，通过它将 IMU、GPS 指南针、舵机和遥控接收机等设备接入飞行控制系统，从而实现飞行器自主飞行功能。除了辅助飞行控制以外，某些主控制器还具备记录飞行数据的黑匣子功能。

2) IMU

IMU 主要由三轴陀螺仪、三轴加速度计、三轴地磁传感器和气压计组成，用于飞机的惯性导航和飞行高度监测。

3) GPS 指南针模块

GPS 指南针模块包含 GPS 模块和指南针模块，用于精确确定飞行器的方向及经纬度。

4) 指示灯模块

指示灯模块用于实时显示飞行状态，它能帮助飞手实时了解飞行状态。

4. 任务载荷

任务载荷是指装备到无人机上用以实现无人机飞行所要完成的特定任务的设备、仪器和分系统。无人机的设计通常围绕所应用的任务载荷进行。目前多旋翼无人机任务载荷通常包括摄像头、图传和云台 3 种：

(1) 摄像头：用于拍摄无人机飞行路径上的画面和视频。

(2) 图传：指无线图像传输系统，用于为机载设备提供无线图像系统的数据链路通道，负责记载图像采集数据，并实时无损或有损地传输到地面接收设备上。这些图像数据可用于观察、存储和进行后续的图像分析等工作。

(3) 云台：指安装、固定摄像机等任务载荷的支撑设备，主要作用是防止拍摄画面抖动以及控制云台转动角度以改变拍摄角度。

5. 遥控装置

遥控装置一般指地面上可以对无人机发出指令以及接收无人机回传信息的设备，它的硬件可以是一个遥控器，也可以是一部手机或一台笔记本电脑。在多旋翼无人机的应用中，遥控器是最常见的一种遥控装置，它集成了数传电台，通过控制摇杆的舵量向无人机发出控制信号，以此实现对无人机的控制。

8.4 无人机在智能交通中的应用

随着我国交通智能化、信息化、数字化水平的全面提升，以及 5G 技术应用的推广，在国家立体化综合交通建设发展的背景下，无人机在交通领域大有用武之地。

无人机在交通中可发挥的作用众多，如今，在交通事故处理、违法取证、指挥调度、日常巡逻、活动安保、重点路段布控等多领域，均能看到无人机的身影。

1. 违法取证

无人机具备高清摄像功能，在飞行过程中利用此功能可以观察道路车辆状况，对路边违法停车、违法占用应急车道、违章变道、违法倒车等抓拍取证，从而对这些违法行为进行有效治理和监管。图 8-29 所示为广州启用的高速公路违法记录取证系统。

图 8-29　广州启用的高速公路违法记录取证系统

2. 喊话疏导

无人机在抓拍违法停车的同时，能对违停车辆进行喊话劝导其驶离。在道路巡查过程中发现交通事故、拥堵等异常情况，指挥中心利用无人机的远程喊话功能，第一时间对现场车辆进行提示告警和疏导、分流、管理，从而大大节省人力和出警时间，及时高效完成交通指挥管理工作，保障路面畅通。图 8-30 所示为合肥交警通过无人机空中喊话系统进行交通安全宣导工作。

图 8-30　合肥交警通过无人机空中喊话系统进行交通安全宣导工作

3. 交通流量控制

在一些车流量大、交通拥挤严重的城市，无人机执法部门在很大程度上可以确保当交通警察未能及时赶到现场时，无人机可以在第一时间赶到现场，并进行航拍、录音、取证和交通疏导等工作，以避免更严重的交通拥挤，图 8-31 所示为无人机在高速公路上进行交通取证和疏导。

图 8-31　无人机在高速公路上进行交通取证和疏导

4. 车辆追捕

无人机具有较强的视频跟踪能力，可自动锁定嫌疑目标并开展跟巡，通过空中追踪指引及位置实时分享，协助地面人员迅速追捕截停嫌疑人。在时间紧迫的车辆追捕任务中，无人机可助力治安和交警多警种突破空间限制，与地面警力实现有机互补，实现高效执法，如图8-32所示。

图 8-32　无人机空中追踪指引

5. 道路巡检

目前高速公路采用人工的路面巡检工作，不仅工作量大，费时费力，而且传统视频监控在发生故障后不能及时修复，给监控带来盲点。而无人机高速公路巡检机动灵活，可弥补地面摄像头位置不佳存在的盲区，完成道路辅助设施排查、道面坑洼异物排查、应急车道违章巡逻、道路流量统计等例行巡检，以及交通设施损坏应急处理等应急巡检，且巡视全程自动对准道路，无须人工干预，极大提高了巡检效率，如图8-33所示。

图 8-33　无人机在高速公路执行道路巡检任务

8.5   应用案例——无人机在交通事故责任认定中的应用

随着无人机技术的快速发展，无人机勘查技术已经越来越多地进入国民生产与生活中。在交通领域，基于多旋翼无人机平台，以及航拍技术与计算机视觉技术、图像与视频处理技术、信息管理技术的无人机勘查交通事故处理与违法抓拍系统正逐步推广应用。

道路交通事故现场勘查系统主要用于交通事故现场证据采集与固定以及案件信息处理，是集现场勘查、测量、绘图、打印于一体的综合应用系统。其工作流程如图 8-34 所示。

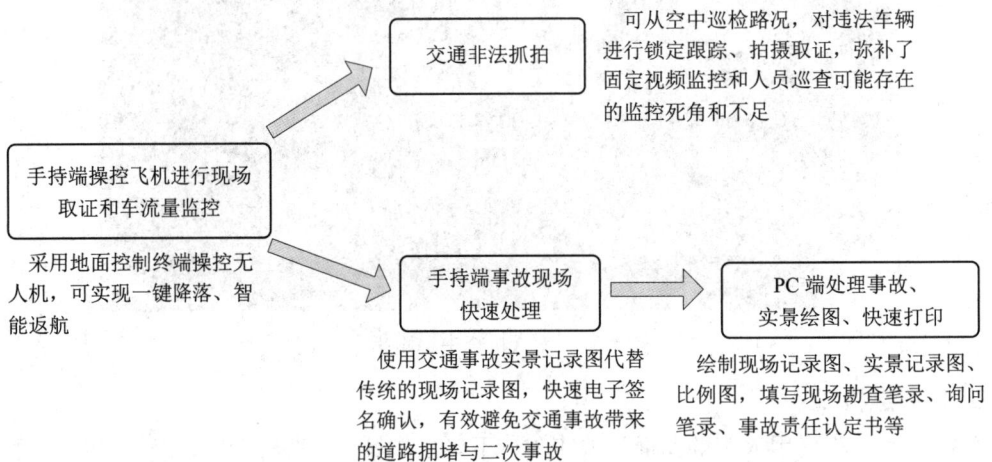

交通非法抓拍　可从空中巡检路况，对违法车辆进行锁定跟踪、拍摄取证，弥补了固定视频监控和人员巡查可能存在的监控死角和不足

手持端操控飞机进行现场取证和车流量监控　采用地面控制终端操控无人机，可实现一键降落、智能返航

手持端事故现场快速处理　使用交通事故实景记录图代替传统的现场记录图，快速电子签名确认，有效避免交通事故带来的道路拥堵与二次事故

PC 端处理事故、实景绘图、快速打印　绘制现场记录图、实景记录图、比例图，填写现场勘查笔录、询问笔录、事故责任认定书等

图 8-34　道路交通事故现场勘查系统的工作流程

该系统的特点包括 3 个方面。

1. 飞行控制

道路交通事故现场勘查系统具备 4 档可调自动起飞高度、MAGIC-TAP 指点飞行、定点降落、智能一键返航等功能，图 8-35 所示为手持端飞行控制器。

图 8-35　手持端飞行控制器

2. 事故处理

道路交通事故现场勘查系统可实现事故现场实景绘图、快速电子签名、现场勘查笔录、无缝对接 PC 端等，图 8-36 所示为事故现场实景绘图。

图 8-36　事故现场实景绘图

3. 无人机管理

无人机管理平台可远程显示手持端用户警号、手持设备编号，以及无人机的飞行模式、经纬度、高度、水平速度、垂直速度、电池剩余电量等信息。

下面给出利用无人机进行事故现场勘查的两个应用案例。

(1) 淄博市博山区事故现场勘查案例，详情如图 8-37 所示。

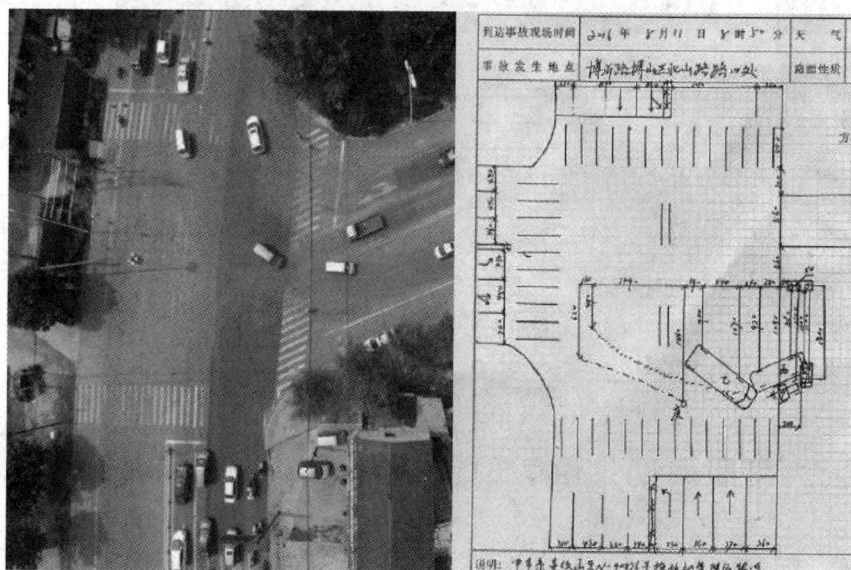

图 8-37　利用无人机进行事故现场勘查案例

(2) 天津市河西区事故现场勘查案例，详情如图 8-38 所示。

道路交通事故现场实景记录图

到达事故现场时间	2018 年 08 月 18 日 15 时 29 分	天气	晴	路面性质	沥青
事故发生地点	天津市河西区黑牛城道紫金桥由西往东下桥处				

说明：1. 以行驶方向左侧道路边线为基准线，1 km + 200 m 里程碑为基准点；

　　　 2. 甲车为津 R KH083 号货车，乙车为蒙 A 167PV 号小型轿车；

　　　 3. 乙车右侧车轮与甲车右侧车尾相撞，甲车车尾保险杠断裂，乙车车头右前方毁坏。

绘图时间：2018 年 08 月 18 日 15 时 32 分

勘查员：张三　　　　　绘图员：李四　　　　　当事人或见证人签字：

图 8-38　　利用无人机进行事故现场勘查案例

拓展阅读　中国现代桥梁之父——茅以升

　　茅以升，字唐臣，江苏镇江人，中国铁道科学研究院院长、中国科协名誉主席、土木工程学家、桥梁专家、中国科学院院士、美国工程院院士、中央研究院院士，1916 年毕业于西南交通大学(时称交通部唐山工业专门学校)，1917 年获美国康奈尔大学硕士学位，1919年获美国卡内基理工学院(现卡内基-梅隆大学)博士学位。

茅以升回国后，历任交通大学唐山工学院教授、国立东南大学(1928 年更名为国立中央大学)教授、工科主任，国立河海工科大学校长，交通部唐山大学校长(今西南交通大学)，北洋工学院院长，江苏省水利厅厅长，钱塘江大桥工程处处长，交通大学唐山工学院代院长、院长，中国桥梁公司总经理，北洋大学校长，中国/北方交通大学(时含今西南交通大学和今北京交通大学)校长，铁道科学研究院院长等职。

1922 年，茅以升受聘为国立东南大学教授，1923 年任首届工科主任，创立土木工程系，土木工程是东南大学最早建立的工科系之一，也是我国最早建立的土木工程学科之一。在随后的东大工科停办风波中，茅以升教授堪称中流砥柱，亲书致信救学科发展于存亡之中，甚至亲赴北京商议此事。最终，河海工程学校与东大工科改组成立河海工科学校，茅以升被聘为学校首任校长，东大工科得以保留发展的火种。

茅以升教授是积极倡导土力学学科在工程中应用的开拓者，1933 年至 1937 年任钱塘江大桥工程处处长期间，主持修建我国第一座公路铁路兼用的现代化大桥——钱塘江大桥。他采用"射水法""沉箱法""浮远法"等，解决了建桥中的一个个技术难题。1937 年正值抗日战争，为了阻断敌人，茅以升受命炸断了亲手建造的钱塘江大桥。忍痛炸毁大桥时，他挥笔写下"斗地风云突变色，炸桥挥泪断通途，五行缺火真来火，不复原桥不丈夫。"的誓言。抗战胜利后，茅以升又亲自主持修复了大桥。建桥、炸桥、复桥，彰显了茅以升教授伟大的爱国主义精神和敢为人先的科技创新精神。

1955 年，茅以升选聘为中国科学院院士(学部委员)。1955 年至 1957 年，茅以升任武汉长江大桥技术顾问委员会主任委员，负责修建我国第一座跨越长江的大桥——武汉长江大桥。

茅以升一生学桥、造桥、写桥，在中外报刊发表文章 200 余篇。同时，他在桥梁建筑文学领域造诣颇高，晚年茅以升教授编写了《中国桥梁史》《中国的古桥和新桥》等，1989 年11 月 12 日，茅以升病逝于北京，享年 93 岁。

课 后 任 务

任务一　基础任务

1. 固定翼无人机的机体结构主要由_____、_____、_____、_____四部分组成。

2. 根据无人机结构特点和应用场景，无人机的着陆方式主要包括起落架滑行着陆、垂直着陆、_____、_____。

3. 多旋翼无人机的构造主要由机架、_____、飞行控制系统、任务载荷、_____、五部分组成。

任务二　能力提升任务

1. 收集网上的资料，了解并总结出 3 个以上民用无人机在生活生产中的应用场景。

场　景	功　能	荷　载	优　势
应用场景 1			
应用场景 2			
应用场景 3			
应用场景 4			

2. 通过上网检索的方式，找出国内市场上应用于交通行业不同场合的无人机的品牌、型号、用途和主要技术参数。

品　牌	型　号	用　途 (如处理违章、道路巡查等)	主要技术参数 (如飞行高度、飞行速度、荷载等)

任务三 专创融合任务

利用无人机解决某个实际的交通问题,并且分析适合选用的无人机类型以及需要给无人机配备的装备。

我设计的无人机应用的具体场景:

和传统技术对比的优势:

任务九　智能交通中的地理信息系统

1986 年，甘肃省天水市放马滩秦墓出土了 7 幅地图，成图年代为秦王政八年(公元前 239 年)。国家测绘局考证后认为，它们是迄今为止中国最早的实物地图。直到几十年前，人们去陌生地方出行时还经常要配备一张纸质地图，通过这种方式来确认出行的路径。而今天，百度地图、高德地图、腾讯地图等电子地图，能够准确而轻松地为我们确定出行路径并提供实时的导航。图 9-1 所示为早期地图与现在的百度地图。

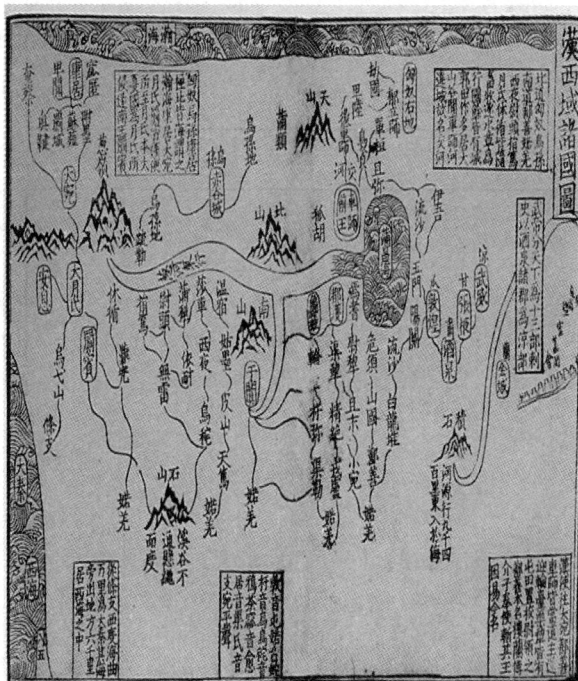

(a) 早期地图

(b) 百度地图

图 9-1　早期地图与现在的百度地图

我们目前使用的这些电子地图是通过 GIS 软件制作出来的。地理信息系统除了应用在导航中，在智能交通的其他方面有什么应用？本次任务要求学习者了解交通地理信息系统的概念、发展历程，了解地理信息系统的技术要点，思考交通地理信息系统的应用场景。

任务目标

1. 了解交通地理信息系统的概念、功能；
2. 了解地理信息系统的技术要点；
3. 理解交通地理信息系统在智能交通中的主要应用；
4. 思考地理信息技术未来在交通中的新应用。

主要知识点

1. 交通地理信息系统的定义和发展历程；
2. 地理信息系统的特点、影响；
3. 交通地理信息系统的应用领域和应用场景。

9.1　交通地理信息系统概述

地理信息系统(GIS)是对地理空间实体和地理现象的特征要素进行获取、处理、表达、管理、分析、显示和应用的计算机空间或时空信息系统，是人类在生产实践活动中，为描述和处理相关地理信息而逐渐产生的软件系统。GIS 的学科基础如图 9-2 所示。地理信息系统的定义由两个部分组成。一方面，地理信息系统是一门学科，是描述、存储、分析和输出空间信息的理论和方法的一门新兴的交叉学科；另一方面，地理信息系统是一个技术系统，是以地理空间数据库(Geo-spatial Database)为基础，采用地理模型分析方法，实时提供多种空间的、动态的地理信息，是为地理研究和地理决策服务的计算机技术系统。它以计算机为手段，对具有地理特征的空间数据进行处理，能以一个空间信息为主线，将其他各种与其有关的空间位置信息结合起来。它的诞生改变了传统的数值处理信息方式，使信息处理由数值领域步入空间领域。GIS 的用途十分广泛，可以为各类应用目的服务，例如交通、能源、农林、水利、测绘、地矿、环境、航空、国土资源综合利用等。

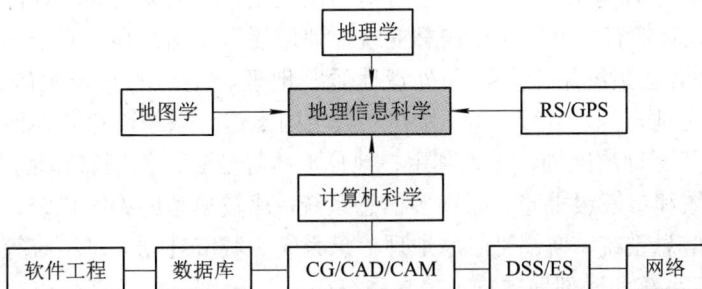

图 9-2　GIS 的学科基础

9.1.1　GIS 的产生与发展

GIS 最早出现于 20 世纪 60 年代，20 世纪 80 至 90 年代走向成熟。其发展历程总体来说可分为四个阶段。

1. 开拓发展阶段(20 世纪 60 年代)

20 世纪 60 年代初，计算机技术开始用于地图量算、分析和制作，由于机助制图具有快速、廉价、灵活多样、易于更新，便于存储、量测、分类、合并和覆盖分析等优点而迅速发展起来。60 年代中期，自然资源和环境的规划管理和应用加速增长，对大量空间环境数据存储、分析和显示技术方法改进的需求，以及计算机技术及其在自然资源和环境数据处理中应用的迅速发展，促使对地图进行综合分析和输出的系统日益增多。

最初的 GIS 主要是关于城市和土地利用的，如加拿大地理信息系统(CGIS)就是为处理加拿大土地调查获得的大量数据建立的。该系统由加拿大政府组织于 1963 年开始研制实施，到 1971 年投入正式运行，被认为是国际上最早建立的、较为完善的大型地理信息系统。

计算机硬件系统功能较弱，限制了软件技术的发展。这一时期地理信息系统软件的研制主要是针对具体的 GIS 应用进行的，到 60 年代末期，针对 GIS 一些具体功能的软件技术有了较大进展。

(1) 栅格——矢量转换技术、自动拓扑编码以及多边形中拓扑误差检测等方法得以发展，开辟了分别处理图形和属性数据的途径；

(2) 具有属性数据的单张或部分图幅可以与其他图幅或部分在图边自动拼接，从而构成一幅更大的图件，使小型计算机能够分块处理较大空间范围(或图幅)的数据文件；

(3) 采用命令语言建立空间数据管理系统，对属性再分类、分解线段、合并多边形、改变比例尺、测量面积、产生图和新的多边形、按属性搜索、输出表格和报告以及多边形的叠加处理等。

这一时期的软件主要是针对当时的主机和外设开发的，算法尚显粗糙，图形功能有限。

2. 巩固阶段(20 世纪 70 年代)

进入 20 世纪 70 年代以后，计算机硬件和软件技术的飞速发展，尤其是大容量存取设备——硬盘的使用，为空间数据的录入、存储、检索和输出提供了强有力的手段。用户屏幕和图形、图像卡的发展增强了人机对话和高质量图形显示功能，促使 GIS 朝着使用方向迅速发展。

一些发达国家先后建立了许多不同专题、不同规模、不同类型的各具特色的地理信息系统。例如：美国森林调查局开发了全国林业统一使用的资源信息显示系统；美国地质调查所开发了多个地理信息系统用于获取和处理地质、地理、地形和水资源信息，较典型的有 GIRAS；日本国土地理院从 1974 年开始建立数字国土信息系统，存储、处理，以及检索测量数据、航空相片、行政区划、土地利用、地形地质等信息，为国家和地区土地规划服务；瑞典在中央、区域和市三级上建立了许多信息系统，比较典型的如区域统计数据库、道路数据库、土地测量信息系统、斯德哥尔摩地理信息系统、城市规划信息系统等；法国建立了地理数据库 GITAN 系统和深部地球物理信息系统等。

此外，以遥感数据为基础的地理信息系统逐渐受到重视。例如：将遥感纳入地理信息系统的可能性、接口问题，以及遥感支持的信息系统的结构和构成等问题；美国喷气推动实验室(JPL)在 1976 年研制成功的兼具影像数据处理和地理信息系统功能的影像信息系统IBIS(Image Based Information System)，可以处理 Landsat 影像多光谱数据；NASA 的地球资源实验室在 1979 年至 1980 年开发了一个名为 ELAS 的地理信息系统，该系统可以接收Landsat MSS 影像数据、数字化地图数据、机载热红外多波段扫描仪，以及海洋卫星合成孔径雷达的数据等，产生地面覆盖专题图。利用 GIS 绘制的三维地图如图 9-3 所示。

图 9-3　GIS 绘制的三维地图

这一时期 GIS 的需求增加，许多团体、机构和公司开展了 GIS 的研制工作，也因此推动了 GIS 软件的发展。据 IGU 地理数据遥测和处理小组委员会 1976 年的调查，处理空间数据的软件已有 600 多个，完整的 GIS 有 80 多个。同时图数字化输入技术有了一定的进展，采用人机交互方式，易于编辑修改，提高了工作效率，扫描输入技术系统出现。图形功能扩展不大，数据管理能力也较弱。这一时期软件方面最重要的进展是人机图形交互技术的发展。

3. 突破阶段(20 世纪 80 年代)

随着计算机软、硬件技术的发展和普及，地理信息系统也逐渐走向成熟。这一时期是地理信息系统发展的重要时期。计算机价格的大幅度下降，功能较强的微型计算机系统的普及和图形输入、输出和存储设备的快速发展，大大推动了地理信息系统软件的发展，并研制了大量的微机 GIS 软件系统。GIS 软件技术在以下几个方面有了很大的突破：在栅格扫描输入的数据处理方面，大大提高了数据输入的效率；在数据存储和运算方面，随着硬件技术的发展，GIS 软件处理的数据量和复杂程度大大提高，许多软件技术固化到专用的处理器中；遥感影像的自动校正、实体识别、影像增强和专家系统分析软件也明显增加；在数据输出方面，与硬件技术相配合，GIS 软件可支持多种形式的地图输出；在地理信息管理方面，除了 DBMS技术已发展到支持大型地图数据库的水平外，专门研制的适合 GIS 空间关系表达和分析的空间数据库管理系统也有了很大的发展。

总之，这一时期的地理信息系统的发展有如下特点：

(1) 在 20 世纪 70 年代技术开发的基础上，地理信息系统技术全面推向应用；

(2) 开展工作的国家和地区更为广泛，国际合作日益加强，开始探讨建立国际性的地理信息系统，地理信息系统由发达国家推向发展中国家；

(3) 地理信息系统技术进入多种学科领域，从比较简单的、单一功能的、分散的系统发展到多功能的、共享的综合性信息系统，并向智能化发展，新型的地理信息系统将运用专家系统知识，进行分析、预报和决策；

(4) 微机地理信息系统蓬勃发展，并得到广泛应用。在地理信息系统理论指导下研制的地理信息系统工具具有高效率和更强的独立性和通用性，更少依赖于应用领域和计算机硬件环境，为地理信息系统的建立和应用开辟了新的途径。

我国地理信息系统方面的工作自 20 世纪 80 年代初开始。以 1980 年中国科学院遥感应用研究所成立的全国第一个地理信息系统研究室为标志，在几年的起步发展阶段中，我国地理信息系统在理论探索、硬件配置、软件研制、规范制定、局部系统建立、初步应用实验和技术队伍培养等方面都取得了进步，积累了经验，为全国范围内开展地理信息系统的研制和应用奠定了基础。利用 GIS 绘制的成都市区域热力图如图 9-4 所示。

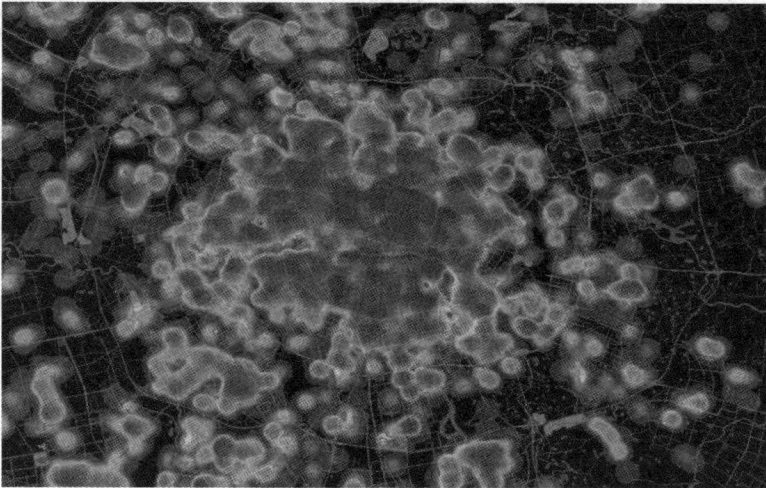

图 9-4　GIS 绘制的成都市区域热力图

4. 社会化阶段(20 世纪 90 年代)

进入 20 世纪 90 年代，随着地理信息产业的建立和数字化信息产品在全世界的普及，地理信息系统深入到各行各业乃至各家各户，成为人们生产、生活、学习和工作中不可缺少的工具和助手。地理信息系统已成为许多机构必备的工作系统，尤其是政府决策部门在一定程度上受地理信息系统影响而改变了现有机构的运行方式、设置与工作计划等。此外，社会对地理信息系统认识的普遍提高和需求的大幅度增加，也促进了地理信息系统应用的扩大与深化。国家级乃至全球性的地理信息系统已成为公众关注的问题。

自 90 年代起，中国地理信息系统步入快速发展阶段，地理信息系统从初步发展时期的实验、局部应用走向实用化和生产化，为国民经济重大问题提供分析和决策依据。同时地理信息系统的研究和应用正逐步形成行业，具备了走向产业化的条件。图 9-5 所示为中石油将GIS 用于开发石油勘探管理系统。

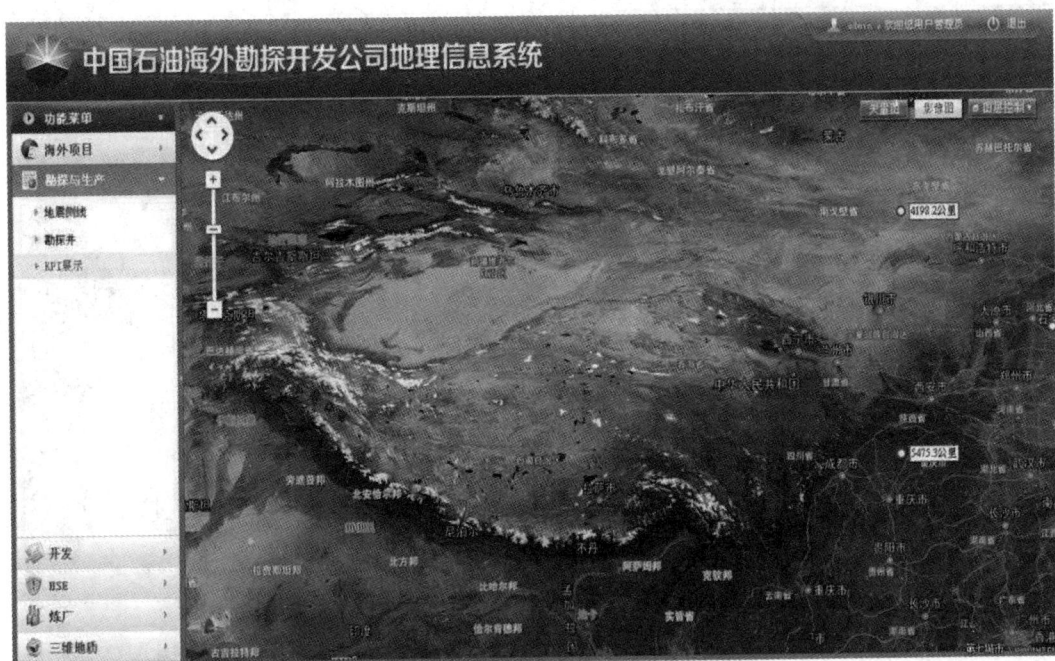

图 9-5　地理信息系统应用于石油勘探

9.1.2　交通地理信息系统

交通系统具有天然的地理特征，交通系统中的大部分信息与空间位置有关，如交通规划、建设、运营和管理中需要的信息具有面广、量大、复杂等特点，且绝大多数信息具有空间特征。因此地理信息系统在交通方面有着无可替代的作用。

交通地理信息系统(Geographic Information System for Transportation，GIS-T)是收集、存储、管理、综合分析和处理空间信息和交通信息的计算机软硬件系统。它是 GIS 技术在交通领域的延伸，是 GIS 与多种交通信息分析和处理技术的集成。

GIS-T 技术是一个基于地理空间数据管理，以道路交通网的地理位置为坐标，将道路交通特性数据与地理空间的点、线、面相结合，形成一个完整的、多层次的空间数据库，并建立相关模型知识库。GIS-T 技术在 ITS 中不仅可以用于车辆导航定位和车辆监控调度管理，同时可用于道路交通运输管理部门以及车站、码头等公共事业部门，作为一种交通信息查询工具，能够本质性地提高车辆的行车安全和行车效率。运用 GIS 数据库和工具可以实现电子地图系统，完成多种功能，其中主要包括数据采集与编辑功能、地理数据库功能、制图功能、空间查询和空间分析功能、地形分析功能等。基于 GIS-T 的导航系统如图 9-6 所示。

城市智能交通管理系统是由交通流量检测、路口交通信号智能控制、交通信息引导、城市出入口卡口管理、交通视频监控、机动车闯红灯自动监控、交通 GIS 综合管理系统、GPS 巡逻车管理、110/122 接处警、交通事故处理、车辆管理、驾驶员管理、交通事故处理系统、办公自动化和基于 Web 的交通信息发布等应用子系统组成的。虽然各个子系统的信息需求不同，但都与地理信息密切相关。

图 9-6 导航系统里的地图

通过交通地理信息系统，能够实现对地图数据和与地图相关联的各种属性数据的输入、编辑和修改，从而实现对地表空间信息的有效管理。GIS 是以点、线、面的形式存储地表空间数据的，应用 GIS 的编辑功能可以修改空间信息的点、线、面等属性信息，也可以分层管理地图数据，对地图库实现增减和删除等，并以交通规划地图、高速公路地图等各种专题地图的形式显示数据，实现对电子地图的放大、缩小和漫游等，从而满足用户的不同需求。同时，它还能对多种比例尺的地图实现双向查询功能，以图像形式实时动态显示交通状况，便于交通疏导和管理工作。利用 GIS 可以在测量地图上制定线段的距离或者指定区域的面积。除了这些基本功能外，空间分析和空间查询功能是 GIS 的核心功能，GIS 可以根据不同行业用户的需求，选择数据分析进行模拟预案，并给出合理的建议，从而为决策部门的政策制定提供帮助，为管理人员的工作提供参考依据。

此外，可以利用 GIS-T 的数字地形模型分析功能为交通设计部门的勘测工作提供有效的帮助，实现交通信息和 GIS 的集成，为交通规划部门、交通控制部门、物流管理部门、货物运输管理部门等提供统一的操作平台。利用 GIS-T 的最优路径分析功能，可以根据企业的需求设定路径选择时需要考虑的因素，从而确定最优路径，优化运输线路，并根据专题地图进行统计、分析，分析车流量的变化情况，制定合理、有效的行车路线。基于 GIS 和大数据的石家庄 TOD 监测分析大数据平台如图 9-7 所示。

GIS 具有存储各种空间数据和空间分析与数据处理的能力，因此它可以应用于交通管理部门中的规划、决策和对数据的管理。GIS-T 以强大的空间分析功能和人工智能为基础，越来越广泛地应用于交通规划、工程设计、施工建设、运营管理、后期维护等方面，贯穿交通工程建设行业全生命周期。GIS 与交通的关系如图 9-8 所示。

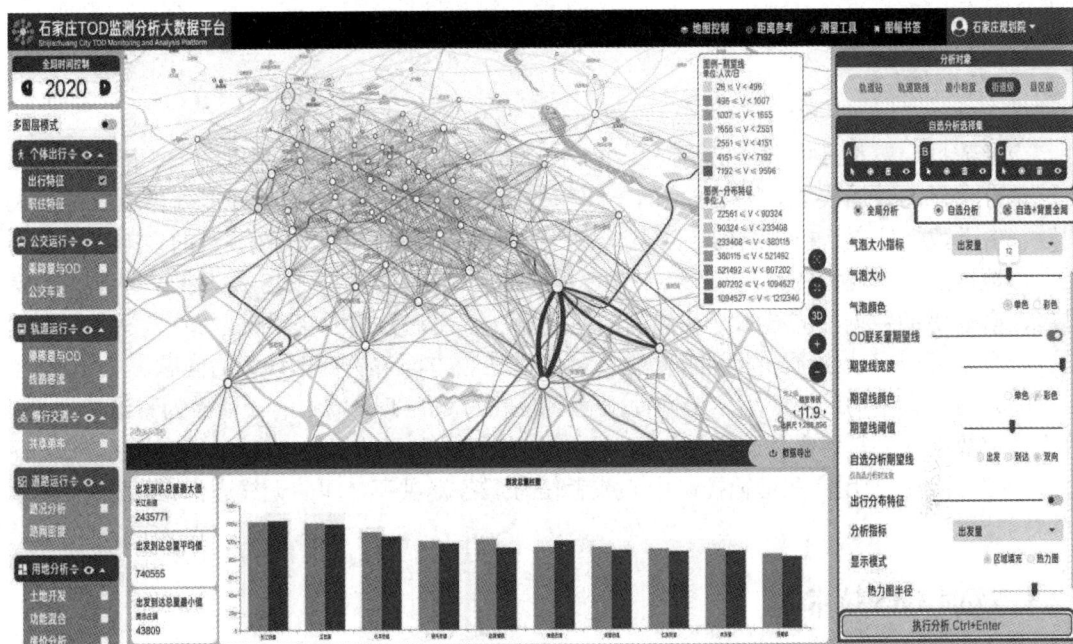

图 9-7　基于 GIS 与大数据的石家庄 TOD 监测分析大数据平台

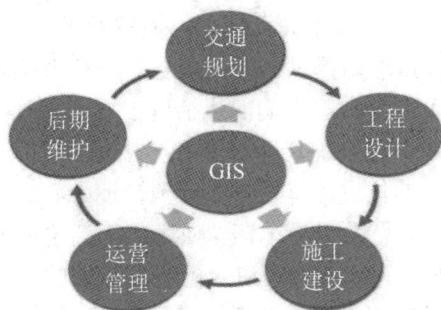

图 9-8　GIS 与交通的关系

9.2　GIS-T 的关键技术

9.2.1　数据库管理系统

智能交通信息系统需要以地理、卫星、交通等各方面的海量数据为基础，利用 GIS-T 技术收集、汇总、存储、管理、分析、提取数据，为不同的交通主管部门服务。同时，利用 GIS-T 可以精确模拟实体空间，及时分析接收到的地面信息，为交通部门和驾驶员提供准确、有效的信息。面对以往大量数据分散、不集中、异构等问题，利用 GIS-T 可以建立数据模型和数据交换框架，将不同类型的数据存储于统一的数据库管理系统中，不同部门都可以访问该系统中符合需要的信息，并进行数据分析和管理，实现不同部门之间的数据共享，提高数据的有效使用率，为决策工作提供数据支持。

9.2.2　数据协同

　　交通数据一般都是由多个机构提供并维护，数据类型、数据标准难以统一。每个数据源可能都有自己的数据模型。数据模型的不同和使用方法的多样性给数据处理分析造成了很大问题。由于数据位置、拓扑结构、分类、命名和属性的不同，以及线性测量的误差，导致不同来源数据的统一过程比较复杂，结果存在很大的不确定性。要使 GIS 技术在交通领域取得进展，必须借助数据协同技术，从地图的匹配算法、交通数据的错误模型和错误传播(尤其是一维数据模型)、数据质量标准和数据交换标准三个方面解决数据统一的问题。

　　随着地理数据的广泛应用，协同性问题逐渐成为 GIS-T 领域中的一个最为紧迫的课题。数字街道数据库、紧急事件的安排和调度系统、车辆导航系统以及 ITS(智能交通系统)的各个部分(包括测量使用者和运输控制中心或者信息服务提供商之间的无线通信)都必须应用数据协同技术。

9.2.3　实时 GIS 技术

　　交通信息的科学管理需要实时更新数据。应用 GIS 时，必须要保证能够快速反应和处理实时数据，保证远程数据传输的及时性和有效性，让相关人员能够全面掌握驾驶员、车辆和道路的所有信息。当发生交通事故时，相关管理部门能够及时掌握事故发生路段的准确信息，并采取积极有效的措施，为决策部门提供必要的服务。一旦系统无法实时更新数据，就会严重影响道路的交通状况，还可能会威胁人们的生命财产安全。

　　在日常生活中，智能交通信息系统利用 GIS 和全球定位系统可以实现数据的快速链接，让相关工作人员可以明确车辆的位置。当数据传输到管理中心时，管理中心根据数据分析的结果预测可能出现的道路状况，有效引导车辆，使城市生活更加便捷。面对越来越多的城市生活需求，相关部门要有采集、存储、管理和分析实时数据的能力，需要更快的数据访问模式和更强大的数据融合等技术来为人们的生活提供便利。

9.2.4　庞大的数据集

　　现实世界的交通问题涉及庞大的地理数据和复杂的网络。地理信息科学对地理可视化和数据采集的规则、技术发现和数据获得的计算方法进行了研究和集成，同时也促进了 GIS-T 的发展。由于交通数据集大小不同，就需要经常更新系统设计，这个系统设计包括了信息显示的精确性、速度的优化、算法运行时间与流程中的分析工具以及网络分析的优化。

9.3　GIS-T 的应用

9.3.1　交通规划方面

　　交通规划的根本任务是按照社会经济发展模式和趋向，设计合理的交通系统，为今后的土地利用与社会经济活动服务，满足社会和经济发展的需要。其实质就是根据未来的运输需求分配合适的运输资源，以实现运输资源的最佳配置以及高效利用。交通规划主要解决两方面的问题：一是预测未来的交通需求情况，二是了解与分析现有道路资源状况。不管是交通需求还是道路资源都具有很强的空间特性，均分布于特定的空间位置，并有丰富的社会属性，所有这些都涉及海量的空间数据与属性数据，仅靠人工手段处理这些数据将是非常繁重而又低效率的。

GIS 具有强大的空间数据与属性数据综合处理能力，借助 GIS 技术处理交通规划中的海量数据，交通规划工作将大大简化并更具高效性与科学性。基于 GIS 的新技术，能综合分析交通规划中需要考虑的经济数据、各类城市规划的用地与规模、道路长度等级与通行能力、交通量、交通分区等因素，利用系统提供的空间分析功能优化交通网络，可创建分区图和路网图，实现交通可视化、专题地图、信息查询、报表输出等丰富的地理信息功能，在此基础上进行各项交通规划工作，能减少数据调查和数据输入的时间和工作，从而缩短规划项目的设计周期，提高工作效率并快速有效地进行辅助决策。图 9-9 给出了石家庄 TOD 监测大数据平台提供的地铁轨道建设时序方案。

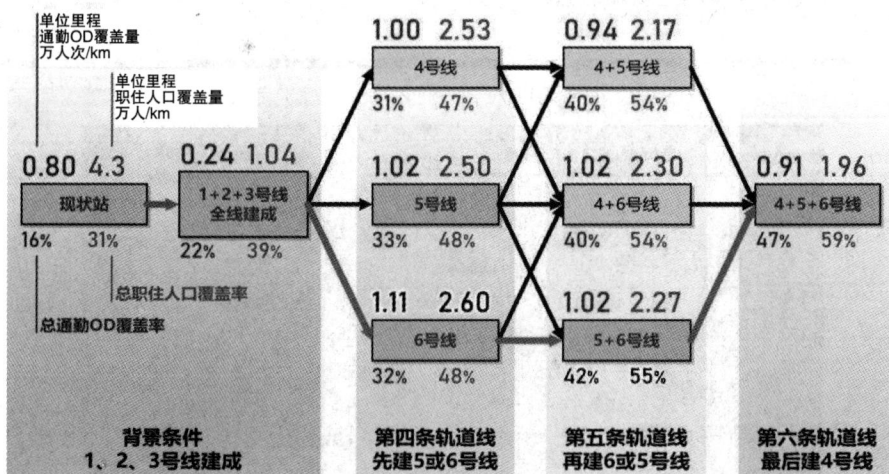

图 9-9　石家庄 TOD 监测大数据平台提供的地铁轨道建设时序方案

9.3.2　交通设计方面

通过 GIS 相关技术，融合外业工作人员采集的数据、倾斜摄影数据和三维激光扫描数据等，建立仿真的三维地表模型，具有建模速度快、数据更新时效性强的特点，设计人员可以很容易获得宏观的三维场景模型。将之与设计人员建造的 BIM 模型结合，可以真实地再现交通区位与周边环境的相对位置关系，比传统的规划设计更加直观、有效。

GIS 的综合解决方案在建模质量、分析精度、决策效率、成本控制等方面都有显著的提升。基于 GIS 的工程设计管理系统，实现了 BIM 模型及设计信息的数字化整体式交付，为施工建设阶段提供基于 GIS 技术的整体解决方案，全面提升工程项目设计和管理信息化水平。基于 GIS 的交通规划决策支持平台架构如图 9-10 所示，GIS 在交通设计中的应用如图9-11 所示。

应用层　数据管理云平台服务门户　←汇聚　支撑→　交通信息与决策支持平台门户

指标层
交通规划：路网规划｜衔接规划｜交通专项｜轨网规划｜预测评估｜街道设计
交通运营：道路运作｜地铁运营｜公交运营｜模型迭代｜轨迹分析｜道路流量
交通管理：路况监测｜指标监测｜流量统计｜物流运输｜智能交通｜三维确权

业务中台

基础空间服务
数据服务｜地图服务｜统计报表
空间分析｜专题制图｜地图查询

专题数据服务
用地分析｜设施分析｜人口职住
道路交通｜公共交通｜出行分布

指标计算服务
空间规划指标｜交通战略指标｜可持续交通指标

数据中台
数据安全｜数据治理｜数据接入
大数据计算｜元数据管理｜指标模型｜算法模型｜规则管理
大数据资源池｜挖掘分析｜指标库｜模型库｜知识库

数据资源目录
公共基础数据｜交通设施数据｜交通运行数据｜运营商数据｜社会经济数据

规范化
统一标准规范｜统一数据基准｜统一数据模型

数据资源
用地基础数据｜建筑基础数据｜公共地理空间数据｜宏观经济基础数据｜人口基础数据
交通设施现状调查数据｜导航级路网数据｜2019用地数字化现状图｜公共交通线路站点数据｜轨道站点步行范围数据
卡口数据｜交通态势数据｜滴滴运营车GPS数据｜公交班次数据｜轨道运营数据
POI、高新企业数据｜百度热力图数据｜联通、移动信令数据｜高德路径规划｜HIS数据

基础设施
软件环境：操作系统（Windows、Linux）、数据库管理软件(Oracle、SQL)、GIS平台(SuperMap、ArcGIS)…
硬件环境：数据库服务器、应用服务器、备份服务器、CA认证服务器、档案管理服务器、工作站、存储设备…
传感设施：道路交通、监控设备、通信设备、城市监测设备、车载终端、移动终端…
通信网络：局域内网、互联网、交换机、负载均衡器…
安全墙：硬件防火墙、网络安全服务器…

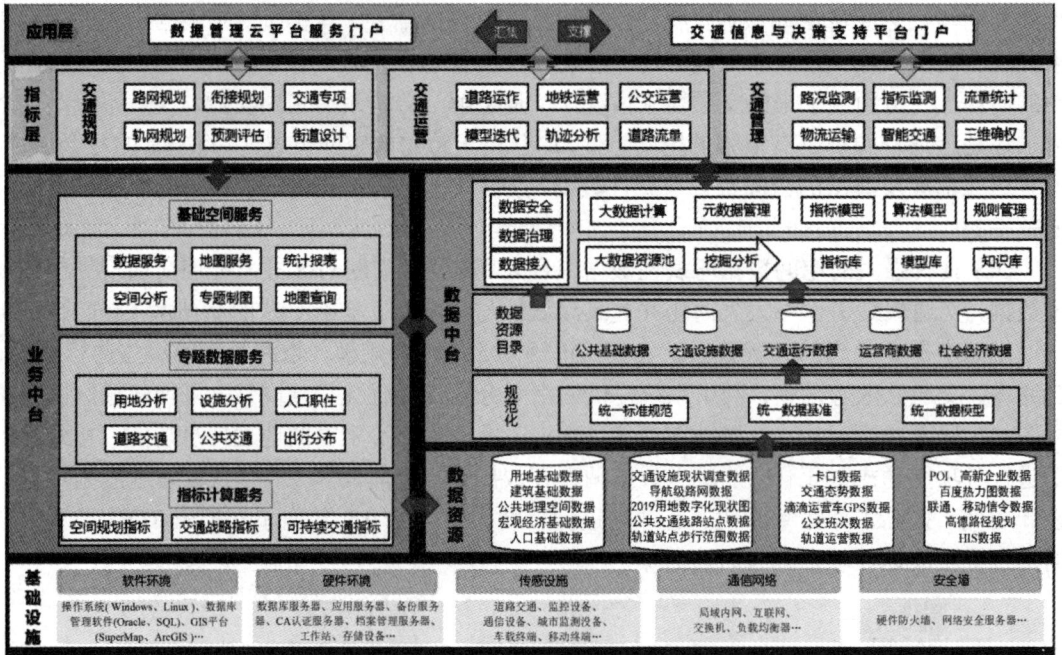

图 9-10　基于 GIS 的交通规划决策支持平台架构

图 9-11　GIS 在交通设计中的应用

9.3.3　工程施工方面

GIS 在工程施工方面的应用可分为以下 3 个方面：

(1) 根据工程施工的需要直接利用 GIS 软件某个功能进行处理，如利用 TIN 模型及其 DEM 模型进行土方量的计算，或者利用 GIS 软件的空间分析功能对沉降观测的结果进行分析、预测及其监控等。

(2) 利用 GIS 平台，结合云计算、物联网感知、移动互联网、大数据分析等技术对远程施工机械、施工现场，以及监理人员进行监控、调度的可视化管理。

(3) 利用 GIS 的查询分析功能以及三维建模功能，加上复杂的专家系统进行二次开发，建立比较全面的施工管理功能或施工管理某单方面的比较深入的功能，实现对施工现场的进度进行管理等功能。例如二次开发对隧道三维地质以及三维部件进行建模，通过三维显示与浏览、空间属性查询等 GIS 基本功能来管理隧道施工；利用空间数据无缝集成技术、三维技术、数据挖掘及 GIS 组件技术，针对长大铁路隧道资料复杂多样的特点，实现了长大铁路隧道多源数据存储、建模、集成、分析评价等可视化管理。融合 BIM+GIS 及物联网的数字基建现场智慧管控平台界面如图 9-12 所示。

图 9-12　融合 BIM+GIS 及物联网的数字基建现场智慧管控平台界面

9.3.4　运营管理方面

GIS 技术联合虚拟现实技术、大数据可视化技术，可搭建包含高速公路、普通道路、铁路线、航空、水运航道、隧道、桥梁以及交通工具在内的全部交通数据可视化三维仿真管理体系。在三维虚拟场景和交通数据融合的基础上，使人、交通工具、交通之间的关联以可视化方法展现，建设以 GIS 为基础的运营管理系统。结合航空影像、倾斜摄影、激光点云等多源、多时相、多尺度的空间数据，以三维实景形式展示路基、桥梁、隧道、互通立交、航道等全项目、全专业 BIM 模型信息及项目区域的地形、地貌等信息，同时支持在网页端和移动端进行场景漫游、查询定位、属性查看、空间分析等功能。

城市智能交通的核心在于交通的安全与事故处理的能力。通过 GIS 技术建设智能交通地理信息系统，一方面可以分析城市交通的事故多发路段，并对事故发生原因进行分析，提供快速、有效的事故解决办法，提高道路交通安全；另一方面通过图形的形式记录查询道路的通行状况、事故点的定位、抢修车辆的调度，以及交通疏散方案的制定等，为提高道路的通行能力，舒缓交通阻力，提高道路通行的安全系数，处理紧急事故等提供强有力的技术保障。

GIS 在交通综合监控和指挥、交通安全管理与应急、综合智能缓堵整治等场景中广泛应用，建立交通大数据生态，实现实时、精确、安全、环保节能、高效可靠的大交通应对解决方案，有助于指挥人员全面掌握交通管理要素的空间分布规律和变化趋势，并辅助进行决策管理，同时让用户出行更安全便捷。基于 GIS 的交通管控平台如图 9-13 所示。

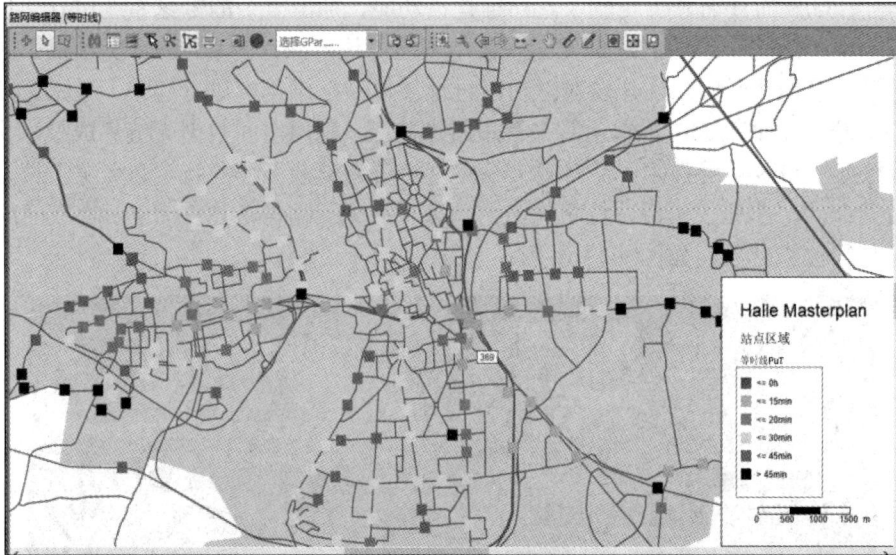

图 9-13　基于 GIS 的交通管控平台

9.3.5　后期维护管理方面

基于 GIS 的交通维护管理系统可以可视化方式对交通设施进行维护和管理,能方便快捷地提取、显示各种交通设施的空间信息和相关属性信息,对交通道路、轨道及相关附属设施情况、周边环境情况等进行检测,及时地进行资产管理和维护,保证交通设施的安全。利用地理信息系统强大的数据综合、图形处理、空间分析功能,对交通领域中涉及空间信息和属性信息繁多的交通资产进行信息收集和分析管理,可以极大满足交通部门的不同需要,有助于交通维护部门及时准确掌握交通资产使用状态,并得到合理的资源分配和规划决策。重庆市巴南区基于 GIS 开发的道路养护系统功能模块如图 9-14 所示。

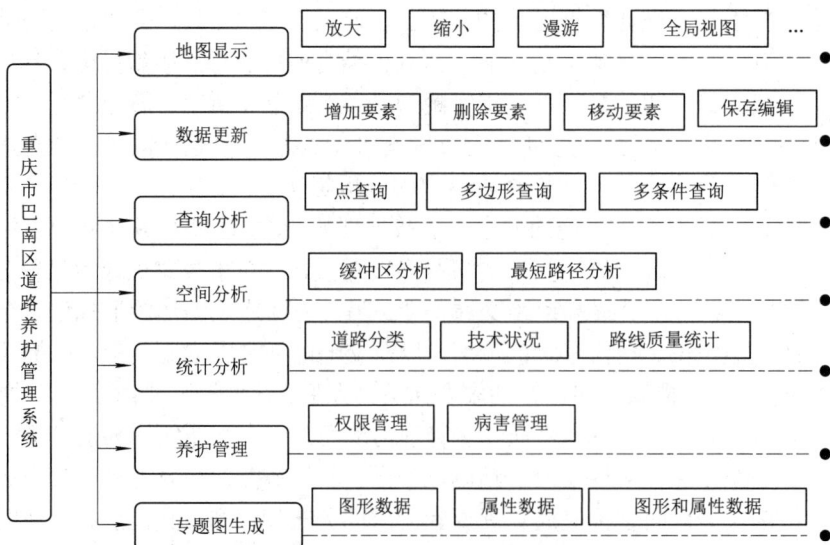

图 9-14　重庆市巴南区基于 GIS 开发的道路养护系统功能模块

9.4　应用案例——新疆智能交通管理系统

在新疆交通大建设背景下，为进一步提升全疆交通信息化水平，新疆交通管理部门以打造高效有序的全疆交通基础设施建设管理为出发点，通过卫星遥感、GIS、云平台及大数据等高新技术手段，对现有数据中心进行升级改造，推出了包含"一张图、两个平台、N 个应用"的智能交通管理系统。

一张图指以数据资源中心为实体，按照交通业务应用设计全交通数据模型，并分类存储。用户可以根据实际需求，在两个平台上使用具体的数据产品。两个平台包括交通地理信息服务平台和互联网地图发布服务平台。基于这两个平台提供的业务系统和互联网地图服务，新疆交管部门打造了一系列应用。

新疆交通地理信息服务平台综合运用卫星遥感技术、云平台、大数据及地理信息技术，构建集地图数据、地图服务、地图应用、GIS 工具、API 服务等于一体的综合交通基础设施全生命周期地理信息资源中心，实现数据的高效存储与管理、服务接口的统一调用，以及地图资源的全面展示。该平台的总体架构分为基础设施层、数据层(数据中心)、平台层、应用层和用户层 5 层，如图 9-15 所示。

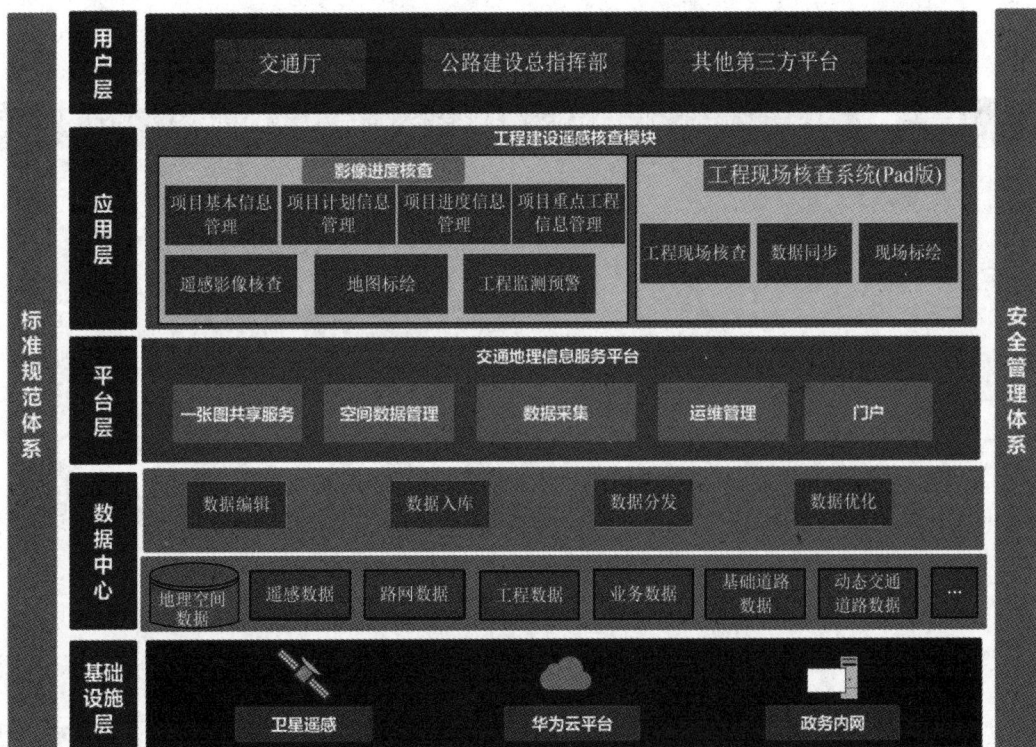

图 9-15　新疆交通地理信息服务平台架构

新疆综合交通地理信息服务平台工程主要以综合交通基础设施地理信息服务平台为支撑，由面向领导层用户的综合地图展示系统、交通运输信息化指挥大屏，以及面向基层建设施工管理用户的基于遥感的施工进度核查系统组成。

综合交通基础设施地理信息服务平台系统界面如图 9-16 所示。

图 9-16　综合交通基础设施地理信息服务平台系统界面

综合地图展示系统界面如图 9-17 所示。

图 9-17　综合地图展示系统界面

"互联网地图发布服务平台"是在整合基础地图、交通设施、路况信息等多源数据的基础上，打造基于交通数据"一张图"的可视化管理和分析平台，实现专业级交通数据的互联网服务标准化管理、发布和共享。

而在具体应用中，目前平台可以兼容二、三维数据，以数字孪生和高精度地图数据为基础，提供了交通基础设施数字化、交通仿真、智慧工地、智慧养护、智能网联以及出行服务的应用。例如，新疆交通运输信息化指挥平台，其大屏界面如图 9-18 所示，施工进度核查系统界面如图 9-19 所示。

图 9-18 新疆交通运输信息化指挥平台大屏

图 9-19 施工进度核查系统界面

该系统打破了现有分散独立平台的信息壁垒，打通了新疆现有平台之间的信息链路，对全疆公路建设项目进行统计、汇总、分析、考核评价，为交通建设管理提供准确、及时、可靠的建设项目进度动态信息和投资完成情况，实现全疆公路建设统一监管、综合指挥、政府决策，并为全疆各交通运输部门提供统一的数据资源共享服务。

拓展阅读　青藏公路之父——慕生忠将军

　　慕生忠(1910—1994)，陕西省吴堡县人。1930年参加革命，1933年加入中国共产党，在抗日战争和解放战争中屡立战功。慕生忠将军雕像如图9-20所示。

图9-20　慕生忠将军雕像

　　1953年春天，西藏军民吃粮告急，慕生忠带领工人，拉着2.7万峰骆驼驮着大批粮食进藏。一趟下来，光骆驼就累死了4000多峰。慕生忠萌发了一个强烈的念头，那就是建设和保卫西藏就必须修建一条真正的公路，于是给周恩来总理写了修建青藏公路的报告，得到周总理的批准。

　　1954年5月，慕生忠率领1000多名工人、工兵和10辆卡车向"世界屋脊"出发，开始了青藏公路的修建工作。筑路大军以大无畏的精神克服了一个接一个的困难，11月抵达羊八井，12月到达拉萨。

　　1954年12月25日，在拉萨，青藏公路和川藏公路同时举行了通车典礼。这两条公路的通车，加强了西藏与内地的联系，基本上解决了西藏物资供应问题。青藏公路和川藏公路，像青藏高原上的两条金色飘带，给西藏人民带来了现代文明，为西藏的发展和建设奠定了坚实的基础。慕生忠厥功至伟，也因此被称为"青藏公路之父"。

　　1955年，青藏公路管理局在格尔木成立，慕生忠被任命为青藏公路管理局局长、党委书记，中国人民解放军青藏公路运输指挥部总指挥，在西藏的交通建设以及进藏人员的后勤保障等方面，付出了努力，作出了重要贡献。

　　1955年10月，慕生忠带领铁道部西北设计分院的4名工程师，开车沿青藏公路进藏，就修建青藏铁路的可行性进行实地调查。1956年，铁道部正式承担修建进藏铁路的前期规划，开始进行青藏铁路勘测设计工作。但是由于国民经济困难，青藏铁路的建设被搁置。1994年10月19日，慕生忠将军在兰州逝世。

　　2001年6月29日，经历了长达半个世纪的准备工作，青藏铁路的开工典礼在格尔木和拉萨同时举行。2003 年 8 月，青藏铁路铺架工程成功通过可可西里无人区；2005 年 8 月，全线路基、隧道、桥涵等基础工程基本完成、青藏铁路铺过唐古拉山；2005 年 10 月，青藏铁路全线贯通；2006 年 7 月 1 日，青藏铁路全线开通试运营；2014 年 8 月 15 日，青藏铁路的重要支线拉萨至日喀则段开通运营。慕生忠将军的遗愿终于得以实现。

课 后 任 务

任务一　基础任务

1. 地理信息系统(GIS)的发展历程可分为哪几个阶段？每个阶段有什么特点？
2. 什么是交通地理信息系统？它和地理信息系统有什么关联和区别？
3. GIS-T 能够在智能交通中起到什么作用？试具体举例说明。

任务二　能力提升任务

1. 了解市面上目前使用比较多的几款 GIS 软件，并总结其名称和软件功能特点。

软件名称	软件功能特点

2. 通过网络信息检索的方式，分析 GIS 与无人驾驶汽车之间的关联，分析 GIS 能够为无人驾驶汽车提供的帮助。

任务三　专创融合任务

为了保护野外大熊猫，我国科学家将 WebGIS 技术应用于野生大熊猫调查与监测中，形成大熊猫数量分析、大熊猫栖息地生境要素的空间分异分析与制图(包括植被类型、地貌特征等)、大熊猫可食竹资源分析(种类、分布、生长状况等)、大熊猫栖息地动态演变分析、大熊猫栖息地生境综合评价、大熊猫保护站选址等多项成果。结合我们的现实生活，思考和分析 GIS 技术能够为我们的生产生活服务的地方。请描述几个你认为具有实际意义的使用场景，并分析 GIS 在其中所起的作用。

任务十　智能交通中的人工智能

截至 2020 年，杭州市累计由政府投资建设重点公共区域的电子眼抓拍点达到 4820 个，视频监控点位达到 8 万个，人脸抓拍摄像机达到 1.5 万个，整合接入社会面自建视频监控点位达到 6 万个。如何在海量的视频监控中及时获取交通事故、交通拥堵、违章等信息，光靠监控人员肉眼识别是不可能实现的。在杭州市交通指挥大厅里，城市大脑每隔两分钟对全市的交通状况进行一次扫描，对在途交通量、拥堵指数、延误指数、安全指数、快速路车速等交通指标进行更新。城市大脑能够自动发现 110 种警情，并立即报警，日均自动发现警情 3 万余起，准确率达 95%以上，从发现到报警平均用时仅 10 s，交管部门可以快速调度警力前往处置。杭州城市大脑展示的卫星交通总览情况如图 10-1 所示。

图 10-1　杭州城市大脑展示的卫星交通总览图

如何教会城市大脑自动识别车祸、拥堵、违章等现象，离不开人工智能的支持。本任务要求学习者了解人工智能的发展历程、认识人工智能的技术要点，结合智能交通系统的功能需求，分析如何发挥人工智能的渗透性、协同性、替代性、创新性等特点解决智能交通中的一些实际问题，比较人工智能与传统设备之间的技术优势，进一步思考和探索人工智能与智能交通相结合的新应用场景。

任务开始之前，请思考以下问题：

(1) 什么是人工智能？它的主要优势是什么？

(2) 人工智能目前主要应用在哪些方面？

(3) 人工智能可以为智能交通的发展提供哪些便利？

任务目标

1. 了解人工智能的研究对象；
2. 了解人工智能的应用领域；
3. 理解智能交通中人工智能的主要应用场景；
4. 探寻人工智能的更多应用未来。

主要知识点

1. 人工智能的定义和发展历程；
2. 人工智能的特点、影响及政策支持；
3. 人工智能的应用领域和应用场景。

10.1　人工智能的定义和发展历程

人工智能是一个崭新的科技领域，是多学科全面综合的技术领域。人工智能(Artificial Intelligence，AI)是研究、开发用于模拟、延伸和扩展人的智能的理论、方法、技术及应用系统的一门新的技术科学。通俗地讲，人工智能就是要让机器的行为看上去和人所表现出的智能行为一样，甚至赋予机械超越人类的思维、行为及技能。

人工智能始于 20 世纪 50 年代，至今大致分为 3 个发展阶段：

(1) 20 世纪 50 年代至 80 年代，这一阶段人工智能刚诞生，基于抽象数学推理的可编程数字计算机已经出现，符号主义快速发展，但由于很多事物不能形式化表达，建立的模型存在一定的局限性。此外，随着计算任务的复杂性不断加大，人工智能发展一度遇到瓶颈。

(2) 20 世纪 80 年代至 90 年代末，在这一阶段，专家系统得到快速发展，数学模型有重大突破，但由于专家系统在知识获取、推理能力等方面的不足，以及开发成本高等原因，人工智能的发展又一次进入低谷期。

(3) 21 世纪初至今，随着大数据的积聚、理论算法的革新，以及计算能力的提升，人工智能在很多应用领域取得了突破性进展，迎来了又一个繁荣时期。人工智能的发展阶段和各阶段发展特点如图 10-2 所示。

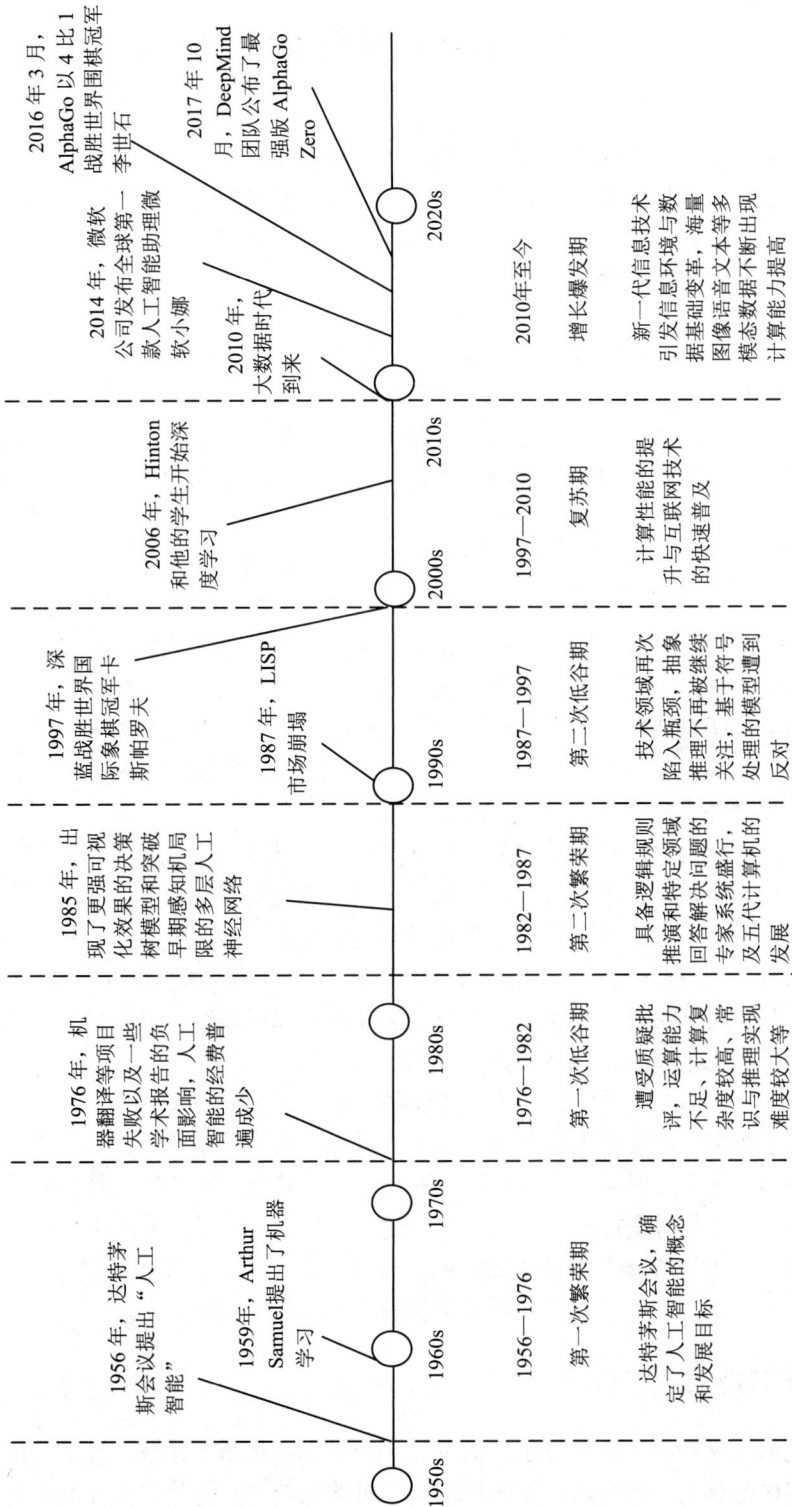

图 10-2　人工智能的发展阶段

年代	1950s	1960s	1970s	1980s	1990s	2000s	2010s	2020s

1956 年，达特茅斯会议提出"人工智能"

1959 年，Arthur Samuel 提出了机器学习

1976 年，机器翻译等项目失败以及一些学术报告的负面影响，人工智能的经费普遍成少

1985 年，出现了更强可视化效果的决策树模型和突破早期感知机局限的多层神经网络

1997 年，深蓝战胜世界国际象棋冠军卡斯帕罗夫

1987 年，LISP 市场崩塌

2006 年，Hinton 和他的学生开始深度学习

2014 年，微软公司发布全球第一款人工智能助理微软小娜

2010 年，大数据时代到来

2016 年 3 月，AlphaGo 以 4 比 1 战胜世界围棋冠军李世石

2017 年 10 月，DeepMind 团队公布了最强版 AlphaGo Zero

时期								
1956—1976	1976—1982	1982—1987	1987—1997	1997—2010	2010年至今
第一次繁荣期	第一次低谷期	第二次繁荣期	第二次低谷期	复苏期	增长爆发期

达特茅斯会议，确定了人工智能的概念和发展目标

遭受质疑批评，运算能力不足、计算复杂度较高、常识与推理实现难度较大等

具备逻辑规则推演和特定问题回答解决领域的专家系统盛行，及五代计算机的发展

技术领域再次陷入瓶颈，抽象推理不再被被续关注，基于符号处理的模型遭到反对

计算性能的提升与互联网技术的快速普及

新一代信息技术引发信息环境与数据基础变革，海量图像语音文本等多模态数据不断出现，计算能力不断提高

10.2 人工智能的研究领域及影响

人工智能涉及十分广泛的科学领域，如机器学习，计算机研究等，总的说来，人工智能研究的一个主要目标是使机器能够胜任一些通常需要人类智能才能完成的复杂工作。

10.2.1 人工智能的研究领域

人工智能的研究方向可以划分为 3 层，分别是基础层、技术层和应用层。基础层是推动人工智能发展的基石，主要包括数据、芯片和算法等。技术层主要是应用技术提供方，主要分为机器学习、语音识别和自然语言处理，以及计算机视觉、专家系统等领域。应用层大多是技术使用者，主要集中在安防、金融、医疗、教育、零售、机器人以及智能驾驶等领域。我们主要从技术层进行深入了解。

问题求解是人工智能研究的一个重要方面。人工智能的许多概念如归纳、推断、决策、规划等都与问题求解有关。问题研究最典型的成果就是能够求解难题的下棋(如国际象棋)程序。在下棋程序中应用的某些技术，如向前看几步，并把困难的问题分解成一些比较容易的子问题，这种搜索和问题归纳的能力实际就是人工智能基本技术。

模式识别就是研究如何使机器具有感知能力，是机器智能的一个重要方面，是机器获取外部信息的根本保障。人工智能所研究的模式识别是指用计算机代替人类或帮助人类进行感知，是对人类感知外界功能的模拟或扩展。

语音识别及自然语言理解就是研究如何让计算机理解人类自然语言的研究领域。从宏观上看，自然语言理解是指机器能够理解并执行人类所期望的某些语言功能。

专家系统是目前人工智能研究领域中最活跃、最有成效的一个领域，它研究如何让计算机充当"专家"，是一种让计算机在特定领域内具有大量知识与经验的程序系统，它应用人工智能技术，根据某个领域一个或多个人类专家提供的知识和经验进行推理和判断，模拟人类专家求解问题的思维过程，以解决该领域内的各种问题。

计算机视觉已从模式识别的一个研究领域发展为一门独立的学科，具体是指在视觉方面，给计算机系统装上电视输入装置以便能够"看见"周围的东西，例如人脸识别、指纹识别、以图搜图、图像语义理解、目标识别。机器视觉的前沿研究领域包括实时并行处理、主动式定性视觉、动态和时变视觉、三维景物的建模与识别、实时图像压缩传输和复原、多光谱和彩色图像的处理与解释等。机器视觉已在机器人装配、卫星图像处理、工业过程监控、飞行器跟踪和制导，以及电视实况转播等领域获得极为广泛的应用。

10.2.2 人工智能的应用领域

人工智能的发展在众多领域有了广泛的应用。例如，在军事领域，人工智能除了应用在精准打击的巡航导弹上，还应用在无人机控制、机器人控制、智能火力控制系统、智能战场态势评估系统等方面。基于人工智能的军用机器狗如图 10-3 所示。

图 10-3　携带武器的机器狗

1. 智能制造

随着工业制造 4.0 时代的推进，传统的制造业在人工智能的推动下迅猛发展。人工智能在制造领域的应用主要分为 3 个方面：

(1) 智能装备：主要包括自动识别设备、人机交互系统、工业机器人和数控机床等。

(2) 智能工厂：包括智能设计、智能生产、智能管理及集成优化等。

(3) 智能服务：个性化定制、远程运维及预测性维护等。

用人工智能的机器人代替普通工人去完成许多对人体有不良影响及人体生理条件限制而不能承受的工作，是工业发展的一个质的飞跃。基于人工智能的工业机器人如图 10-4 所示。

图 10-4　工业机器人

2. 智能家居

智能家居主要是应用物联网技术，通过智能硬件、软件、云计算平台等构成一套完整的家居生态系统，如图 10-5 所示。这些家居产品都有 AI 可以设置口令指挥产品自主运行，同时 AI 还可以搜索用户的使用数据，最后达到不需要指挥的效果。

图 10-5　人工智能在智能家居中的应用

3. 智慧金融

随着人工智能的开发及应用，互联网金融更是取得了极其辉煌迅猛的发展。人工智能在金融方面可以进行自动获客、身份识别、大数据风控、智能投顾、智能客服和金融云等。二维码支付、手机银行、淘宝、京东等逐渐成为人们茶余饭后议论的热点词汇。通过大数据库、云计算、计算机网络应用、区块数据链等最新 IT 技术，即可获取大量、精确的信息，更加个性化、定向化的风险定位模型，更科学、严谨的投资决策过程，更透明、公正的信用中介角色等，从而能大大地提高金融业务效率和服务水平。

4. 智能医疗

智能医疗主要是通过大数据、5G、云计算、AR/VRh 和人工智能等技术与医疗行业进行深度融合等。智能医疗在辅助诊断、医疗影像及疾病检测、药物开发等领域的应用日益广泛。

5. 智慧教育

智慧教育主要是指人工智能在教育领域实现信息化，是一种依托人工智能、物联网、云计算等技术打造出数字化、网络化、物联化、智能化、感知化的新型教育形态和教育模式。

6. 智能安防

智能安防主要是利用人工智能系统实施安全防范控制，在当前安全防范意识不断加强的环境下，智能安防应用广泛，市场规模越来越大。其中主要应用在人体、行为、车辆、图像方面的分析。

7. 智慧物流

物流行业在人工智能、5G 技术的推动下迅速发展。智慧物流利用智能搜索、推理规划及计算机视觉等技术在仓储、运输、配送和装卸等方面进行自动化改革，实现了无人操作一体化。京东高度智能化的物流仓库如图 10-6 所示。

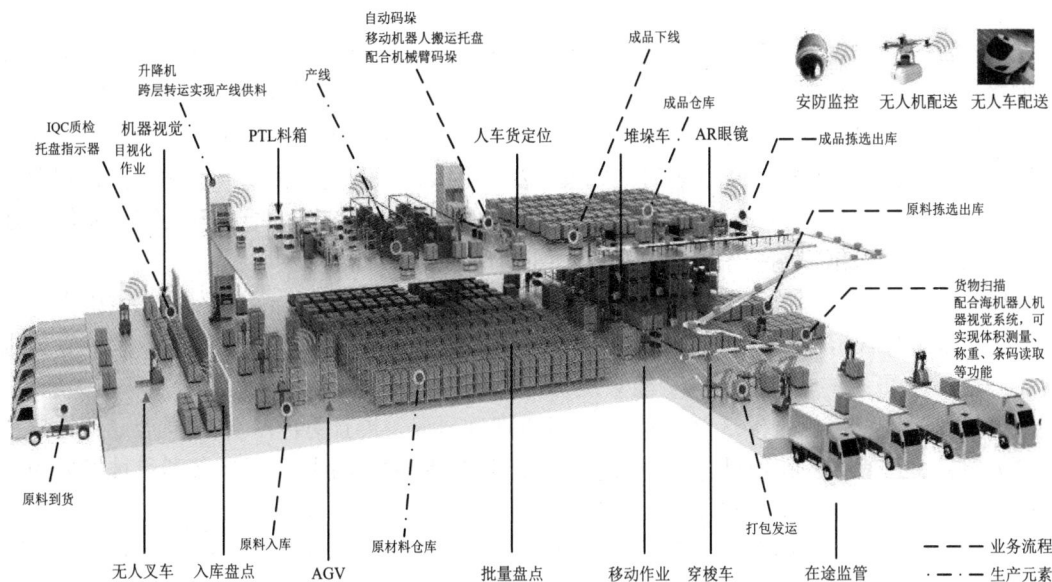

图 10-6　京东智能物流仓库

8. 智慧交通

智慧交通是通信、信息和控制技术在交通系统中集成应用的产物。它通过信息采集技术及无线通信技术汇集交通信息，利用人工智能、大数据等技术对交通管理、交通运输、公众出行等进行全方面管控支撑，使交通系统在区域、城市，甚至更大的时空范围具备感知、互联、分析、预测、控制等能力，以充分保障交通安全，发挥交通基础设施效能，提升交通系统运行效率和管理水平。图 10-7 所示为人工智能在智慧交通中的应用。

图 10-7　人工智能在智慧交通中的应用

9. 智慧零售

人工智能在零售领域应用广泛，包括无人便利店、智慧供应链、客流统计、无人车和无人仓等。

10.2.3　相关政策

我国对于人工智能的研究时间起步较晚。1981 年 9 月，中国人工智能学会(CAAI)在长沙成立，20 世纪 70 年代末至 80 年代前期，一些人工智能相关项目开始被纳入国家科研计划。例如，在 1978 年召开的中国自动化学会年会上，报告了光学文字识别系统、手写体数字识别、生物控制论和模糊集合等研究成果，表明中国人工智能在生物控制和模式识别等方向的研究已开始起步。1986 年起国防科工委把智能计算机系统、智能机器人和智能信息处理等重大项目列入国家高技术研究发展计划(863 计划)。

1986 年，清华大学出版社出版了《人工智能及其应用》。1989 年首次召开了中国人工智能联合会议(CJCAI)，1993 年起，智能控制和智能自动化等项目列入国家科技攀登计划。进入 21 世纪后，更多的人工智能与智能系统研究课题获得国家自然科学基金重点和重大项目、国家高技术研究发展计划(863 计划)和国家重点基础研究发展计划(973 计划)项目、科技部科技攻关项目、工信部重大项目等各种国家基金计划支持，并与中国国民经济和科技发展的重大需求相结合，力求为国家作出更大贡献。

2015 年 7 月，国务院出台《关于积极推进"互联网+"行动的指导意见》，首次将人工智能纳入重点任务之一，推动中国人工智能步入新阶段。2017 年 7 月，国务院发布《新一代人工智能发展规划》，确立了新一代人工智能发展三步走战略目标，将人工智能上升到国家战略层面。

2017 年 12 月，国务院颁布《促进新一代人工智能产业发展三年行动计划(2018—2020年)》，从培育智能产品、突破核心技术、深化发展智能制造、构建支撑体系和保障措施等方面详细规划了人工智能在未来三年的重点发展方向和目标。

2019 年 3 月，在《2019 年政府工作报告》中将人工智能升级为智能+；2019 年 6 月，人工智能治理原则首次被提出，发布了《新一代人工智能治理原则——发展负责任的人工智能》政策。近年来我国对人工智能的重点政策支持情况如图 10-8 所示。

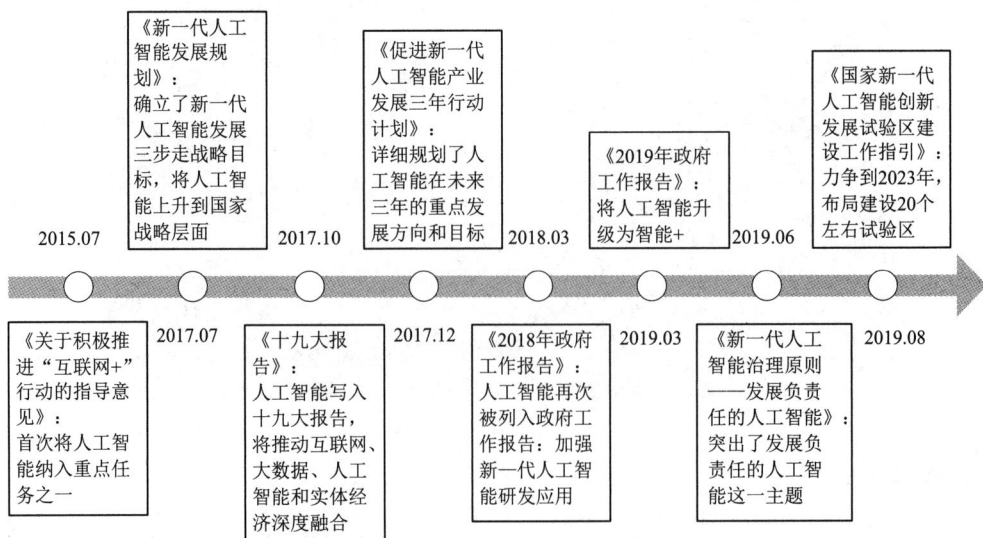

图 10-8　我国对人工智能的重点政策支持

10.3　人工智能技术在智能交通系统中的应用

由于人口快速增长以及道路上车辆数量的急剧增加，全球大多数城市都面临着交通、运输和物流相关的问题。如何有效地创建和管理可持续的交通系统，现代科技无疑可以提供巨大的支持。在城市交通困境日益加重及科技飞速发展的情况下，人工智能解决方案应运而生。在智慧交通条件下，系统能够实时获取道路及车辆信息，基于人工智能的交通管理、交通决策、路径规划、交通网络服务以及其他交通优化工具高度集成，使得高效交通管理成为可能。

10.3.1　交通控制和道路监控

我国在对城市智能交通系统进行优化和完善的过程中，将重点放在交通控制系统方面，对于城市交通信号的控制、路由预测以及车辆速度等方面进行了重点关注，并且在其中运用了人工智能技术。在交通控制系统中所使用的人工智能技术主要是人工神经网络，该技术占整个技术应用的40%以上。除此之外，还充分结合了遗传算法和专家系统等技术，多项技术的共同融合能够有效保证整个城市网络的完整性和有效性，在此基础之上，能够有效减少车辆行驶过程中在十字路口所停留等待的时间。基于人工智能算法的实时交通优化过程如图10-9所示。

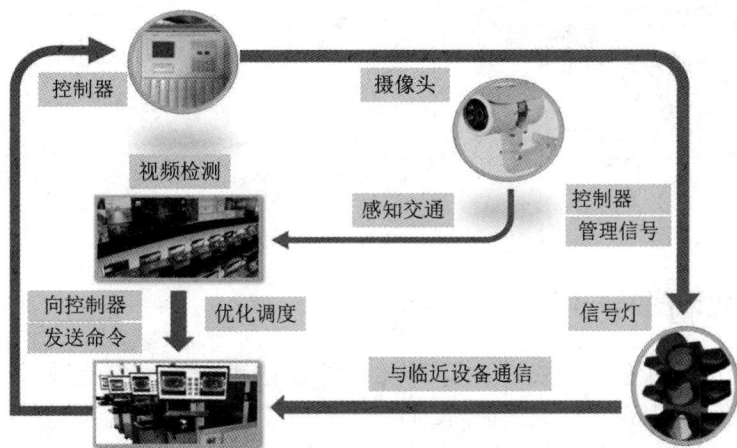

图 10-9　实时交通优化案例

通过部署广泛的传感器和摄像头网络来监督交通流量，监控道路状况，并通过计算机视觉识别事故，这样能够在事故发生时迅速进行干预，加快道路维修和维护操作，并根据车辆密度来优化交通信号灯的切换。通过技术连接的车辆可以预测道路上的交通状况，从而提高驾驶效率。

10.3.2　车辆控制和路线优化

人工智能技术在车辆控制中的应用主要体现在自动导航车辆、优化悬架系统、不断提高车辆运行的稳定性，以及防震刹车系统等方面。根据相关调查研究显示，在对汽车进行控制过程中所使用的技术主要是遗传算法技术，应用该项技术具有许多优势，不仅能够从总体上降低汽车在运行过程中的能耗，同时还能大大提高汽车刹车系统的稳定性。除此之外，车辆控制中还运用了两项技术，即人工神经网络和模糊逻辑技术。多种先进技术的应用不仅能够大大提高汽车的性能，同时还能保证驾驶的安全性。

人工智能路线优化操作主要基于 GPS、传感器、计算机视觉驱动的摄像头和其他物联网设备的组合。这些设备被部署用于收集有关天气、交通、堵塞或事故等方面的数据。然后将这些数据与基于人工智能的分析系统相结合，通过机器学习算法来识别重复的交通模式，并将数据转化为有价值的路径建议或潜在道路拥堵的预测。图 10-10 所示为智慧高速公路速度管控系统。

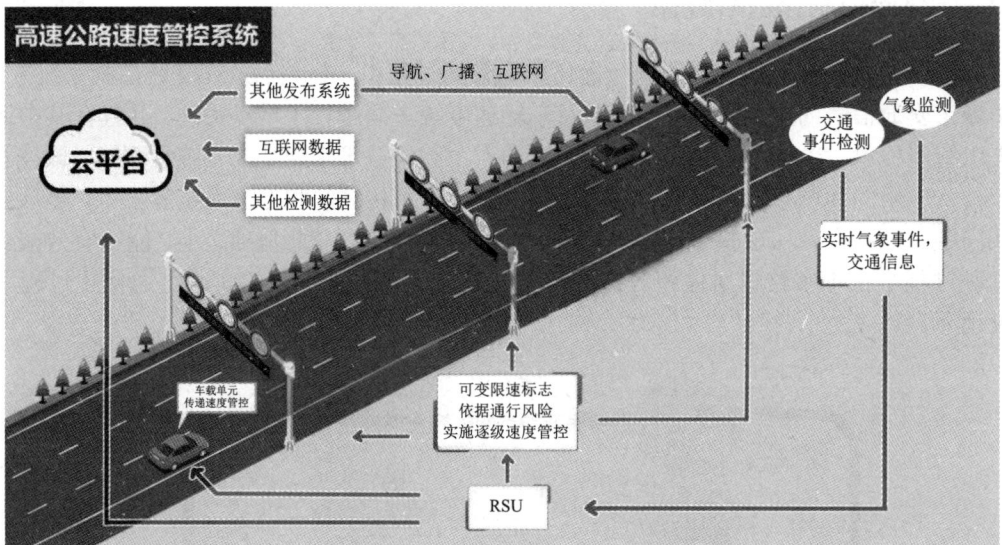

图 10-10   智慧高速公路速度管控系统

10.3.3   智能化地图的应用

智能化地图的应用能够给人们的出行提供更多的便利和舒适性，因此对于智能化地图的关注程度也在原有的基础之上大大提高。将人工智能技术应用在智能化地图中，能够有效提高智能化地图的准确性。在应用智能化地图时，车载导航系统可以根据交通实况第一时间告知驾驶人道路的拥堵情况。除此之外，目前许多智能化地图都与交通运管部门进行合作，应用大数据技术来为驾驶人提供最为便捷通畅的出行线路，这样能够有效减少城市交通的拥堵问题，同时也能在一定程度上减少交通事故的发生概率。

10.3.4   自动驾驶技术

自动驾驶汽车依靠人工智能、视觉计算、雷达、监控装置和全球定位系统协同合作，它是一个集环境感知、规划决策、多等级辅助驾驶等功能于一体的综合系统，它集中运用了计算机、现代传感、信息融合、通信、人工智能及自动控制等技术，是典型的高新技术综合体，如图 10-11 所示。车辆实现自动驾驶，必须经过以下三大环节：

(1) 感知：让车辆获取，不同的系统需要由不同类型的车用传感器，如毫米波雷达、超声波雷达、红外雷达、激光雷达、CCD/CMOS 影像传感器，以及轮速传感器等来收集整车的工作状态及其参数变化情形。

(2) 处理：大脑将传感器所收集到的信息进行分析处理，然后再向控制装置输出控制信号。

(3) 执行：依据 ECU 输出的信号，控制汽车完成相应操作。其中每一个环节都离不开人工智能技术的支持。

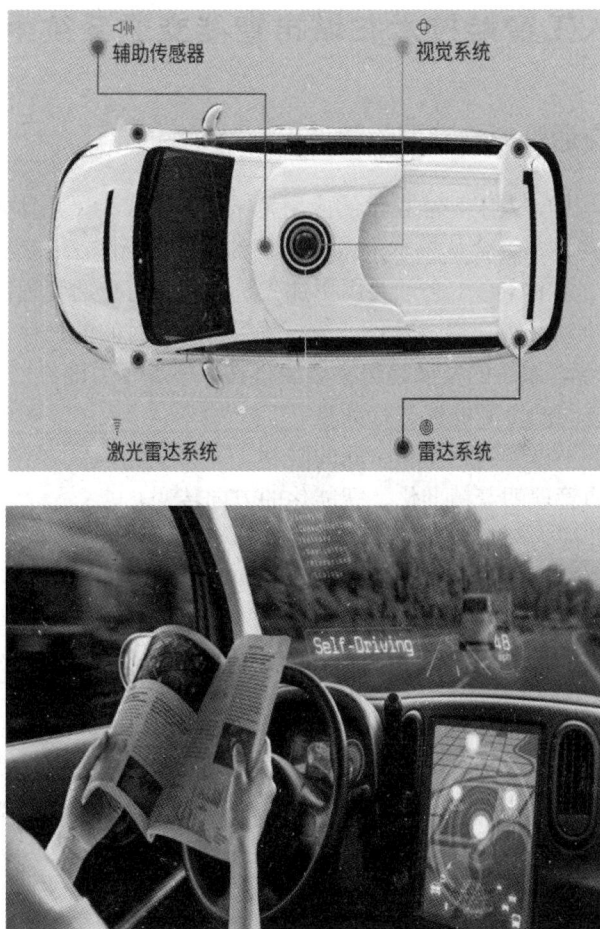

图 10-11 自动驾驶车辆

10.3.5 道路安全和驾驶辅助系统

车辆在行驶过程中，最重要的就是要保证行驶安全，因此道路安全成为城市智能交通系统中最为重要的组成部分，它对人们的安全出行有着十分重要的影响。城市中汽车数量的增加会在一定程度上增加交通事故发生的概率。造成交通事故的因素有很多，其中最为主要的因素包括道路的实际情况、环境因素以及驾驶人的行为因素。

在道路安全中所应用的人工智能技术非常多，最主要的是模糊逻辑技术，其次包括遗传算法以及人工神经网络。如今汽车都已实施半自动驾驶功能，先进的辅助驾驶系统(ADAS)能够帮助执行停车程序，确保在恶劣天气条件下控制车辆，避免碰撞。为了实现这一目标，ADAS 解决方案依靠人工智能摄像头和传感器，通过计算机视觉识别车辆、障碍物、行人或乘客的面部表情，提醒司机，甚至触发自主行为。在基于人工智能的 ADAS 的最常见的实施方案中，涉及的具体场景包括自适应巡航控制、前向碰撞警告、汽车夜视、交通标志识别、驾驶员监控系统等。

10.4　人工智能技术在城市智能交通系统中的应用

10.4.1　城市智能交通管理的发展趋势

在未来的发展过程中，人工智能技术的应用范围会不断扩大，并且会形成以人工智能技术为核心的信息技术产业，这会从根本上改变人们的日常生活和工作。在此基础上，城市交通运输行业也会发生一定的转变，必须要用更加先进的技术对交通管理以及交通系统进行优化和完善，这样才能推动城市交通运输行业更好地发展。在时间的推移及技术水平的不断提高下，城市智能交通管理系统的发展趋势主要表现在以下 5 个方面：

(1) 不同城市区域间的资源能够进行共享。

(2) 城市运输服务不再受到时间和空间的限制。

(3) 城市智能交通管理朝着精准化、智能化的方向转变。

(4) 交通运输行业成为一个全新的集成技术新体系。

(5) 公众可以在信息平台上随时获取准确的交通信息。

10.4.2　城市智能交通管理的发展目标

在未来的发展过程中，城市智能交通管理的发展目标主要有 4 个：

(1) 不断扩大数据信息的采集范围，以此制定出更符合城市交通运输的发展方案。

(2) 城市智慧交通管理业务需要进行不断升级和完善，以此来更好地满足城市的实际发展需求。

(3) 城市交通运输的票据朝着电子化方向转变。

(4) 交通信息的查询服务变得更加大众化且便利化。

10.4.3　人工智能技术在智能交通管理中的应用趋势

人工智能技术会朝着先进化的方向不断发展，它应用于城市智能交通管理是社会发展的必然趋势。着眼于未来，人们可以更好地享受无人驾驶的乐趣，同时整个城市交通参与者能够有效实现透明化的管理。城市交通运输在发展过程中所形成的一些大数据可用来对城市交通状况进行预测和分析，通过这样的方式能够便于交通管理部门更好地对道路交通的实际情况进行调控。

10.5 应用案例——AI 助力智慧停车，让出行更便捷

基于人工智能的无感停车，不仅改变了传统停车模式，还彻底革新了交通管理理念。很多城市越来越深刻地认识到，缓解停车供需矛盾，光靠新增停车位是不够的。一是用地资源紧张，二是建设周期过长，而以人工智能、物联网、大数据、云计算等智慧停车技术手段盘活、提高存量车位的利用率和周转率，才是实现动态平衡的正确思路。

天地伟业基于人工智能的"手机停车"系统运用"手机 APP＋地感拍取＋视频抓证"技术，实现了对道路禁停路段 24 小时不间断监管和道路泊位收费的自动化。同时通过智能摄像设备对违停抓拍取证并综合分析，自动向违停车主发送劝离短信。若车辆在 10 分钟内还未驶离禁停区域，此系统可自动生成违停证据，实现执法取证自动化。此外，系统还与社会公共信息、城市综合执法等平台互联，用法规和信用体系规范、约束车主的停车行为，解决了之前设备欠费追缴难的问题。

除此之外，相较于传统的车牌识别，天地伟业基于人工智能的停车管理车牌识别相机、车位相机、路边停车相机具有识别速度快、准确率高、鲁棒性好三大优点。它可识别车牌的种类更多，在超大角度(75°)车牌识别上具有明显的优势，可适应宽车道、短进深、多方向来车等各种复杂场景下的车牌识别，可支持超宽动态图像优化，适应各种光影情况和复杂环境，包括雨雪天气场景、顺逆光车牌、污损车牌、夜间车牌等，大大提升了停车效率，减少了人工工作量。

另外，停车场内部的智能反向寻车系统也是智慧出行的重要组成部分，该系统可以快速地帮助车主找到车辆停放位置，尤其在车位较多的大型停车场。该系统通过智能车牌识别系统来采集车辆信息和停放位置，并记录在系统中。车主也可以通过安装在停车场显著位置的寻车终端或服务终端输入自己的车牌信息，服务终端收到指令后会直接调取存储的数据，并将车辆位置以地图标注或区域标注的形式显示在服务终端的显示屏上。车主通过地图及引导措施的指示选择最佳路线找到停车位，从而实现智能反向寻车功能。智能寻车系统的出现，加快了大型公共停车场的周转能力，提高了停车场的使用率和经济效益，降低了人工成本、消除了车主寻车烦恼，注重车主体验、更具人性化管理。如图 10-12 所示为人工智能在智慧停车中的应用。

图 10-12 人工智能在智慧停车中的应用

拓展阅读　公路工程专家——刘承先

刘承先，公路工程专家，曾主持多条干线公路的勘测、设计、施工及全国公路技术管理工作，积极采用先进技术，提高工程质量，促进公路现代化建设，多次主持公路技术标准的修订和部分规范的制订，审批重要干线公路和大桥的设计文件，为我国公路建设及其技术发展作出了贡献。

刘承先在数十年工作中，一贯积极采用和支持先进技术在公路工程中的应用。在路面工程中，他于 1938 年率先在我国采用了天然沙砾级配路面，就地取材，效益很好，使我国公路路面增加了一种结构形式，在技术上提高了一步。

1956 年，在我国缺乏大规模水泥混凝土路面施工经验的情况下，他又组织力量，负责对京津公路的水泥混凝土路面进行改造和扩建。这是中华人民共和国成立后，首次大规模的刚性路面的实践，并首次采用了蒸汽养生预制块，是一次规范性的路面建设，为刚性路面的建设积累了有益的经验。

在桥梁工程方面，他 1948 年负责修建的宝鸡渭河大桥为当时最长的一座钢筋混凝土大桥。他采用了排架桩墩、T 型连续梁等轻型结构，并在我国首次采用预制装配构件和冬季保温养生等先进工艺，仅用了 6 个月的时间该桥就建成通车。这些新结构、新工艺为我国公路桥梁建设技术的发展起到了推动作用。

1957 年，他根据有关同志的建议，亲自主持，组织科研、设计、施工三结合，在京周公路上，修建了我国公路第一座预应力钢筋混凝土试验桥，在我国公路预应力钢筋混凝土桥的建设方面取得了初步经验。

1970 年交通部组织编制的"四五"科技发展规划中，为实现现代化，提出以京津塘为样板，兴建我国第一条高速公路时，他积极支持。1972 年亲自参加两次沿线调查，提出修建方案及概算，后又与负责测设的有关同志商定一些主要技术指标和重要技术问题。

1954 年他调至中央工作，在工程处工作期间，主管全国各大区、福建、华南、康藏三大工程指挥部，以及后来改组的 7 个工程局和 5 个设计院所负责的福温、广海、广汕、京周、京津、潍荣以及东北若干干线公路的施工组织管理工作。他严格贯彻道路勘探设计中的初步设计、技术设计、施工图设计的三阶段设计原则，实施工程监理验收等制度，促进了我国公路建设的规范化。

1956 年，他被任命为副总工程师，为贯彻政策、顺利施工、确保质量、提高效益，他致力于强化技术管理工作。其主要工作为：

(1) 加强技术标准、规范、定额等的制定。在此期间，他负责主持了《简易公路设计准则》的制订，1959 年《公路设计准则》技术指标的修改，1967 年公路桥涵荷载与净空标准暂行规定的编制，1972 年及 1981 年《公路工程技术标准》的编制与修改。

此外，他还亲自审阅修改定稿了沥青路面、渣油路面、级配路面等施工规范，组织编写审定了《公路基本建设设计文件编制办法(试行)》《公路工程技术监理办法(草案)》《公路工程验收办法(细则)》等技术管理文件。

(2) 负责设计审批及施工检查。在此期间他曾负责京原、兰宜、潍荣、天山等新建公路，青藏公路冻土整治和沥青路面铺筑，川藏公路的整治提高，京津塘高速公路的可行性研究报告和初步设计，以及安徽五河、湖北光化、洛阳黄河、山东北镇黄河、营口田庄台、吉林扶余、云南南盘江和福建乌龙江等著名大桥的审批与施工检查。对这些干线公路和大桥的设计施工，他提出了许多有益的建议，收到良好的经济效益。

(3) 坚持实行竣工验收制度。为检验工程质量，总结经验，准确交付使用，他坚持实行竣工验收制度。他首先组织制订了验收办法，规定了各项工程验收的误差等标准。他亲自参加或主持了多项重大工程项目的验收工作，并请科研单位进行必要的测试，使验收工作具有科学依据。

课 后 任 务

任务一　基础任务

1. 什么是人工智能？它和我们理解的机器人有什么区别和联系？
2. 人工智能的研究领域有哪些？
3. 通过网络检索收集资料，了解你的学校所在城市涉及人工智能的典型交通项目。

任务二　能力提升任务

专家系统是人工智能研究的方向之一。通过上网检索资料的方式，了解专家系统在智能交通中的使用情况。ITS 中的哪些子系统涉及了专家系统的应用？专家系统具体可以起到什么作用？

ITS 中的子系统	专家系统在 ITS 中所起的作用

任务三　专创融合任务

1. 利用人工智能解决某个实际的交通问题，并且分析适合的类型，以及需要实施本次方案的原因。(必须是结合真实场景提出的解决方案)

2. 2023 年，美国的人工智能实验室 OpenAI 推出了聊天机器人 ChatGPT，随后微软宣布推出人工智能 Microsoft Security Copilot。人工智能对于我们日常生活的影响越来越明显，请尝试思考人工智能能够适用的生活场景，并分析使用人工智能后的优势。(必须是结合真实场景提出的解决方案)

任务十一　智能交通中的大数据技术

2023 年 3 月 7 日，在第十四届全国人民代表大会第一次会议上，国务院提请审议国务院机构改革方案的议案，组建国家数据局。国家数据局由国家发展和改革委员会管理，负责协调推进数据基础制度建设，统筹数据资源整合共享和开发利用，统筹推进数字中国、数字经济、数字社会规划和建设等。其具体职责包括：拟订数字中国建设方案、协调推动公共服务和社会治理信息化、协调促进智慧城市建设、协调国家重要信息资源开发利用与共享、推动信息资源跨行业跨部门互联互通等。交通运输部在《数字交通"十四五"发展规划》中提出，完善部、省两级综合交通运输信息平台架构，推进综合交通大数据中心体系建设，加强数据资源的整合共享、综合开发和智能应用，打造综合交通运输"数据大脑"。由此可见，数字化已经成为未来交通发展的必然走向之一。

什么是大数据？什么是数字交通？大数据技术如何与交通相结合？大数据将给智能交通的发展乃至智慧城市的建设提供怎样的帮助？通过本任务的学习，学习者将对大数据及数字交通形成基本的认知，了解大数据的功能和特点，理解大数据在交通中的应用，探索大数据发展下的数字交通和数字孪生技术。

任务目标

1. 了解大数据的研究对象；
2. 了解大数据的特点与功能；
3. 理解大数据技术在智能交通中的应用场景；
4. 探寻数字交通的发展未来。

主要知识点

1. 大数据的定义和发展历程；
2. 大数据的特点、影响及政策支持；
3. 大数据的应用领域和应用场景。

11.1　大数据技术简介

大数据(Big Data)又称海量资料或巨量资料，是由数量巨大、结构复杂、类型众多的数据构成的数据集合，其所涉及的资料量规模巨大到无法透过目前主流软件工具，在合理时间内达到撷取、管理、处理并整理成为能帮助政府机构和企业进行管理、决策的资讯。

当前学界与业界对大数据的定义很难达成一致。麦肯锡在研究报告《大数据的下一个前言：创新、竞争和生产力》中认为，大数据是指其大小超出了典型数据库软件的采集、储存、管理和分析等能力的数据集。

美国标准技术研究所(NIST)在《大数据：定义和分类》中认为，大数据是指那些传统数据架构无法有效地处理的新数据集。

国内普遍的理解是，大数据是具有数据量巨大、来源多样、生成极快且多变等特征，并且难以用传统数据体系结构有效处理的包含大数据集的数据。其中《国务院关于印发促进大数据发展行动纲要的通知》明文规定："大数据是以容量大、类型多、存取速度快、应用价值高为主要特征的数据集合，正快速发展成为对数量巨大、来源分散、格式多样的数据进行采集、存储和关联分析，从中发现新知识、创造新价值、提升新能力的新一代信息技术和服务业态。"

11.1.1　发展背景

1. 萌芽时期(20 世纪 90 年代至 21 世纪初)

"大数据"的概念最初起源于美国，早在 1980 年著名未来学家阿尔文·托夫勒所著的《第三次浪潮》一书中就提出了"大数据"的概念。1997 年，NASA 阿姆斯科研中心的大卫·埃尔斯沃斯和迈克尔·考克斯在研究数据的可视化问题时，首次使用了"大数据"的概念。

这一阶段可以看作是大数据发展的萌芽时期，在当时大数据还只是作为一种构想或者假设被极少数的学者进行研究和讨论，其含义也仅限于数据量的巨大，并没有更进一步地探索有关数据的收集、处理和存储等问题。

2. 发展时期(21 世纪初至 2010 年)

21 世纪的前十年，互联网行业迎来了飞速发展的时期，IT 技术也不断地推陈出新，大数据最先在互联网行业得到重视。IT 行业的跨国公司如 IBM 提出"智慧城市"的概念，大力推行物联网以及云计算，从而使得信息资料得以海量增长，同时其技术能力也面临大规模的紧迫需求。在这种情况下，美国的一些数据处理公司着眼于研发大规模的并行处理系统，在此需求的驱动之下，大数据技术很快得到应用。

2005 年大数据实现重大突破，Hadoop 技术诞生，并成为数据分析的主要技术。2007 年，数据密集型科学的出现，不仅为科学界提供了全新的研究范式，还为大数据的发展提供了科学基础。2008 年，英国《自然》杂志推出了一系列有关大数据的专刊，详细讨论了有关大数据的一系列问题，大数据开始引起人们的关注。

这一阶段被看作是大数据的发展时期，大数据作为一个新兴名词开始被理论界所关注，其概念和特点得到进一步丰富，相关的数据处理技术相继出现，大数据开始展现活力。

3. 兴盛时期(2011 年至今)

2012 年世界经济论坛在瑞士达沃斯召开，会上讨论了大数据相关的系列问题，发布了名为《大数据，大影响》的报告，向全球正式宣布大数据时代的到来。

美国联邦政府于 2012 年 3 月发布了"大数据的研究和发展计划"，该计划涉及美国能源部、美国国防部、美国国防部高级研究计划局等六个联邦政府部门，旨在提高从海量数字数据中提取知识和观点的能力，从而加快科学与工程发现的步伐，加强美国的安全和实现教学的变革，是美国为应对大数据革命带来的机遇，推进相关研究机构进一步进行科学发现和创新研究的重大举措。

美国联邦政府将大数据开发上升到国家发展战略层面，对世界各国产生了重大的影响。目前，欧洲的许多大型机构仍然处在大数据使用的早期阶段，而且严重缺乏有关大数据的技能，有关大数据的许多最新进展和技术都来自美国，因此，部分欧洲机构要想跟上大数据快速发展的步伐，仍然面临着一定的挑战。但是，金融服务业，尤其是伦敦的投行业是欧洲最早采用大数据的行业之一，其在大数据方面的经验和技能足以媲美美国的大数据领军机构。而且该行业对大数据的投资一直维持着良好的势头，前景乐观。

日本政府对于大数据战略的应对相对比较及时。2012 年 7 月，日本总务省推出新的 ICT 综合战略"活力 ICT 日本"，重点关注大数据应用。2013 年 6 月，安倍内阁正式公布了新 IT 战略——"创建最尖端 IT 国家宣言"。这篇"宣言"全面阐述了 2013—2020 年以发展开放公共数据和大数据为核心的日本新 IT 国家战略。

大数据也引起了我国政府的高度关注。《国务院关于推进物联网有序健康发展的指导意见》(国发〔2013〕7 号)提出，要"加快传感器网络、智能终端、大数据处理、智能分析、服务集成等关键技术研发创新"。2012 年 12 月，国家发改委将数据分析软件开发和服务列入专项指南。科技部在 2013 年初所公布的"国家重点基础研究发展计划(973 计划，含重大科学研究计划)2014 年度重要支持方向"中，将大数据计算的基础研究作为其中的一项重要内容，要求"研究多源异构大数据的表示、度量和语义理解方法，研究建模理论和计算模型，提出能效优化的分布存储和处理的硬件及软件系统架构，分析大数据的复杂性、可计算性与处理效率的关系，为建立大数据的科学体系提供理论依据"。

一些地方政府也在积极应对大数据的调整，加快本地区的大数据技术产业发展步伐。2012 年 12 月，广东省启动了《广东省实施大数据战略工作方案》；北京市成立了"中关村大数据产业联盟"；2013 年 7 月，上海市政府有关部门发布了《推进大数据研究与发展三年行动计划(2013—2015 年)》，将重点选取金融证券、互联网、数字生活、公共设施、制造和电力等具有迫切需求的行业，开展大数据行业应用研发，探索"数据、平台、应用、终端"四位一体的新型商业模式，促进产业发展。

目前，我国大数据已经形成三大中心八大节点的布局。三大中心分别是中心基地北京、南方基地贵州、北方基地乌兰察布；八大节点是北京、上海、广州、沈阳、南京、武汉、成都、西安。设在贵州的大数据安全第一靶场如图 11-1 所示。

图 11-1   贵州大数据安全第一靶场

11.1.2   大数据技术的特点

大数据通常具有以下 4 个特点：

(1)   Volume(体量大)，即数据体量庞大，包括采集、存储和计算的量都非常大。数据时代刚刚来临的时候，一般的数据存储容量、体积多以 M 为单位。近年来各种各样的现代 IT 应用设备和网络正在飞速产生和承载大量数据，使数据的增加呈现大型数据集形态，大数据的起始计量单位至少是 P(1000 个 T)、E(100 万个 T)或 Z(10 亿个 T)。

(2)   Variety(类型多)，即数据类型繁多。数据来自多种数据源，数据种类和格式日渐丰富，已冲破了以前所限定的结构化数据范畴，囊括了半结构化和非结构化数据。

(3)   Velocity(速度快)，即要求处理速度快，从各种类型的数据中快速获得高价值的信息，这一点也是和传统的数据挖掘技术有着本质的不同。

(4)   Value(价值密度低)。由于数据产生量巨大且速度非常快，必然形成各种有效数据和无效数据错杂的状态，所以数据价值的密度大大降低。但同时大数据的合理利用会给使用者带来很高的价值回报，因此如何结合业务逻辑并通过强大的机器算法来挖掘数据价值，是大数据时代需要解决的问题。

11.2   大数据的有关技术

11.2.1   数据采集

数据采集(DAQ)又称数据获取，是指从传感器和其他待测设备等模拟和数字被测单元中自动采集信息的过程。在互联网行业技术快速发展的今天，数据采集广泛应用于互联网及分布式领域(常见的摄像头、麦克风等都可以成为数据采集的工具)，此外还集合了信号、传感器、激励器、信号调流、数据采集设备和软件应用等。

数据采集技术通过 RFID 射频数据、传感器数据、社交网络数据、移动互联网数据等方式获得各种类型的结构化、半结构化、非结构化的海量数据。数据源与数据类型之间的关联如图 11-2 所示。

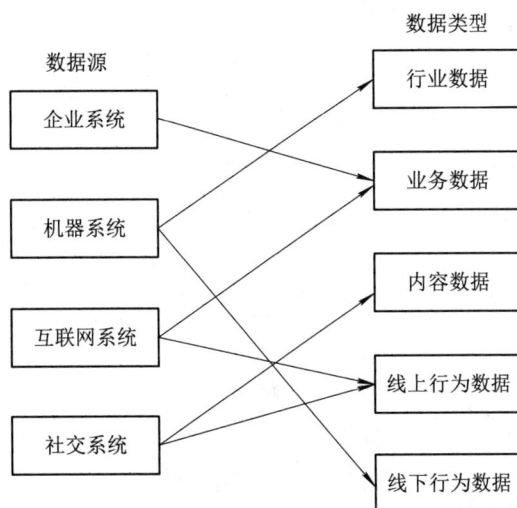

图 11-2 数据源与数据类型的关联

目前广泛采用的数据采集技术包括以下 7 种：

(1) 传感器技术。传感器技术可以用于采集物理量、化学量和环境参数等数据，如温度、湿度、气压、光照等。

(2) 网络爬虫技术。网络爬虫技术可以用于自动收集和分析互联网上的数据，如网页内容、社交媒体信息、搜索引擎结果等。

(3) 日志分析技术。日志分析技术可以用于从系统日志、服务器日志等数据中收集有用的信息，如用户访问量、错误日志、登录日志等。

(4) 数据库技术。数据库技术可以用于收集和管理结构化数据，如企业管理系统中的订单数据、会员数据、产品数据等。

(5) GPS 技术。GPS 技术可以用于采集移动设备的位置信息以及行走路径，如出租车、公交车等。

(6) 无线通信技术。蓝牙、WiFi 等无线通信技术可以用于采集设备之间的交互和位置信息，如智能家居设备中家庭成员的位置和行动轨迹。

(7) 用户调研技术。用户调研技术可以通过问卷调查、电话调查等方式来收集用户的需求、偏好和反馈。

11.2.2 数据预处理

采集到的原始数据通常存在杂乱性、重复性、不完整性等多种问题，如果数据质量差或含有大量噪声、异常值等因素，后续的数据分析和挖掘的效果就会受到严重影响。而数据预处理则是在数据正式被分析和挖掘之前，对数据进行清洗、集成、变换、降维和归约等处理，以尽可能地减少数据中的错误和噪声，提高数据的质量和可信度，从而减少后期的分析和挖掘的计算量。数据预处理的目标是达到数据规格标准化、异常数据清理、数据错误纠正、重复数据的清除等目标，确保数据的质量和可用性，以得到更准确、可靠和有意义的结果。

数据预处理流程如图 11-3 所示。

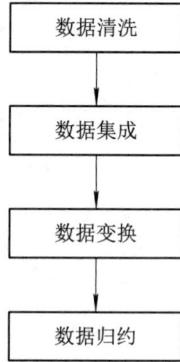

图 11-3　数据预处理流程

1. 数据清洗

数据清洗主要是完成格式的标准化,删除原始数据、集中无关数据和重复数据、平滑噪声数据、筛选与挖掘和主题无关的数据,处理缺失值,以及对异常数据进行错误纠正和清除等操作。数据清洗的目的是确保数据的准确性、一致性和完整性。数据清洗原理如图 11-4 所示。

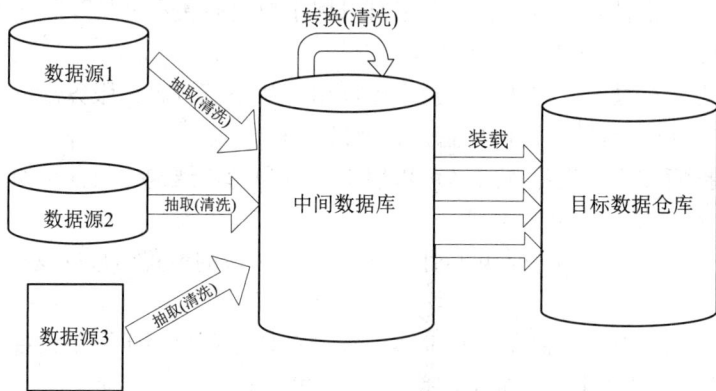

图 11-4　数据清洗原理

常用的数据清洗方法主要有以下 4 种:

(1) 丢弃:直接删除有缺失值的行记录或列字段,以减少缺失数据记录对整体数据的影响,从而提高数据的准确性。但这种方法并非适用于任何场景,因为丢弃意味着数据特征会减少。以下两个场景不应该使用丢弃的方法:数据集中存在大量数据记录不完整和数据记录缺失值明显的数据分布规则或特征。

(2) 补充:与丢弃相比,补充是一种更常用的缺失值处理方法,通过某种方法补充缺失的数据,形成完整的数据记录对后续的数据处理、分析和建模非常重要。

(3) 不处理:在数据预处理阶段,不处理缺失值的数据记录。这主要取决于后期的数据分析和建模应用。许多模型对缺失值有容忍度或灵活的处理方法,因此在预处理阶段不能进行处理。

(4) 真值转换：承认缺失值的存在，并将数据缺失作为数据分布规律的一部分，将变量的真值和缺失值作为输入维度参与后续数据处理和模型计算。然而，变量的真值可以作为变量值参与模型计算，而缺失值通常不能参与计算，因此需要转换缺失值的真值。

2. 数据集成

数据集成是将多个来源的数据合并为一个数据集的过程。数据集成主要包括：包含相同字段属性的纵向追加和具有相关属性叠加的横向合并。数据集成过程的一项重要工作是消减数据的冗余，其目的是生成更完整、有用的数据集。数据集成主要有点对点数据集成、总线式数据集成、离线批量数据集成，流式数据集成、网络数据集成等方式。

3. 数据变换

数据变换就是通过标准化、离散化与分层化让数据变得更加一致，将数据转换或统一成更适合机器训练或数据分析的形式，具体包括对数据进行聚合、关联、过滤、分类、归一化等操作。对大数据进行有效变换可以帮助了解数据本身的特点与变化情况，方便后面进行统计分析和建模。常见的数据变换包括特征二值化、特征归一化、连续特征变化、定性特征哑编码等。

4. 数据归约

数据归约是针对原始数据集中的属性和记录，实现有效的数据采样与对应属性选择，进一步降低数据规模。数据归约过程可以采用聚集、聚类以及将冗余特征值删除等形式，达到既能最大限度地保持数据的原有特征，又能够有效地精简数据量的目的。数据归约主要通过数据立方体技术、维度消减、数据压缩、数据块消减、离散化和概念层次生成等方法实现。

11.2.3　数据融合

数据融合指将来自不同数据源的数据结合起来，以创建一个更加完整和全面的数据集。融合后的数据可以提供更深入、更全面的视角，并且可以通过集成多个数据来源的信息来发现新的关联性和特征。

数据融合按其在融合系统中信息处理的抽象程度，主要划分为数据层信息融合、特征层信息融合和决策层信息融合 3 个层次。

1. 数据层信息融合

数据层信息融合是对各传感器的原始观测数据进行统计分析。该方法的优点是原始数据保存完整，强调了原始数据之间的关联性，使得测量结果更加精确；缺点是运算量较大，降低了系统的实时性，同时观测数据的不确定性和不稳定性增加了系统处理难度。常用的数据层信息融合算法有加权平均法、卡尔曼滤波法和贝叶斯估计法等。

2. 特征层信息融合

特征层信息融合是对从原始数据中提取的特征向量进行联合，对特征向量进行计算和处理。针对特征向量进行融合处理，减小了原始数据的处理量，提高了系统处理速度和实时性。而缺点在于，原始观测数据在压缩的同时，也丢失了部分可用信息，降低了系统的精确度。

常用的特征层信息融合算法有遗传算法、搜索树算法等。

3. 决策层信息融合

决策层信息融合的各部分传感器针对同一观测目标都具有独立的数据处理能力，包括原始观测数据预处理、原始信息特征提取和对目标识别的判断，根据各自的测量结果得出初步结论，然后将各传感器结论进行融合，得出观测目标的最终判断结果。该方法的优点主要有：可以灵活地选取传感器结果，提高了系统的容错能力；对多源异构传感器的容纳能力增强；融合信息计算量减小，系统实时性提高。常用的决策层信息融合算法有投票表决法、贝叶斯决策法等。

以上 3 个层次信息融合的原理如图 11-5 所示。

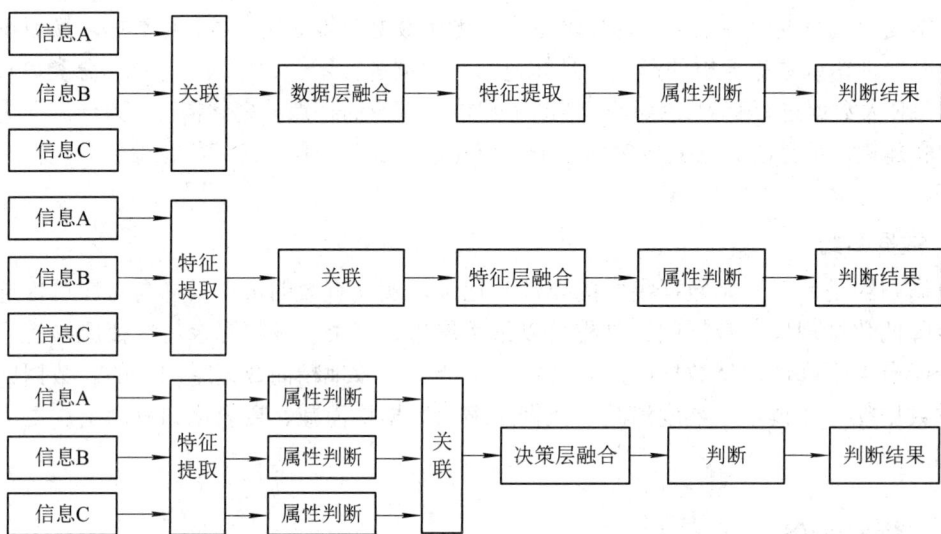

图 11-5   数据层信息融合、特征层信息融合和决策层信息融合的原理

11.2.4   数据存储

大数据存储是指把不同来源、不同格式及不同类型的数据在逻辑上或物理上有机地集中，并纳入数据聚合平台中，方便数据的输入和输出。随着越来越多的传感器、移动设备、社交多媒体等的使用，数据量急剧增长。相较于传统数据存储而言，大数据需要非常高性能、高吞吐率、大容量的基础设备。

传统的数据存储系统主要有：

(1) DAS(Direct Attached Storage，直连式存储)：通过总线适配器直接将硬盘等存储介质连接到主机。

(2) NAS(Network Attached Storage，网络存储系统)：提供文件级别访问接口的网络存储系统，通常采用 NFS、SMB/CIFS 等网络文件共享协议进行文件存取，支持多客户端访问。

(3) SAN(Storage Area Network，存储区域网络)：通过光纤交换机等高速网络设备在服务器和磁盘阵列等存储设备直接搭设专门的存储网络。

大数据采取的存储方式主要有分布式存储系统、NoSQL 数据库和云存储 3 种方式。

(1) 分布式存储系统：它是将数据分散存储在多台独立的设备上。传统的网络存储系统采用集中的存储服务器存放所有数据，存储服务器成为系统性能的瓶颈，也是可靠性和安全性的焦点，不能满足大规模存储应用的需要。分布式网络存储系统采用可扩展的系统结构，利用多台存储服务器分担存储负荷，利用位置服务器定位存储信息，它不但提高了系统的可靠性、可用性和存取效率，而且易于扩展。

(2) NoSQL 数据库：NoSQL 是 Not Only SQL 的缩写，即非关系型的数据库，是对不同于传统的关系型数据库的数据库管理系统的统称。相比于传统基于 SQL 语言的关系型数据库，NoSQL 数据库更注重非结构化数据的管理，具有高扩展性、高性能以及无须预定义表结构等优点，可以很好地应对大数据环境下日益增长的数据量、复杂多变的数据类型等挑战。

(3) 云存储(Cloud Storage)：一种网上在线存储的模式，即把数据存放在通常由第三方托管的多台虚拟服务器，而非专属的服务器上。托管(Hosting)公司运营大型的数据中心，需要数据存储托管的人，则通过向其购买或租赁存储空间的方式，来满足数据存储的需求。数据中心营运商根据客户的需求，在后端准备存储虚拟化的资源，并将其以存储资源池(Storage Pool)的方式提供，客户便可自行使用此存储资源池来存放文件或对象。实际上，这些资源可能分布在众多的服务器主机上。

11.2.5　数据挖掘

数据挖掘(Data Mining)就是从大量的、不完全的、有噪声的、模糊的、随机的实际应用数据中，提取隐含在其中的、人们事先不知道的，但又是潜在有用的信息和知识的过程。这个定义包括好几层含义：① 数据源必须是真实的、大量的、含噪声的；② 发现的是用户感兴趣的知识；③ 发现的知识要可接受、可理解、可运用；④ 并不要求发现放之四海而皆准的知识，仅支持发现的特定问题。

数据挖掘的主要任务包括分类、聚类、预测、关联分析、异常检测、数据降维等，具体内容如下：

(1) 分类(Classification)：将数据分成多个预定义的类别或标签，是一种监督学习的方法。常见应用包括垃圾邮件过滤、客户分类、医疗诊断等。

(2) 聚类(Clustering)：将数据根据不同的因素聚集到同一个群组中，寻求相似性和差异性。与分类不同的是，聚类不需要事先定义好类别。常见应用包括用户分群、市场细分、语音信号分类等。

(3) 预测(Prediction)：根据历史数据和模型来推断未来的结果，是一种监督学习的方法。常见应用包括机器故障预测、销售预测、股票走势预测等。

(4) 关联分析(Association Analysis)：发现数据中的相关性，通常应用于电商网站中商品推荐、购物篮分析、交叉销售等。

(5) 异常检测(Outlier Detection)：发现数据集中与其他观测值有显著不同的异常点，如网络攻击、信用卡欺诈等。

(6) 数据降维(Dimensionality Reduction)：通过减少数据集中可变属性的数量或压缩数据集中的信息，降低存储和计算成本，使得机器学习工作更有效率。

11.3　大数据与智能交通

智慧交通体系的构建与运行主要依赖两大核心技术，即物联网技术与大数据技术。物联网技术为实现人、车、路的高度连接提供了可能，而大数据技术可以对云数据库资源进行准确的分类，以实现物联网的高效运行。对于智能交通系统来说，每天都会产生大量的信息资源。在大数据技术的分布式文件系统应用下，可以在交通系统网络中准确地传输信息资源，从而规范城市交通系统的运营模式。

11.3.1　整体应用

从整体来说，大数据技术主要可以应用在三大方面：协助数据采集、提供智能服务和进行安全分析与提示。

1. 协助数据采集

大数据技术应用在城市交通系统中，可实现精准的数据信息采集，以此来对交通工具的运行轨迹进行全过程监督。大数据技术可对交通工具进行空间定位，以此来进行统计分析、在线查询、数据分析等。交通系统运营过程中将产生大量的数据信息，在进行定向化信息采集时，一般对车辆进行时间维度、空间维度的信息采集，主要包含时间节点、具体位置、车型外观、车牌号、行驶轨迹、速度等。

此外，大数据技术也可对交通系统进行关联搜查，如交通环境预期分析、多点关联、路径匹配、频率变化等。应用大数据技术的信息采集功能，可对交通系统内的过往车辆进行定位以及信息存储，与此同时，可与安全网络相连接，将数据信息备份到云端系统，与系统数据库信息进行比对，以此来对车辆的行驶记录、运行轨迹等进行分析，进而实现交通系统内的监管。

2. 提供智能服务

车辆在行驶过程中，一般都具有固定的驾驶路线，在交通高峰期时，如果还按照固定的路线行驶，就易造成交通阻塞。城市公交车作为定点、定向路线的代表性交通工具之一，如交通资源配置不合理，人们无法依据交通环境来判定自身的出行时间，将会导致坐车拥挤、等待时间较长的现象发生，严重影响人们的出行。大数据技术在实际应用过程中，可对车辆行驶信息进行记录与实时更新。例如，智慧城市交通系统中智能化站牌的应用，通过 GPS 定位技术、信号模拟技术等，可将公交车的行驶信息显示在站牌上，为出行者提供服务信息，方便人们对自身的出行时间进行合理规划，以此来缓解交通压力。

此外，在城市交通系统内，大数据技术可对车辆信息以及车辆行驶路径进行范围式监控，对系统覆盖区域内的交通信息进行分析与预判，以此对未来一段时间内的交通情况进行分析，进而为出行者提供交通信息。

3. 进行安全分析与提示

大数据技术可对城市交通系统的信息进行集成化处理，并依据交通系统内车辆行驶记录进行预期行驶轨迹分析，其实时性功能、预测性功能、精密计算功能等都可为交通系统提供基础保障，进而降低交通事故的发生。例如，在各个交叉路口安装监控设施，通过层级分布系统，可将各监控设备内的信息资源实时上传到数据库中，以便对路况、交通环境等进行采集与分析。工作人员将信息通过广播、APP 的形式进行传达，可令驾驶人及时了解当前路况信息，并及时对预定路线进行更改，可为驾驶人的出行提供安全保障。

11.3.2　数字孪生技术

2021 年 10 月 25 日，交通运输部印发了《数字交通"十四五"发展规划》。规划提出的发展总目标为：到 2025 年，"交通设施数字感知，信息网络广泛覆盖，运输服务便捷智能，行业治理在线协同，技术应用创新活跃，网络安全保障有力"的数字交通体系深入推进，"一脑、五网、两体系"的发展格局基本建成，交通新基建取得重要进展，行业数字化、网络化、智能化水平显著提升，有力支撑交通运输行业高质量发展和交通强国建设。

在政策支持和多方引导下，数字化的升级改造深入整个交通行业。数字孪生指利用信息技术，在计算机虚拟数字空间中重塑物理世界的真实运行状态，包括静态空间场景以及在空间中移动的人和事物。数字孪生不仅呈现现实世界之镜像，而且还刻画了事物内在演变规律、描述事物间数理逻辑推演关系，进而可以对现实世界进行模拟、推演和预测。

数字孪生交通的理念则是在现实交通的基础上，基于数字孪生技术，将历史与实时采集的交通数据纳入建立的交通模型仿真体系中，进行快速数据融合和仿真推演，构建一个完整的交通体系的虚拟数字映射。通过大数据、人工智能和交通仿真技术生成交通优化方案，并对未来方案的优劣性进行事先合理评价。

自数字孪生被美国运用到航天航空领域开始，这一技术便在交通运输领域落地生根，茁壮成长。在十余年的发展中，数字孪生先后带领多个欧美国家率先实现了智慧交通升级。

1. 法国数字孪生技术的应用

法国对数字孪生技术的运用比较广泛，且已经取得了显著的成果，主要表现在以下 3 个方面：

(1) 法国将数字孪生技术运用在高速公路信息查询系统的构建当中，在这一系统中，管理部门可以清楚了解每一条高速公路的实时运营情况。例如，巴黎高速公路网随季节发生的流量变化，便可以从这一系统中明确体现。

(2) 通过数字孪生技术，法国完成了公路路网关键枢纽位置的感知能力升级。通过数字建模，法国公路管理部门及时了解到公路路网的薄弱环节，进行针对性感知设备铺设后，法国公路部门对公路的监测运维更加有效。

(3) 法国利用数字孪生技术和新一代信息技术的结合实现了城市车队的管理。法国通过对专属车队安装定位感知设备，建立了城市车队的管理系统，车辆在城市行驶中的定位精度可以确保在 1 m 左右，目前这一系统已经运用到法国城市交通管理和法国警务系统当中。

2. 英国数字孪生技术的应用

英国对数字孪生技术的运用更为实际，英国利用这一技术解决了很多交通发展问题。具体体现在以下 3 个方面：

(1) 利用数字孪生技术，英国有效缓解了道路拥堵情况，并减少了交通污染，优化了人、车、环境的协同发展。要达到这种效果，实现的方法并不复杂，英国通过对公共车辆安装小型远程信息处理设备，从而精确感知公共车辆的运行情况，不仅掌控了城市路网的资源使用状态，而且提高了对交通事故、特殊状况的反应处理速度。

(2) 英国将数字孪生技术运用到伦敦 M25 号高速公路的项目管理当中。M25 号高速公路是英国于 1995 年建设的早期高速，随着时代发展，M25 号高速的运营压力不断增加。为确保 M25 号高速公路的正常运营，英国利用数字孪生技术感知 M25 号高速公路的实时运营状态，并根据实时状态调节 M25 号高速公路的限速限制，有效减少了 M25 号高速公路的拥堵，确保了 M25 号高速公路的安全性。

(3) 英国利用数字孪生技术完善实时交通和旅行信息感知系统，对英国交通网络的中心地带、车流量较高的高速公路，以及旅游热点城市进行细致化感知升级，确保了这些地区的交通处于可控状态。

3. 我国数字孪生技术的应用

我国对数字孪生技术的研究也在持续进行。利用数字孪生技术将静态交通基础设施和高精地图网络在数字孪生平台中进行建模呈现，包含道路、桥梁、隧道、立交、信号交叉口等交通设施元素。深圳市数字孪生交通底座融合深圳 2000 km² 高清遥感卫星影像、6000 多千米城市道路、419 km 轨道运营里程、27 个主要枢纽码头、65 万个城市商事主体信息、100G 建筑道路 BIM 模型、260 万套房屋"地—楼—房—权"体系数据库，涵盖全市道路和轨道网络及建筑地块信息，如图 11-6 所示。

图 11-6　数字孪生平台中的深圳福田区

深圳市主要研究机构持续研究交通信息化和建模工作，在数字孪生交通方面取得了两大技术突破：

(1) 在交通模型仿真领域建立了系统先进、方法科学的交通模型仿真体系，满足了多维度的交通规划决策需求。通过汇聚城市与交通多源动静态数据，建成城市交通大数据治理平台，为多层次一体化模型的构建奠定了坚实的数据基础。数字孪生交通应用平台的构成如图 11-7 所示。

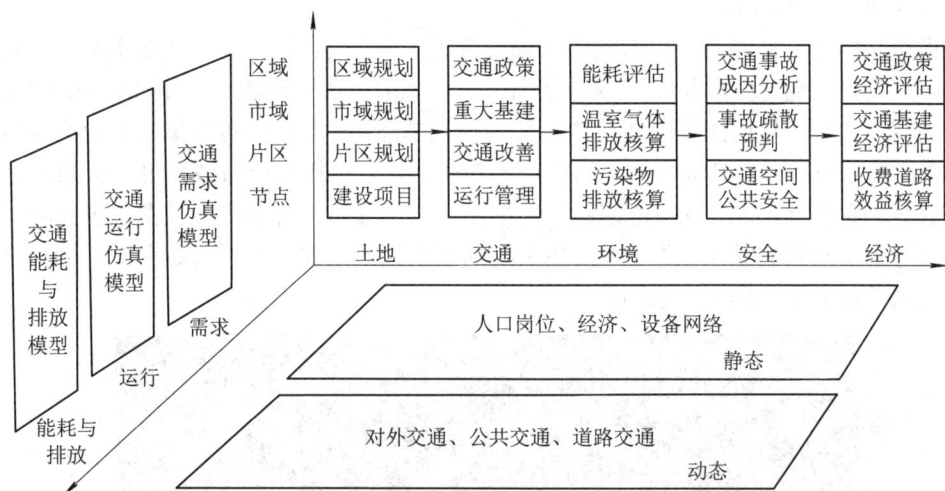

图 11-7　数字孪生交通应用平台的构成

(2) 在交通大数据治理平台的基础上，研发进阶数字孪生交通应用平台。数字孪生交通应用平台可依托交通大数据治理平台，结合 CIM 空间底座，包含融合多源数据指标查询与可视化、基于大数据的交通态势分析与推演、基于模型仿真的方案比选等多项功能，通过规划设计方案直观可视化展示，实现面向精细化设计和运营的决策技术支持。深圳数字孪生交通应用平台界面如图 11-8 所示。

图 11-8　深圳数字孪生交通应用平台界面

依托从交通大数据治理平台+交通模型仿真体系到一体化数字孪生交通应用平台的技术体系，技术与经验已成功应用于重庆、成都、武汉、南昌、无锡、湛江等 30 余座大中城市，支持了当地城市的城市与交通规划、建设、管理，如城市用地空间规划、交通需求管理、轨道与道路网规划、重点片区开发更新、重大通道方案设计和交通路口管控提升等。

从深圳数字孪生交通应用来看，主要实现了 5 个方面的功能。

1) 基础设施监测管控

城市级基础设施群监测管控偏向静态设施管理，结合设施数字化，是数字孪生交通较早实现的应用场景。通过集成桥梁群安全动态评估、隧道群数字监测、基于 InSAR 和 GNSS 的广域高精度边坡位移监测和轻量化道路智能检测功能，支持亿级实时集成基础设施监测信息，静态设施响应的秒级计算推演，精度可达 90%以上；可接入全市或研究片区内道路养护单元、桥梁、隧道、交通边坡的定期检测数据和交通工程施工现场视频监测数据，同时接入桥隧边坡健康实时监测系统，监控保障重大交通基础设施的安全运行。数字孪生平台里的隧道边坡监测系统应用如图 11-9 所示。

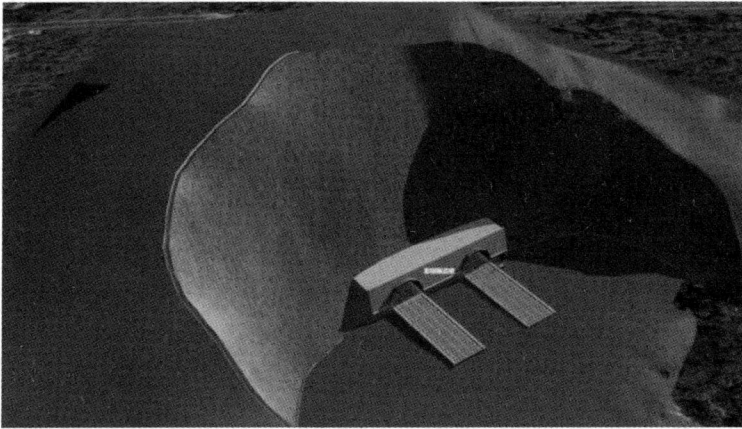

图 11-9　隧道边坡监测——深圳新彩隧道

2) 实时仿真交通管控

融合城市级的实时感知数据，对全域范围内的车辆个体进行动态仿真推演。其中实时在线仿真系统集成移动空间车辆建模、重点车辆溯源、大规模实时路网在线仿真功能，能够支持方案快速编辑与测评、高频度与高精度管控，支持 10 万个体的微观实时动态仿真，交通事件推演时间低于 5 s，个体出行还原及短时预测精度达到 95%以上。以实时在线交通仿真为基础的城市交通的信号管控、引导、疏散等管控方案实施，已经成为数字孪生交通的核心应用。

3) 数据仿真交通治理

近些年，城市交通综合改善治理需求激增，缓解交通拥堵，充分挖掘现有道路基础设施的通行潜力，提升公交轨道的出行分担率已经成为各城市交通治理的关键内容。需通过统一的孪生底座，集成多维度、全面化的交通健康体检评价指标，提供路网全息感知、拥堵溯源诊断和治理效果评估等拥堵治理云平台工具包。快速提供短平快工程改善、微创新交通组织、片区—干道—节点多场景治理业务快速轻量化部署等服务，方案评估精度达到 90%以上。基于孪生底座和仿真快速响应的交通综合治理手段，可为城市交通高效运行提供精准可靠的数字治理保障。

4) 规划建设仿真评估

模型仿真除对实时交通管控有重要的作用外，依托于长期数据观测积累，对重大交通规划建设工程的设计、落地、改善也具有重大的支撑作用。在数字孪生底座上，通过接入不同的规划建设方案，并依托实时的数据开展对未来交通运行态势的预测推演，并将推演预测数据结果融入仿真进行精细化评估，以支撑落地应用。机荷高速(连接深圳宝安区和龙岗区的高速公路)改扩建工程通过结合数字孪生底座与仿真模型推演，支撑五轮互通立交设计方案仿真迭代优化，全线平均运行速度提升 12%以上，也是首个模型仿真与工程设计耦合的应用案例。

5) 高速公路仿真决策

在数字孪生交通应用平台通过实时在线仿真还原全量个体车辆出行轨迹和出行规律，支撑实时管控与引导，从数据和场景应用层面来看具备形成数字孪生交通的快速发力建设点。

以福建为例。福建省在其全域高速公路网内搭建了统一的数据孪生高速底座，集成高速全网实时在线仿真、短时预测、隧道联勤处置、多层级主动管控等云平台工具包，支持全路网快速建模与大规模动态引导。

基于统一数据治理实现 PB 级数据入湖建仓，提供省域级复杂高速规划设计、工程建设、网络管控、运营服务等业务应用，在全国率先搭建全网络、车道级三维数字孪生平台，全网两小时实时在线推演时间不超过 30 s，交通流量和车速 1 小时短时预测精度 MAPE(Mean Absolute Percentage Error，平均绝对百分比误差)达到 85%。

11.4　应用案例——广州智能交通大数据体系

为了推进交通治理体系和治理能力的现代化，提升品质交通服务能力，广州市搭建了"一个中心、三大平台"的智能交通大数据体系框架，持续推进大数据等新一代信息技术在城市交通领域的融合应用，在数据感知、处理、应用等方面开展了一系列创新实践，为交通运输行业大数据应用提供经验借鉴。

1. 系统整体架构

广州市从促进数据感知共享、强化数据传输效率、深化数据挖掘分析、创新数据应用服务四个方面出发，构建了"一个中心、三大平台"的城市智能交通大数据体系，如图 11-10 所示。

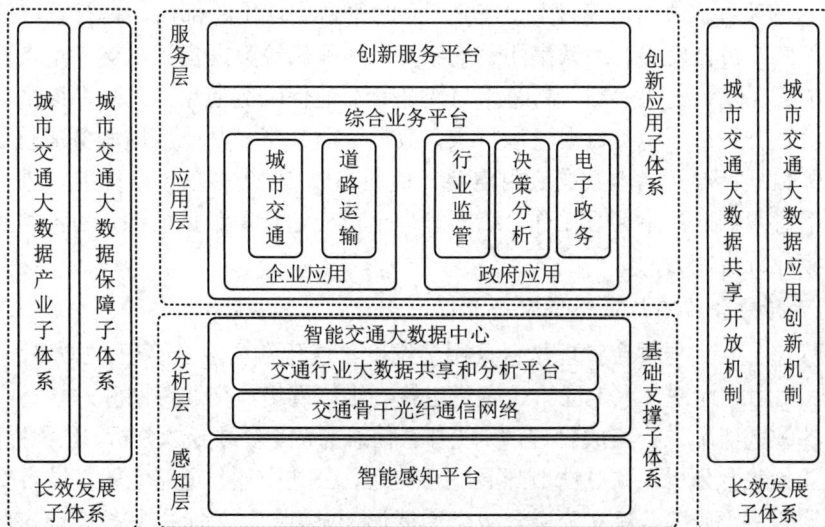

图 11-10　广州智能交通大数据体系

其中，一个中心是指智能交通大数据中心，三大平台分别是智能感知平台、综合业务平台和创新服务平台。城市智能交通大数据体系涵盖三个子体系、四个层级。

1) 三个子体系

(1) 基础支撑子体系：包括智能感知平台和智能交通大数据中心。

(2) 创新应用子体系：包括综合业务平台和创新服务平台。

(3) 长效发展子体系：包括产业子体系、保障子体系、共享开放机制和应用创新机制。

2) 四个层级

(1) 感知层：以感知网络为基础，借助各类检测手段和检测设备，采集人、车、路、环境等交通要素数据，形成立体化、全领域的感知能力。

(2) 分析层：通过高速通信网络实现对感知层数据的传输，实现交通数据共享交换平台对数据的整合，实现对综合交通数据的深度分析，为应用层和服务层提供技术支撑。

(3) 应用层：应用的主体包括企业和政府。前者主要是应用数据提升企业经营管理效能，从而更好地提供交通运输服务；后者是以数据提升交通治理能力，增强模糊征兆预判能力，辅助精细化管理决策。

(4) 服务层：基于分析层的数据分析能力、应用层的基础业务能力，借助移动互联网等手段，创新实时互联交通服务模式和业态，面向公众提供出行引导、查询、预约、支付、评价等综合性一体化服务，也可进一步为分析层提供更加丰富、全面的交通数据。

2. 典型分平台介绍

在智能交通大数据体系框架下，广州市强化数据融合分析与关联挖掘，构建跨维度数据分析能力，以大数据创新驱动行业治理和服务品质提升。下面根据框架的结构分别选取典型平台及系统进行介绍。

1) 广州市交通行业数据共享与分析服务平台

作为交通大数据中心的核心组成部分，广州市交通行业数据共享和分析服务平台整合了广州交通行业的数据资源。数据资源涵盖 17 个行业，共 800 多类数据，接入 90 余个交通行业信息系统，每天新增数据量超过 250 GB。同时平台实现了跨部门、跨行业、跨领域的信息共享，接入广州市公安局、地铁集团、气象局、环保局等数据资源，支持重点区域的客流监测分析、疏运保障、交通治理、高速路与快速路交通保障等应用。此外，该平台建立了广州市交通行业数据标准规范、数据资源目录、数据资源共享和基础应用服务等核心体系，按照交通部相关数据标准及本地数据应用需要，梳理完成 5000 多项数据标准，进一步加强和规范了交通信息数据的共享管理工作，统筹管理全市交通行业数据资源，为各类业务系统提供数据综合集成分析能力。

2) 交通运行综合监测与融合管理平台

交通运行综合监测与融合管理平台采用多维度集成化数据融合管理方式，对机场、港口、铁路、公交、出租、地铁、水上巴士、客货运输、维修驾培、交通路网和站场、实时路况及人群客流等各领域情况进行集成管理，实现综合信息监测、多维专题分析、预警提醒等功能。该平台通过业务融合分析，针对性地开展综合交通、公共交通、道路运输、城市交通治理等多个业务数据的决策研究，建立分层分级交通情形一站管控，为全面掌控交通态势、科学指挥调度提供支持。

3) 交通要素多源采集模式

城市交通大数据体系通过采集更多细粒度的数据，特别是客流、车流时空状态量化感知，强化交通需求、交通供给、交通环境的立体化感知能力。目前广州市交通行业已经形成了多源数据采集模式，通过视频、移动信令、机器视觉、卫星定位、一卡通、传感器、微波、新一代蓝牙等采集渠道，感知车流、客流、物流、道路、交通事件等要素的状态信息。其中，卫星定位数据为 12.5 亿条/天，已全面覆盖广州市的 1.5 万多辆公交车、2 万多辆出租车、13 万多辆客货营运车及 2 万多辆网约车，实现了车辆的实时定位、运营安全监管、出行信息服务等功能；监控摄像头有 1 万多路，业务数据为 2000 万条/天；IC 卡数据约 900 万条/天。

4) 智慧春运 3.0 系统

为了疏解节假日客流激增高压，广州市交通运输局组织公交集团下属交投公司，集成公交、出租、客运、地铁、航空、铁路、视频、气象等与交通相关的 230 余类数据，利用大数据、人工智能等技术升级建成智慧春运 3.0 系统。该系统全面实时掌握当前情况，精准高效预测未来趋势，定量定向定方式调度运力，预先评估措施影响及复盘评价总结，形成了科技春运交通保障新模式。

5) 广州市公共交通智能管理服务平台

结合"公交都市"创建工作，广州市推进公交智能化应用示范工程建设，在智能公交管理系统的基础上，建成广州市公共交通智能管理服务平台。平台从公交线网、运力、客流、服务监督、运营监测五大板块进行宏观管理，并对广州市的快速公交、定制公交、水上巴士、观光环线四大类特色公交进行综合性实时监测，满足人们对公交行业 100 余项信息进行综合查询、趋势分析的需求，以移动互联、全国一卡通互联互通等技术为市民提供便捷出行服务，集成人脸识别、智能调度技术提供一键叫车及时响应服务。

6) 城市综合交通运行态势监测分析系统

运用移动互联网、大数据、云计算、卫星定位等信息技术，基于交通行业数据共享和分析服务平台，广州市构建了集公交、出租、客运、道路运输、站场枢纽、公路等行业监管服务于一体的城市综合交通运行态势监测分析系统，为实时掌握各行业运行情况、快速作出交通指挥决策提供了有力的技术支持。

7) 公众出行信息服务

为了使公众出行可预期，通过整合多个部门数据，广州市打造了全方位、多模式、全覆盖的交通服务体系，推出了"行讯通"等综合交通信息服务平台，提供出行规划、线路导航、到站时间预测、候车提醒、公交到站提醒等 20 余项一站式信息查询，满足了公众实时了解在途位置、途经道路路况、出行所需时间、预估何时到达终点等预期需求。另外，为了拓宽信息服务覆盖面，广州市交通运输局通过与高德软件公司、阿里巴巴集团等主流互联网运营商合作，为公众提供了更全面、准确的信息服务。

此外，广州市在机场客流疏运、公共交通客流监测预测、公路客运发班辅助、出租车智能调度、出租车执法稽查、道路运行态势、视频智能化分析等方面深度推进大数据应用，形成了以"一个中心、三大平台"为支撑载体的智能交通大数据应用体系。整个数据平台整体架构如图 11-11 所示。

运维与信息安全保障体系

单点登录 | 身份管理 | 边界防御 | DDos防御 | 访问控制 | 负载均衡 | 反向代理 | 数据缓存 | 冗余备份

用户：政府/行业管理部门 | 约租/出租车企业 | 公交/行业运营企业 | 互联网企业 | 运营商 | 商家 | 个人

数据应用开放 ↑　数据服务接口开放 ↑　数据访问接口开放 ↑　数据源开放 ↑

大数据应用示范层

- 公交智能调度：状况查询、到站信息、线路查询、地图查询、调度状况分析、…
- "如约"租车服务：专车定制、订单监管、在线支付、服务评价、APP召车服务、…
- 移动公交实时信息服务：公交实时信息预测、出行推荐、信息互动、在线售票支付、…
- 增值服务：出行流向、商业推广、行业咨询、网点热度分析、网点布局推荐

大数据分析层

- OD分析、OD预测
- 路况感知、客流预测
- 调度方法、路网可靠性、拥堵预测
- 网点热度分析、个性化推荐、网点布局推荐

数据库层

- 传统数据库：关系数据库
- 新型数据库：NoSQL数据库、NoSQL MPP数据库、分布式内存数据库

大数据分布式架构层

- 搜索引擎：Lucene
- 分布式存储：Hadoop/Spark/Storm
- 数据采集抽取/清洗/转换/卸载（ETL层）：异构数据转换、数据应用主题规划、数据采集、数据同步、数据加工

数据资源层

- 一卡通数据：元数据、卡基础数据、刷卡交易数据、主题数据
- 出租车数据：GPS、压表数据、车辆营运、电召信息
- 公交车数据：线路站点、进出站、调度信息、电子站牌
- 行业综合共享数据

基础设施层

服务器 | 网络 | 虚拟化 | 海量数据存储 | 备份 | 计算

标准规范与管理体系

数据交换格式 | 接入标准 | 接口规范 | 代码规范 | 信息分级

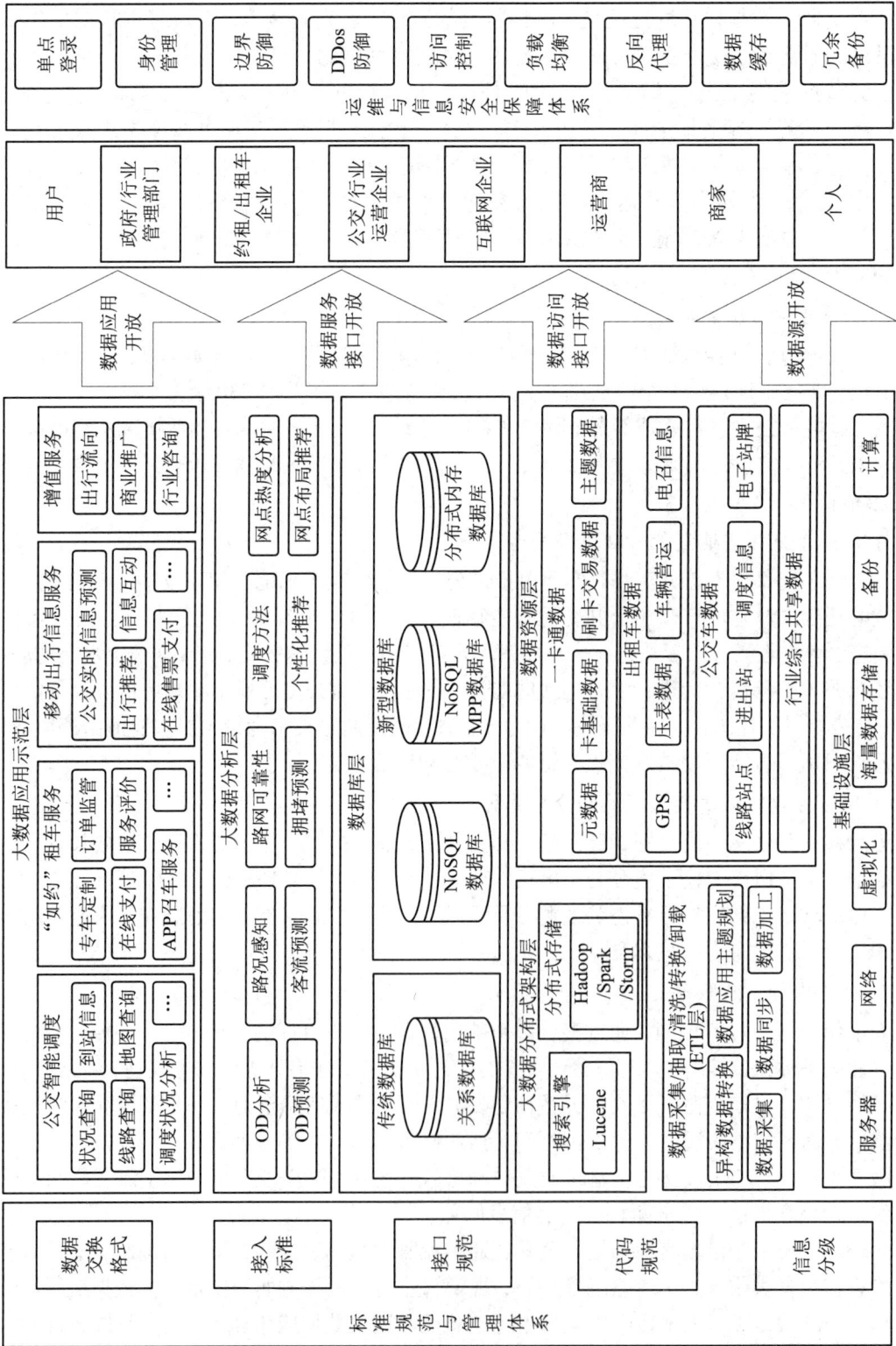

图 11-11 平台整体架构

3. 广州市智能交通大数据体系建设成效分析

广州以大数据创新驱动行业治理和服务品质提升，基于数据分析构建了政府决策规划、企业经营管理的现代化交通治理体系，面向公众普遍化、个性化需求打造了智慧出行服务环境，总体上呈现出体系完备、有机融合、覆盖面广、门类齐全的良好局面。

1) 体系建设方面

按照"一个中心、三大平台"的框架，广州市从数据感知、分析、应用层面建成了广州智能交通大数据体系。目前，广州市交通运输局"十三五"信息化发展规划完成度接近100%，交通大数据应用覆盖政府、企业、公众三大主体，有力促进了广州交通现代化体系建设。

2) 数据共享方面

广州市交通管理部门与公安、气象、环保等相关部门以及广州机场高速公司等企事业单位建立数据共享机制，累计交换数据300多项，日均交换数据量超过1亿条。

3) 数据资源与服务方面

广州市交通行业数据共享和分析服务平台统筹管理全市交通行业数据资源，涵盖基础数据818类、标准数据422类，提供服务接口100多个，数据总量超800亿条，每天新增数据250 GB。平台为交通管理部门、企业各类业务系统提供了数据综合集成分析能力，已成为交通数据共享应用、规范管理的基础平台。

拓展阅读　博风者——塔城玛依塔斯防风雪抢险基地

在新疆，说起暴风雪，人们自然会提到玛依塔斯。玛依塔斯被称为"魔鬼风区"，又被称为"夺命口"。玛依塔斯是新疆九大风区之一，这里每年8级以上的大风天有150多天，最大风速高达40 m/s，积雪最厚时达七八米。新疆201省道是塔城通往乌鲁木齐的最佳路径，东连额敏，西接克拉玛依，惠及塔城、额敏、托里、裕民四县(市)20多个乡场和农九师10个团场，其中有78 km路段位于玛依塔斯。一到冬季，大风就裹挟着积雪袭击过往车辆，对行车和人员安全都造成极大威胁。玛依塔斯防风雪抢险基地承担着201省道、318省道等103 km风雪路段的抢险保通任务。

"风又急又大，带着雪打到脸上生疼，不一会儿全身都冻麻了！"

"风夹着雪打着旋地吹，路上风雪弥漫、能见度极低，开车既不敢走也压根走不动。"

"垭口路段积雪可达七八米，大型除雪机械也难以正常工作。"

提起201省道玛依塔斯路段，过往司乘和公路养护人员都谈之色变。

为应对冬季风雪灾害对公路交通的影响，塔城公路管理局额敏分局在201省道K44＋800 m处设置了玛依塔斯防风雪抢险基地，负责除雪保通工作。这是新疆境内公路交通线上独具特色的抢险基地，也是全国唯一有59式坦克牵引车、86式步兵战车的抢险基地，与之呼应的防风雪保交通抢险值班点多达10个。

基地的18名队员，每年在完成夏季繁重的养护工作后，11月初便来到防风雪基地驻守，一直到次年3月，一待就是5个月。

这 5 个月里,他们驾驶着各种车辆设备与暴雪搏击、与狂风抗争,打通一段又一段雪阻路段,用责任和担当为司乘人员的安全出行保驾护航,图 11-12 是工作人员用抛雪机清扫道路积雪。

图 11-12　抛雪机清扫道路积雪

2021 年 1 月 23 日,201 省道玛依塔斯路段出现严重风吹雪,形成强劲的风雪流,风力高达 11 级,气温骤降至零下 30 多摄氏度,大地顿时被冰雪覆盖,垭口处部分路段能见度为零。在这样恶劣的环境下,基地队员成功救助了 117 名司乘人员和 58 辆车,无人员伤亡,无财产损失,被誉为公路灾害救援史上的奇迹。多年来,他们成功营救遇险人员近 10 万人次,无一人伤亡。正是一辈又一辈默默坚守、甘于奉献的公路人,用自己的青春和生命谱写、传唱交通赞歌,在平凡的岗位上缔造着一个又一个奇迹!

课 后 任 务

任务一　基础任务

1. 大数据和传统数据的区别是什么?

2. 大数据有什么特点?

3. 大数据涉及的主要技术有哪些?

任务二　能力提升任务

通过网络收集资料,了解我国近年来在交通大数据推进工作方面的主要政策,并按照时间先后顺序将这些重要政策的内容进行概括。

任务三　专创融合任务

1. 随着大数据技术的发展，国家正在努力推进数字城市的建设。数字交通也是数字城市的组成部分之一。通过查阅资料，了解数字交通，并且设想在数字交通的发展下，交通将呈现出的状态。

2. 大数据除了可以应用于交通，还能应用在我们身边哪些生活场景中？举例说明你设想的大数据在我们生活中的具体应用场景，并且说明这种应用所具备的优势。

参 考 文 献

[1] 曲大义，陈秀峰，魏金丽，等. 智能交通系统及其技术应用[M]. 北京：机械工业出版社，2021.

[2] 于泉，李美涛，梁锐. 高速公路智能交通系统[M]. 北京：人民交通出版社股份有限公司，2018.

[3] 陈旭梅. 城市智能交通系统[M]. 北京：北京交通大学出版社，2013.

[4] 王云鹏，严新平. 智能交通技术概论[M]. 北京：清华大学出版社，2020.

[5] 岑晏青. 物联网与新一代智能交通系统[M]. 北京：电子工业出版社，2021.

[6] 张毅，彭科宏，莫逸飞. 智能交通概论[M]. 北京：人民交通出版社股份有限公司，2021.

[7] 谷国栋，陈伟. 城市智慧交通系统总体架构设计[J]. 科技资讯，2018，16(22)：7-8.

[8] 赵旺. 智慧交通综合管理信息服务平台建设研究[J]. 创新科技，2019，19(5)：75-82.

[9] 赵璐. 全国公路交通出行信息服务建设情况及展望[J]. 交通世界(工程技术)，2018(4)：6-7.

[10] 林正，罗大明. 快速公交(BRT)智能系统概述[J]. 城市公共交通，2012(4)：18-20.

[11] 李惠，周文松，欧进萍，等. 大型桥梁结构智能健康监测系统集成技术研究[J]. 土木工程学报，2006，39(2)：46-52.

[12] 刘富强，项雪琴，邱冬. 车载通信 DSRC 技术和通信机制研究[J]. 上海汽车，2007(8)：35-39.

[13] 常国伟. GIS 在智能交通管理信息系统中的应用研究[J]. 科技与创新，2016(17)：93-94.

[14] 张新山. 基于 GIS 的智能交通综合系统模型研究[D]. 济南：山东大学，2006.

[15] 张治斌，刘威. 浅析数据挖掘中的数据预处理技术[J]. 数字技术与应用，2017(10)：216-217.

[16] 武海龙. 大数据技术的技术架构与关键技术分析[J]. 信息与电脑，2020，32(9)：18-20.

[17] 孙奥，朱桂斌，江铁. 车载导航系统的研究现状及未来发展[J]. 微型机与应用，2012，31(2)：1-4.